A CONSTRUÇÃO DO IDIOTA

da vinci

EDITOR
Daniel Louzada

PREPARAÇÃO
Cássio Yamamura

REVISÃO
Thainá Campos Seriz, Suzete Balbinot e Elisa Balbinot Cambruzzi

CAPA
Maikon Nery

PROJETO GRÁFICO E DIAGRAMAÇÃO
Victor Prado

A CONSTRUÇÃO DO IDIOTA

O processo de idiossubjetivação

Rubens Casara

5ª REIMPRESSÃO

da vinci

RIO DE JANEIRO, 2025.

© Rubens Casara, 2024.
© Da Vinci Livros, 2024.

É vedada a reprodução total ou parcial deste livro sem a autorização da editora.

Primeira edição, maio de 2024.
Quinta reimpressão, abril de 2025.
Rio de Janeiro, Brasil.

Dados Internacionais de Catalogação na Publicação (CIP)
Vagner Rodolfo da Silva CRB — 8/9410

C335c Casara, Rubens
A construção do idiota: o processo de
  idiossubjetivação / Rubens Casara; apresentação
  de Marcelo Semer. — Rio de Janeiro: Da Vinci
  Livros, 2024. 344 p.; 13,8cm x 21cm.

Inclui bibliografia e índice.

ISBN 978-65-8497-207-0

1. Filosofia. I. Semer, Marcelo. II. Título.

                CDD 100
2024-591   CDU 1

Índice para catálogo sistemático:
1. Filosofia 100
2. Filosofia 1

DA VINCI LIVROS
Livraria Leonardo da Vinci
Av. Rio Branco, 185 – subsolo – lojas 2-4
Centro – Rio de Janeiro – RJ – 20040-007
davincilivros@leonardodavinci.com.br
www.davincilivros.com.br
www.leonardodavinci.com.br

*Para todos que acreditam na leitura
e na transformação da sociedade.*

*Para Arthur Prado Silva,
que sempre gostou de ler,
apostava no conhecimento e
tinha um senso de humor único.*

Quando a educação não é libertadora, o sonho do oprimido é ser o opressor.
Paulo Freire

O heroico num ser humano é não pertencer a um rebanho.
José Saramago

Quando as crianças frequentam escolas que valorizam mais a disciplina e a segurança do que o conhecimento e o desenvolvimento intelectual, elas frequentam escolas preparatórias para a prisão.
Angela Davis

APRESENTAÇÃO *13*
Marcelo Semer

1 **A IDIOSSUBJETIVAÇÃO:
   UMA INTRODUÇÃO** *19*

2 **A SIMPLIFICAÇÃO EXCESSIVA** *39*

3 **CONTER O PENSAMENTO
   E AS MAIORIAS** *51*

4 **MANIPULAR AS PAIXÕES E
   PRODUZIR O ESTILO PARANOICO** *67*

5 **IGNORÂNCIA COMO
   MATÉRIA-PRIMA** *83*

6 **IGNORÂNCIA E "COMUM"** *91*

7 **IGNORÂNCIA E IDENTIDADE** *101*

8 **AUTORITARISMO E
   POPULISMO PENAL** *111*

9 **GUERRAS, CRISES E IGNORÂNCIA:
   ENFRAQUECIMENTO DO DESEJO
   DE CONHECIMENTO** *139*

10   A GERAÇÃO OFENDIDA
     E A "BONDADE DOS BONS" *147*

11   IDIOSSUBJETIVAÇÃO À BRASILEIRA:
     A REVOLUÇÃO CULTURAL
     BOLSONARISTA *155*

12   CONSIDERAÇÕES SOBRE UM
     IMAGINÁRIO EMPOBRECIDO *163*

13   A NATURALIZAÇÃO DOS ABSURDOS:
     TUDO É IMPOSSÍVEL DE MUDAR? *195*

14   O IMAGINÁRIO NEOLIBERAL
     E AS MASSAS *237*

15   ESFERA PÚBLICA
     IDIOSSUBJETIVADA *245*

16   AS TÉCNICAS DE
     IDIOSSUBJETIVAÇÃO *271*

17   PENSAR E AMAR SÃO ATOS
     REVOLUCIONÁRIOS *313*

     REFERÊNCIAS BIBLIOGRÁFICAS *333*

APRESENTAÇÃO

Em 2014, Rubens Casara nos apresentou seu livro *Processo penal do espetáculo*. Depois, em 2017, lançou o *Estado pós-democrático*. Agora, nos presenteia com *A construção do idiota: o processo de idiossubjetivação*, publicação em que descortina os mecanismos mais relevantes para a construção do imaginário neoliberal: o ódio ao saber, o culto à ignorância e o negacionismo.

Pelas vivências em comum, eu talvez tivesse condições mais favoráveis para explicar ao leitor sobre Rubens Casara, seja como um juiz criminal que, como poucos, compreendeu o seu papel de garantidor; seja como um jurista que ofereceu uma visão não autoritária do processo penal. Ou, ainda, como um ferrenho defensor da democracia dentro e fora do Judiciário. No entanto, a verdade é que, a mim, o que me provoca maior admiração sobre Casara é a sua expressividade como intelectual, pensador complexo e multidisciplinar, conhecedor dos clássicos e intérprete privilegiado do contemporâneo.

Devo dizer, desde logo, que sou um leitor voraz de Casara. Não há texto dele que não instigue à reflexão, que não me desperte conexões até então não imaginadas, que não me indique bibliografias pertinentes ou ilumine caminhos de pensamento e, por que não dizer, de ação. Sim, porque Rubens Casara não é um pensador contemplativo, não é resignado com a sucumbência política ou um desesperançoso fatalista para com os rumos da sociedade.

O livro que temos em mãos é uma mostra vigorosa disso. Casara disseca a racionalidade neoliberal, compreende a formação histórica de um imaginário potente e descreve, minuciosamente, como os instrumentos da manipulação da realidade nos submetem de forma quase absoluta. Mas nada disso o impede de apontar soluções e, sobretudo, de nos convidar à luta, com os instrumentos que nos estejam disponíveis: "Pensar e amar são atos revolucionários" é o título que encabeça a última parte deste ensaio.

O livro, sem dúvida, nos ajuda a compreender melhor os fundamentos de uma realidade na qual já somos experientes. A centralidade da cultura do ódio, a valorização da ignorância, o conjunto de negacionismos que nos cercam e, o mais drástico e revelador, a ideia fortemente cultuada pelo imaginário neoliberal de que não temos alternativa, como na frase que Mark Fisher tornou célebre: "É mais fácil imaginar o fim do mundo do que o fim do capitalismo".

Por cerca de um ano, Rubens Casara esteve na França, no coração de onde sai hoje uma das mais poderosas construções teóricas do alternativo, como orientando de pós-doutorado do professor Christian Laval. Juntamente com Pierre Dardot, Laval escreveu dois livros que são centrais na análise do neoliberalismo e para sua superação (*A nova razão do mundo: ensaio sobre a sociedade neoliberal* e *Comum: ensaio sobre a revolução no século XXI*). É a *Comum...* que Casara dedica em *A construção do idiota* a parte esperançosa de sua mensagem: a construção de um novo paradigma a partir daquilo que seja impossível de apropriação privada.

Privilegiado pela formação jurídica e um consistente conhecimento psicanalítico, Casara vai ao ponto central da racionalidade neoliberal, a geração de uma sociedade sem limites: do ponto de vista político, instaura-se e valida-se o relativismo e, nesta esteira, o vale-tudo; já no campo psicanalítico, o sujeito neurótico criado pela modernidade se transforma em perverso ou psicótico — que não conhece limites, ou goza ao ultrapassá-los. A reconstrução da sociedade, por intermédio do princípio do comum, depende, então, de se suplantar a subjetivação imposta pelo neoliberalismo, especialmente, o instinto concorrencial, a partir da ideia de empresa que passa a revestir todos os entes — do indivíduo ao Estado.

A apresentação não é, certamente, o campo mais propício para aprofundar as ideias do autor, sobretudo antes mesmo que elas sejam lidas. Tampouco deve atrasar o leitor nesta prazerosa tarefa. Mas há ainda um último ponto que gostaria de destacar.

A idiossubjetivação de que fala Casara, a repulsa ao saber e o culto à ignorância não foram elementos importantes apenas para mascarar a dominação econômica, fazer com que até vulneráveis passassem a acompanhar as políticas de interesse dos milionários, mas decisivos para nos mergulhar neste pesadelo autoritário em que nos encontramos. E ele nos explica:

> Em sociedades lançadas em uma tradição autoritária, como é o caso do Brasil (em que fenômenos como a escravidão e a ditadura militar nunca chegaram a ser suficientemente

elaborados), o neoliberalismo só pôde tornar-se hegemônico a partir da fusão entre imagens autoritárias e imagens neoliberais. No Brasil, Jair Bolsonaro (eleito presidente em 2018, após a prisão atípica de seu principal adversário – e líder nas pesquisas de intenção de voto – por um juiz suspeito que depois se tornaria ministro da Justiça do seu governo), que apresentava um discurso nacionalista, pré-moderno e autoritário, mas uma prática econômica explicitamente neoliberal e entreguista, é um exemplo do sucesso eleitoral desta mistura entre um imaginário autoritário/pré-moderno e o imaginário neoliberal.

Descobrir quais são os adversários talvez seja o passo mais importante para quem pretende entrar em combate.

MARCELO SEMER é desembargador do Tribunal de Justiça de São Paulo, membro e ex-presidente da Associação Juízes para a Democracia, mestre em Direito Penal e doutor em Criminologia. É autor de *Os últimos réus: crônicas do crime* (Autonomia Literária), *Os paradoxos da justiça: judiciário e política no Brasil* (Contracorrente), *Entre salas e celas: dor e esperança nas crônicas de um juiz criminal* (Autonomia Literária) e *Sentenciando o tráfico: o papel do juiz no grande encarceramento* (Tirant Lo Blanch), entre outros.

1

A IDIOSSUBJETIVAÇÃO: UMA INTRODUÇÃO

Desde o nascimento, cada pessoa passa a viver, consciente ou inconscientemente, a partir de certos princípios, regras e ideais. O sujeito está submetido àquilo que é levado a compreender como a "verdade", a "beleza" e o "bem". Cada indivíduo é o produto de uma trama que une linguagem, normas e idealizações. A linguagem sempre antecipa sentidos e condiciona significados. Manipular ou alterar esses princípios, regras e ideais — transformando a compreensão do que seja a "verdade", a "beleza" e o "bem" — significa, portanto, a possibilidade de construir um novo sujeito. Por subjetivação entende-se, justamente, o processo dirigido à construção do sujeito.

A partir de um conjunto de atos que se inicia no nascimento, momento em que cada um de nós é lançado na linguagem, dá-se progressivamente a constituição de um sujeito. Não por acaso, o letramento é uma das etapas mais importantes da vida, com o aumento da complexidade do universo em que a criança se encontra. A linguagem nunca foi um agente neutro que adentra a intenção do ser falante, como percebeu Mikhail Bakhtin, porque está repleta de um passado e das intenções de outros não presentes no momento do ato de comunicação.

Se a linguagem sempre antecipa sentidos, também é verdade que estes sentidos podem ser alterados e manipulados pela ação humana. Mudanças na sociedade acarretam mudanças nos sujeitos e no contexto — ou seja: mudanças na tradição (valores, costumes, comportamentos e bens culturais transmitidos de geração em geração) e na racionalidade hegemônica (o modo como as pessoas veem e atuam no mundo) levam a transformações no indivíduo. Por isso, como diz o poeta Leonardo Tonus, "todo brasileiro traz na alma de seu corpo a sombra de um indígena ou de um negro morto".[1]

O que era "correto" pode passar a ser percebido como "errado"; o que ontem era "aceito" hoje tornou-se "reprovável" ou mesmo "criminoso"; o que não parecia fazer sentido em um determinado contexto de tempo e de espaço (como o divórcio, só instituído no Brasil em 1977), não raro, passa a ser visto como natural.

Esses atos que constituem o sujeito também levam à sujeição. A etimologia da palavra "sujeito" não deixa dúvida: derivada do latim *subjectus*, serve para designar quem se

---

[1] TONUS, Leonardo. *Diários em mar aberto*. São Paulo: Folhas de Relva, 2021.

submete ou é subordinado(a) a alguém ou a algo. O processo de subjetivação não produz apenas subjetividades, leva também necessariamente a um quadro de submissão não de todo consciente.

Diante da multiplicidade de formas de subjetivação, a questão passa a ser: que tipo de subjetividade pretende-se criar? Ou ainda: em que base é construída a sujeição (e a dominação) das pessoas? A sujeição é um fenômeno complexo e multifacetado. Tem-se a sujeição pelo medo ou pelo convencimento, pelo mito ou pela ciência, pelo conhecimento ou pela ignorância, para citar alguns exemplos.

Nas sociedades modernas, a subjetivação parte da escolha de um processo a partir do qual se pretende alcançar um determinado objetivo ou atender a um projeto. Assim, a depender do processo de subjetivação, o indivíduo pode buscar superar a lógica de dominação a partir de diagnósticos adequados ao tempo presente, ou "aceitar" que "não existem alternativas" e que, portanto, deve-se deixar as coisas "como estão".

A dominação sempre precisa ser justificada por ideias e teorias. Todavia, quanto maior a opressão e maiores os absurdos que se originam do funcionamento normal de um dado regime político-econômico, mais difícil se torna justificar o estado de coisas gerado e legitimar a exploração. Adorno e Horkheimer[2] já advertiam que confundir a verdade de uma teoria com a sua fecundidade é um erro. Por isso, tornou-se necessário mudar a estratégia de justificação. Para tanto, e cada vez com mais frequência, foi preciso encerrar a questão do passado e negar a história, sempre que os fatos se tornavam um obstáculo à dominação e ao exercício do

---

2   ADORNO, Theodor W.; HORKHEIMER, Max. *Dialética do esclarecimento*. Rio de Janeiro: Zahar, 1985, p. 228.

poder de uns sobre outros. O desconhecimento e/ou a distorção da história tornaram-se fundamentais à manutenção da dominação, da exploração ou mesmo de fenômenos, como o neocolonialismo. Mesmo o gesto de perdoar, que, no passado, foi privativo de quem sofreu a injustiça, passou a ser manipulado por aqueles que a cometeram para se (auto)perdoar ou atribuir responsabilidade às vítimas.

Neste movimento voltado à exploração de muitos por poucos, a ciência foi instrumentalizada com o objetivo de gerar lucros para alguns (e, em diversas oportunidades, serviu à barbárie, como no Holocausto). Em outras oportunidades, a ciência e o conhecimento adquirido via método científico precisaram ser ignorados para que o detentor do poder econômico continuasse a lucrar. Mais do que reconhecer o caráter ideológico da ciência e da história oficial ou o uso cínico do conhecimento, o projeto de manutenção do poder passou a exigir uma postura negacionista no meio social. Em resumo, se as crises, as guerras e as epidemias se tornaram oportunidades de negócios e fontes de lucro, os conhecimentos e os saberes capazes de eliminar ou de reduzir essas crises e tragédias também precisaram ser ignorados ou distorcidos.

Com o tempo, em vez de aprimorar os argumentos e as justificativas apresentadas, investindo na ciência e na educação crítica voltada à emancipação (as chamadas "práticas da liberdade", como mencionava bell hooks), passou-se a optar por diminuir a capacidade de compreensão dos fenômenos, da história e das condições materiais que levam à dominação e à exploração da maioria por uma minoria que detém o poder político e/ou econômico. O pensamento reflexivo tornou-se um inimigo. Nesse sentido, investiu-se na diminuição das exigências para o convencimento e a formação de consensos. A "verdade", a "liberdade", o "belo" e o "bem", por exemplo, foram ressignificados, perdendo importância, e acabaram reduzidos no imaginário popular a valores negociáveis, quando não descartáveis.

A opção pelo consenso em detrimento da verdade revela-se útil à finalidade de acumulação tendencialmente ilimitada. A busca pelo lucro ou por vantagens pessoais não necessita do valor "verdade". Ao contrário, a necessidade de atuar pautado pela verdade frequentemente representa um obstáculo ao desejo de lucro. O consenso não guarda, por sua vez, necessária relação com as ideias de "bem", de "belo" ou de "justo" e, também, não exige compromissos éticos. Em uma sociedade autoritária, o consenso tende a dar-se sobre bases e premissas autoritárias.

A confiança, que sempre funcionou como condição de possibilidade para a vida social e a redução dos conflitos morais, passou a exigir requisitos cada vez mais precários. Confia-se, por vezes, no "absurdo",[3] naquilo que não satisfaz a qualquer senso crítico. Em meio a uma espécie de "vale-tudo" argumentativo, no qual a opinião despida de reflexão pode ter o mesmo valor que o conhecimento embasado em dados concretos ou produzido a partir de pesquisas, cada vez mais pessoas passaram a acreditar no que deveria ser ilógico, contraditório ou equivocado à luz do conhecimento e dos saberes até então produzidos. Investiu-se ainda mais na

---

3   Por absurdo, entende-se aquilo que aparenta ser destituído de sentido. A palavra vem do latim *absurdus*, termo que busca representar o significado grego atribuído ao significante *alogos* (a — fora; logos — razão). Assim, por absurdo infere-se aquilo que atenta contra a razão, que infringe as leis da lógica, que revela um julgamento equivocado ou uma proposição contraditória por razões tidas como lógicas diante de determinados valores, regras e princípios percebidos como corretos.

alienação das pessoas, o que as faz, muitas vezes, defender posições contrárias aos seus próprios interesses.

Evidentemente, essa produção de "desconhecimentos", "conhecimentos parciais" e "equívocos" conta com a participação dos sujeitos a ela submetidos. Esses sujeitos se submetem, mas são também agentes ativos do mesmo processo. É reconfortante "não saber" e "não se responsabilizar" pelo que acontece, sempre que o ocorrido se insere na esfera do "indizível" ou do "profundamente desagradável". Pense-se nas pessoas que, em meio ao projeto nazista, optaram por não ter conhecimento do que acontecia, não obstante judeus e judias não tenham parado de ser caçados e de desaparecer ao longo dos anos de hegemonia da racionalidade nazista. A "ignorância é uma benção", enuncia um ditado popular. Como percebeu Theodor W. Adorno, "é razoável supor que exista uma proporção entre o gesto de não-ter-sabido-de-nada e uma indiferença ao menos embrutecida e amedrontada".[4]

Desde já, é importante traçar a diferença entre "idiotice", "ignorância" e "burrice". A "idiotice" é a postura, por excelência, do sujeito neoliberal que atua egoisticamente a partir de cálculos de interesse que visam exclusivamente o lucro ou a obtenção de alguma vantagem pessoal. Nada inegociável interessa ao sujeito idiota. A "ignorância", por sua vez, apresenta-se como um fenômeno tendencialmente provisório, ligado ao desconhecimento em relação a um assunto ou a um conjunto de assuntos. Por fim, a "burrice" é um fenômeno cognitivo, ético e político relacionado ao fechamento (voluntário ou não)

---

4 ADORNO, Theodor W. "O que significa elaborar o passado". In: _____. *Educação e emancipação*. Rio de Janeiro: Paz e Terra, 2020, p. 33.

em relação ao outro do conhecimento ou da diferença. Para alguns, a gênese da burrice liga-se ao medo: o espírito seria paralisado pelo medo, que afasta o indivíduo do caminho que deveria tomar.[5] A burrice equivaleria a uma cicatriz e, portanto, a uma deformação ("uma manifestação de deficiência, de cegueira, e da impotência, quando ficam apenas estagnadas, no sentido da maldade, da teimosia e do fanatismo, quando desenvolvem um câncer em seu interior").[6] Os processos de subjetivação condicionados pela racionalidade neoliberal buscam se favorecer dos espaços de ignorância e levar à burrice, à incapacidade de formular questões.

Todos são iguais em inteligência (Gramsci já dizia que "todos são intelectuais"), mas a capacidade de utilizar a inteligência (em potencial) é condicionada por fatores que servem às técnicas de idiossubjetivação. Se a inteligência pode ser identificada com as potencialidades do ser e levar ao movimento e à transformação no "mundo-da-vida", a produção de burrice, estupidez e ignorância conduzem ao velamento das potencialidades e funcionam como estratégias voltadas à manutenção do *status quo*. Pode-se identificar uma dimensão ética (e política), ou seja, ligada à postura diante do outro, em fenômenos como a ignorância (o não saber) e a burrice (a incapacidade de cognição e de abertura ao outro — seja o "outro" do conhecimento ou o "outro" da diferença). Não buscar o conhecimento capaz de melhorar a vida da maioria das pessoas é uma violação ética e uma omissão política.

A transformação da inteligência em estupidez é, segundo Adorno e Horkheimer, "um aspecto tendencial da evolução histórica". Isso porque o capitalismo concebeu uma ideia de

---

5   ADORNO; HORKHEIMER, 1985, op. cit., p. 239.
6   Ibid., p. 240.

razão que foi desenvolvida a partir da imagem da troca — de uma equivalência entre "dar" e "tomar", da "concessão" em troca de "concessão". Esta concepção de razão — que sugeria seguir as "regras do jogo" e se exteriorizava em debates civilizados — cedeu sempre que a busca por lucros exigiu a superação da "inteligência".

Com o neoliberalismo, a razão passa a identificar-se com a realização de cálculos de interesse egoístas. O princípio do interesse, fundamental à compreensão do *homo economicus* (uma espécie de ator voltado à maximização dos ganhos), que já funcionava como o núcleo da ideologia liberal, tornou-se o vetor interpretativo e o mandamento nuclear do sistema forjado a partir da racionalidade neoliberal. Com a hegemonia da lógica dos cálculos de interesse, após a clivagem produzida nas mentalidades, "nenhum princípio racional efetivo de coesão social subsiste",[7] salvo se for mantido pelo terror ou por técnicas de psicopoder (convencimento à autoexploração e à subordinação). Há, por evidente, uma contradição interna entre o próprio interesse e a ideia de razão. As ideias de "justiça", de "igualdade", de "democracia" e de "felicidade", por exemplo, que seriam fundadas na razão objetiva, cedem diante da busca por lucro ou por vantagens pessoais. Em outras palavras: o "particular" (lucro/vantagem) impõe-se ao "universal". Pode-se, então, falar em perda da autonomia da razão em função do fenômeno neoliberal, entendido como uma racionalidade que se tornou hegemônica. A razão torna-se apenas mais um instrumento a ser usado ou descartado na busca por lucro ou por vantagens. Os conceitos passam a ser "dispositivos otimizados",[8] e o

---

7 HORKHEIMER, 2015, op. cit., p. 28.
8 Ibid., p. 29.

próprio pensamento parece reduzido a um processo industrial e acrítico. As "ideias" tornam-se automáticas e, quanto mais instrumentalizadas, "menos se vê nelas pensamentos com um sentido próprio".[9] Há uma espécie de mecanização do ato de pensar. Com isso, "a diferença entre pensar e agir é considerada nula", bem como "o sentido é suplantado pela função ou pelo efeito no mundo das coisas".[10]

Diante deste quadro, o pensamento reflexivo e a inteligência tornam-se obstáculos. No ambiente capitalista, radicalizado na fase neoliberal, a contradição "que consiste na estupidez da inteligência é uma contradição necessária. Pois a *ratio* burguesa tem que pretender a universalidade e, ao mesmo tempo, desenvolver-se no sentido de restringi-la".[11] Uma pessoa deve ser inteligente, na medida em que isso sirva aos interesses dos detentores do poder econômico, mas os mesmos interesses vão levar a mesma pessoa a portar-se como estúpida sempre que necessário ao processo de acumulação do capital. Pode-se, inclusive, admitir a hipótese de que a idiossubjetivação reorganiza a personalidade do indivíduo, alterando a relação com o conhecimento, com o tempo, com a identidade, com a cultura e com o projeto da modernidade.

O "abrir mão da razão", o "acelerar as coisas" ou o "deixar-se enganar sem resistência" parecem funcionar como mecanismos de evasão — ou seja, como recursos para evitar a solidão, a impotência, a angústia e as dificuldades impostas por causas socioeconômicas ou mesmo psicológicas. Essa espécie de fuga, cada vez mais frequente, leva tanto à saída autoritária (recorrer a um terceiro ou a um grupo que

---

9   Ibid., p. 30.
10 Ibid., p. 30.
11 ADORNO; HORKHEIMER, 1985, op. cit., p. 196.

pareça capaz de trazer a segurança e a tranquilidade desejada à custa da liberdade) quanto à saída conformista, com a supressão dos pensamentos crítico e reflexivo (visto como um fator capaz de criar ainda mais dificuldades à vida do indivíduo).[12] Instalam-se quadros mentais de subserviência acrítica, de comodismo crônico e, em muitos casos, paranoicos — que independem do pensamento por serem fundados em certezas, ainda que delirantes.

O exemplo da manutenção do patriarcado, distorção sexista que conta com a contribuição de muitas mulheres, pode ser significativo. Em um primeiro momento, a dominação masculina foi justificada pela religião. Depois, quando a religião deixou de ser suficiente à dominação, a "ciência" passou a apresentar supostas evidências da posição de superioridade do homem sobre os indivíduos marcados como mulheres. Ainda hoje, "cientistas" afirmam que há uma hierarquia possível entre as pessoas, por mais que suas pesquisas partam de premissas e de métodos questionáveis. O Direito, por exemplo, até poucos anos, declarava, em diversas leis, tanto a superioridade masculina como os direitos do homem sobre a mulher, inclusive sobre seu próprio corpo. Por fim, quando a ciência hegemônica passa a demonstrar que não há base científica para o patriarcado, a ignorância (e/ou a existência de uma certeza sem respaldo em dados concretos) adquire o papel de condição de possibilidade à manutenção da dominação masculina.

É neste contexto — em que a ignorância precisa ser incentivada; o egoísmo, exaltado; a história, negada; a sociedade, desprezada; e o pensamento crítico, demonizado

---

12   Cf. FROMM, Erich. *El miedo a la libertad*. Barcelona: Paidós, 2000, pp. 207-296.

— que surge um novo mecanismo de dominação: a idiossubjetivação. Trata-se de um processo que visa a criação de um novo sujeito que se fecha ao outro (em especial, ao outro do conhecimento) e tem dificuldade de compreender a si próprio. Aliás, a incompreensão de si é uma importante fonte da incompreensão do outro: a pessoa que nega suas próprias carências e falhas tende a considerar intoleráveis as carências e as falhas alheias.

A estratégia de mentir, de distorcer a realidade e de manter a ignorância de amplos setores da sociedade não é algo novo; a relação necessária entre poder e saber não pode ser ignorada. Quanto menos se sabe, mais o poder do outro pode ser exercido sem limites. Marx, por exemplo, identificou o fenômeno da alienação na sociedade capitalista e da ocultação da contradição existente entre o capital e o trabalho. Antes dele, Hegel já percebia o trabalho como uma exteriorização da pessoa, mas esclareceu que os próprios trabalhadores não o reconheciam como tal. Alienação, por definição, implica um estado de alheamento e de ausência de reflexão. Antes ainda de Hegel, os gregos já explicavam a importância do conhecimento para uma vida boa. Da mesma maneira, como lembra Thainá Campos Seriz, os islâmicos também consideravam que o conhecimento era um fator essencial à conexão com Alláh. Atribui-se a Sócrates a percepção de que saber que nada se sabe já é uma vantagem em relação aos que acreditam saber o que não sabem.

Em Marx, desenvolve-se a ideia de que o capitalismo necessita de indivíduos que se tornem alheios (distanciem-se, separem-se, ignorem etc.) a um ou a vários aspectos de sua própria existência ou da sociedade. Com isso, em razão do impacto do sistema capitalista sobre as relações sociais, potencializa-se a perda da consciência e do controle das pessoas sobre a própria vida. Dito de outra forma: a alienação permite o controle ideológico desses indivíduos, porque faz com que as pessoas desconheçam o poder do que fazem (potência de transformação), o produto do seu trabalho (potência produtiva) e as potencialidades oriundas da relação com outras pessoas que se encontram em situação semelhante (potência de classe). O capitalismo transforma indivíduos tendencialmente solidários (e, portanto, com consciência de classe em potencial) em "concorrentes" a serem vencidos e, não raro, em "inimigos" a serem destruídos.

Portanto, produzir e manter a alienação e a ignorância não são estratégias recentes. No Brasil, por exemplo, a escravidão, fenômeno que condicionou o modo de pensar brasileiro, nunca pôde ser objeto de reflexão em razão de estratégias dos detentores do poder político e/ou do poder econômico. Assim, pode-se falar em uma brutal alienação da sociedade brasileira em relação ao acontecimento histórico que, uma vez recalcado, retornou na forma de naturalização da hierarquização entre seres humanos.

A hegemonia da racionalidade neoliberal agrega algo novo no rol das estratégias voltadas à manutenção das opressões: a construção de uma nova subjetividade, a partir da imagem da empresa (a crença de que cada indivíduo é um "empresário-de-si" e/ou que deve ser percebido como um "capital humano"), da lógica da concorrência/do inimigo e da transformação do egoísmo em virtude. Desse modo, o neoliberalismo gera "idiotas" — pessoas incapazes de reflexão e de abertura ao comum e, portanto, indivíduos que não sabem se relacionar com a cidade e com a comunidade.

Este fenômeno leva ao fechamento de cada pessoa em si. Tem-se, pela mesma razão, uma tendência de sociedades formadas por uma maioria de idiotas que adere ao pensamento conservador, ao apego à tradição e ao reforço de preconceitos. Na medida em que o conhecimento crítico e a reflexão são interditados, os preconceitos e a tradição voltam a servir de "guias" para a atuação no "mundo-da-vida". Assim, os julgamentos, necessários ao dia a dia, passam a dar-se a partir de pré-juízos, de premissas anteriores ao conhecimento e à reflexão voltada à solução adequada (e informada) das questões.

Por idiossubjetivação compreende-se, portanto, este processo de formatação de sujeitos que tem por objetivo a construção de indivíduos egoístas, incapazes de reconhecer a importância da coletividade e que negam a possibilidade de uma esfera comum, isto é, que diga respeito a todos.

A raiz etimológica da palavra *idiota* vem do grego *idios*, que significa "privado", "sem compromisso com a vida pública", "fechado em si". Os *idiōtēs* eram, desde a Grécia clássica, aquelas pessoas incapazes de um trabalho coletivo, de reconhecimento do comum ou de uma atuação pública. A *polis* nunca foi objeto de atenção do idiota. A política é um fenômeno (um "procedimento da verdade", na terminologia de Alain Badiou)[13] ligado ao coletivo; o idiota, por definição, alheio ao coletivo, é um ser político que detesta a política e tende a não compreender o uso político que dele é feito. Se o *Homo economicus* é a representação do comportamento humano regido pelo binômio "utilidade-interesse", a partir dos processos de idiossubjetivação o interesse é reduzido ao desejo de lucro.

Idiotas, portanto, são as pessoas que abdicam de projetos coletivos ou de ações políticas voltadas ao bem comum, porque são detentoras de uma subjetividade empobrecida que interdita o pensamento reflexivo e que as leva a atuar exclusivamente visando a obtenção de vantagens pessoais.

---

13   BADIOU, Alain. *Alain Badiou par Alain Badiou*. Paris: PUF, 2021.

É essa subjetividade empobrecida que impede a reflexão sobre os fenômenos que se apresentam e, ao mesmo tempo, inviabiliza qualquer ação transformadora. O idiota é forjado para acreditar que não deve ter compromisso com a vida pública ou com os problemas de terceiros, que não existem alternativas ao modo de pensar e às formas de dominação hegemônicos. Em razão do processo de idiossubjetivação, a situação é percebida como imutável ou como a obra de um poder superior e incontrastável.

O marco normativo do neoliberalismo é, vale lembrar, a ilimitação, o que faz nascer uma espécie de "vale-tudo" na busca por lucro ou vantagens pessoais. A idiossubjetivação aparece, portanto, como efeito e, ao mesmo tempo, como condição necessária à hegemonia e à manutenção do modo neoliberal de pensar e de agir, que se caracteriza por tratar tudo e todos como objetos negociáveis na busca por lucro e vantagens pessoais tendencialmente ilimitadas.

Trata-se, pois, de um mecanismo que atende os detentores do poder econômico, interessados em sustentar o mundo neoliberal. O processo de idiossubjetivação inclui muitas estratégias e muitos dispositivos, tais como a negação ou recriação da história, os diversos negacionismos, a propaganda, as campanhas de lei e ordem, a indústria cultural, a regressão da audição e o empobrecimento da linguagem, entre outras. Há o perigo de que esses mecanismos de modificação da subjetividade desumanizem parcela da sociedade, os "indesejáveis" aos olhos dos detentores do poder econômico. Ao demonizarem valores, como a solidariedade, a fraternidade e a empatia, percebidos a partir da racionalidade neoliberal como fragilidades em meio à concorrência, acaba-se por naturalizar a fome, os tratamentos desumanos, o encarceramento em massa da população pobre (e dos inimigos políticos) e, em casos limites, o extermínio via cálculos de interesse (nada muito diferente do que aconteceu na *Shoah*, ou, antes disso, na *Maafa*, o conjunto de atrocidades cometido contra os negros africanos). Aceitar o absurdo, de genocídios a mortes evitáveis em uma pandemia, é um quadro que costuma ser precedido pelo emprego das táticas de idiossubjetivação.

Estas táticas também são as responsáveis pelo aumento das hipóteses de dissonância cognitiva, ou seja, da tensão interna ao sistema de pensamento, de crenças, de emoções e de atitudes (cognições) de uma pessoa, sempre que algum desses elementos cognitivos entra em contradição com os demais. Isso porque os processos de mutação da subjetividade necessários à hegemonia da racionalidade neoliberal fabricam e prestigiam crenças e comportamentos que, do ponto de vista lógico, encontram-se em oposição aos interesses do agente, o que levará ao abandono do pensamento reflexivo, à desconsideração das emoções ou à invenção de narrativas que criam uma conciliação aparente como estratégia de redução do desconforto gerado pela contradição.

Como se percebe, a idiossubjetivação leva à antipolítica: uma postura política contra a "política". Neste particular, as pessoas são subjetivadas para não acreditarem que têm a opção de mudar a sociedade. A imagem neoliberal da política é construída como algo "sujo", "corrupto", do qual o indivíduo deve afastar-se, pois, como reza o lema neoliberal, "não há alternativa possível". A antipolítica é construída de baixo — quando os cidadãos são levados a não se interessar e nem atuar politicamente — e de cima — sempre que políticos profissionais se apresentam como atores antissistema, como "não políticos" ou como "técnicos" (gestores) na busca por simpatia popular, em razão da aversão construída em relação à atuação no campo coletivo. Entre as diversas estratégias de idiossubjetivação que visam à naturalização da antipolítica, destacam-se as de gerar divisões artificiais na população, as de produzir e potencializar o ódio e as de investir em dispositivos que levem aos esgotamentos físico e emocional do cidadão, inviabilizando que se ocupe de assuntos públicos e que atue na *polis*.

A idiossubjetivação permite a manipulação da democracia e das ações humanas em um determinado contexto, fazendo com que, por exemplo, o governo de e para uma minoria acabe percebido como um governo de e para o povo. A própria percepção sobre o conceito, os limites e os fins da democracia, sofre uma alteração profunda. Para alguns, a democracia volta a possuir uma dimensão meramente formal, que se identifica com a possibilidade de pessoas votarem em outras pessoas na formação de um governo, enquanto outros reduzem o ideal democrático ao estabelecimento de um "mercado de ideias", no qual os princípios, as regras e os valores tornam-se negociáveis a partir de cálculos de interesse. Sob a égide da racionalidade neoliberal, o mercado de ideias direciona-se exclusivamente ao lucro, enquanto os "representantes do povo" servem, na realidade, aos interesses das grandes corporações e dos detentores do poder econômico (que, muitas vezes, formatam e patrocinam as candidaturas de políticos no âmbito da democracia representativa).

Além disso, a idiossubjetivação leva — na medida em que nubla a percepção do coletivo e do comum — à pulverização democrática e, em consequência, produz a figura do egodemocrata, identificada por Eric Thiers. Como forma de contenção das maiorias distanciadas do poder econômico e em razão da lógica da concorrência (que passa a regular todas as relações sociais), ocorre uma atomização dos atores políticos e das respectivas demandas. Cada vez mais, as ideias políticas tornam-se "finas partículas", dizendo respeito a um grupo tão específico e reduzido de pessoas que se torna impossível a realização de debates públicos e abrangentes sobre elas.

Com esta pulverização do espaço público, que leva também a das ideologias, tem-se a destruição das condições para o debate e para a organização política, bem como o enfraquecimento das clivagens políticas (divisões profundas da sociedade geradas por fenômenos históricos e sociais que forjavam identificações). Instauram-se, então, quadros de violência (verbal ou física) no jogo político em razão da incapacidade de identificação com o outro.

A desestruturação do debate público e a incapacidade da percepção das clivagens que geravam a identificação de coletivos fazem com que os indivíduos idiossubjetivados, desunidos e sozinhos em suas demandas políticas, fechem-se e defendam exclusivamente os seus interesses mais diretos e mais facilmente identificados. Ao mesmo tempo, em razão dessa verdadeira mutação antropológica engendrada pelo neoliberalismo e por suas máquinas de idiossubjetivação, aparece no cenário o egodemocrata, o indivíduo que deseja intervir no campo político, mas acredita que apenas ele, dentre todas as pessoas, conhece as soluções necessárias e dispõe da visão justa de sociedade.

O egodemocrata, o "democrata" idiossubjetivado, acredita ser "a medida de todas as coisas".[14] Por isso, não está pronto para aceitar as regras da vida em comum, na qual as

---

14 THIERS, Eric. "L'egodémocrate est um Narcisse qui se pred pour Antigone". *Philosophie Magasine*, Paris, n. 159, maio de 2022.

suas certezas chocar-se-iam com argumentos e com fatos alheios, revelando-se incapaz de diálogo e de compromisso. Este indivíduo se acredita democrata, enquanto age como uma pessoa autoritária, tanto na vida analógica como na vida digital, atacando qualquer pessoa que não reproduza as suas ideias. Também declara que irá insurgir-se contra o poder, enquanto, na realidade, quer o mundo à sua imagem e semelhança. Não é obra do acaso que, para alguns, o sofrimento subjetivo possa ser resumido ao drama produzido pelo narcisismo.

A idiossubjetivação também dificulta a percepção dos problemas que atingem o coletivo. Assim, o capitalismo segue, ao produzir as condições para a sua expansão, destruindo as condições de vida no planeta, sem que as pessoas sejam capazes de refletir sobre isso. A evidente incompatibilidade entre a ilimitação neoliberal e a limitação de recursos naturais acaba ignorada. A idiossubjetivação liga-se ainda à produção de um efeito ilusório que atende àqueles que, em interesse próprio, sustentam que as massas populares são incapazes de julgar corretamente e decidir o que fazer com a "coisa pública".

Em outras palavras, a idiossubjetivação parte da premissa de que os cidadãos bem-informados, críticos e inconformados representam um obstáculo à manutenção do projeto neoliberal e aos interesses dos detentores do poder econômico, bem como uma ameaça em potencial àqueles que exercem o poder político. O empobrecimento subjetivo, necessário à naturalização e à perpetuação das mais variadas opressões, dá-se em todas as classes e nos mais variados espectros políticos. Idiotas, inocentes ou não, sempre foram úteis àqueles que pretendem dominar e explorar outros seres humanos. A manipulação, a distorção e a apresentação parcial de fatos, bem como a formação deficiente de consciências via técnicas (postas em atuação em propagandas, filmes, mudanças curriculares, programas de rádio e televisão etc.) que produzem metamorfoses na percepção do público a elas submetido, foram fundamentais para manter uma minoria em posição de explorar a maioria. Fatos essencialmente prejudiciais à maioria eram apresentados como positivos ou eram associados a coisas que o público era incapaz de deixar de desejar. A crença de que o pobre explorado poderia se tornar o próximo rico explorador a partir de seus próprios méritos, por exemplo, só foi possível diante do apagamento da percepção de que as condições materiais, em concreto, impedem a superação da condição de explorado.

Além do já mencionado fechamento à coletividade, a idiossubjetivação aumenta o núcleo do desconhecido e, portanto, o medo ligado ao que se desconhece. Com isso, cresce a importância política das campanhas de "lei e ordem" fundadas em uma divisão autoritária e maniqueísta entre o "nós" e o "eles", que pregam a redução dos direitos e das garantias fundamentais em nome do valor "segurança" — o que se alcança, frequentemente, com o recurso à manipulação tanto da sensação de medo como do ressentimento contra grupos específicos da sociedade. Esse quadro piora substancialmente, quando a palavra "segurança" sofre uma mutação de sentido típica do neoliberalismo e passa a ser tratada no registro das mercadorias (não mais a "segurança dos direitos de todos", mas um fim em si mesmo, um produto que pode ser adquirido e/ou negociado).

Em uma sociedade que conjuga a ausência de elaboração adequada de fenômenos históricos (como aconteceu com as escravizações indígena e negro-africana, fenômeno que, no

Brasil, por não ter sido elaborado de maneira satisfatória, acabou por gerar a naturalização da hierarquização entre as pessoas) com a insegurança gerada pelo desconhecido, a manipulação política tanto do medo das diferenças como do ressentimento torna-se ainda mais fácil, abrindo-se aos mais diversos populismos, ou seja, à manipulação dos medos e dos afetos com finalidade política.

Também é a idiossubjetivação que dificulta unir o saber e a verdade como forma de impor limites ao poder. Aposta-se, ao contrário, na facilidade, na comodidade, na simplificação e em formas agradáveis de expor os eventos, mas que impedem compreendê-los. A "verdade" e o "conhecimento" passam, não raro, a ser percebidos como obstáculos à felicidade. É mais fácil se contentar apenas com discursos que se apresentam e produzem efeitos típicos da "verdade", porém agradáveis e cômodos, ou reduzir a verdade à estrutura das mercadorias, reescrevendo-a como mera positividade (a verdade é sempre complexa, positividade e negatividade em interação).

A aposta na simplificação excessiva da realidade, por vezes apresentada como uma necessidade pedagógica, revela-se inerente à racionalidade neoliberal e integra o fenômeno da idiossubjetivação, como veremos a seguir.

2

A SIMPLIFICAÇÃO EXCESSIVA

Uma racionalidade, ao tornar-se hegemônica, passa a exigir novos procedimentos e novas formas. Os requisitos de validade dos atos e os fatores de eficiência e de efetividade das ações sofrem modificações. Pode-se, inclusive, reconhecer que as transformações produzidas por uma racionalidade tendem a produzir uma nova epistemologia, uma nova relação com a ciência e com a verdade. O processo de compreensão sofre alterações, bem como os critérios de verdade, de certeza, de dúvida e de correção. Com o neoliberalismo, não foi diferente.

Se uma epistemologia adequada aos limites democráticos e às conquistas do Iluminismo buscava afastar a crença infundada, os preconceitos e a opinião como fatores a serem considerados nas decisões tomadas, a epistemologia neoliberal, que aponta para um quadro de ilimitação, revigora a influência da crença, da opinião e do preconceito como fatores decisórios. No lugar da reflexão bem-informada, a decisão rápida e acrítica passa a ser apresentada como algo positivo, em especial, se for também uma decisão simples que negue a complexidade das coisas.

A afirmação de que não existem alternativas ao neoliberalismo, chavão reiterado por Margaret Thatcher, adquire valor epistemológico, pois, como percebeu Boaventura de Souza Santos, "o político torna-se epistemológico quando pensar em qualquer alternativa política ao estado de coisas atual significa o mesmo que fantasiar por oposição à factualidade ou falsificar por oposição à verdade".[1] Do mesmo modo, se a mentira passa a produzir efeitos típicos da verdade, tem-se uma questão epistemológica que se torna política. Pode-se ainda reconhecer que existe um "espírito da época" (*zeitgeist*), que se caracteriza pela naturalização das características produzidas pelo modo de pensar e de agir neoliberais.

A simplificação excessiva, naturalizada pela epistemologia neoliberal, é uma das principais características do modo de compreender ("tudo é simples") e de agir ("deve-se agir da maneira mais simplificada possível") neoliberal e, portanto, uma das mais importantes estratégias utilizadas no processo de idiossubjetivação. Em um quadro de empobrecimento subjetivo e de valorização econômica da ignorância correlato à demonização da educação, da cultura e do pensamento reflexivo (percebidos como atividades degeneradas

---

1   SANTOS, Boaventura de Sousa. *O fim de um império cognitivo: a afirmação das epistemologias do Sul*. São Paulo: Autêntica, 2019.

e ideológicas), cada vez mais pessoas recorrem a uma linguagem empobrecida, bem como a *slogans* argumentativos, frases feitas, jargões, análises superficiais, perspectivas binárias, rótulos e construções gramaticalmente pobres (sujeito-verbo-complemento), com o objetivo de contar com a adesão e a simpatia dos interlocutores. A simplicidade torna-se a regra, ao mesmo tempo em que a complexidade é demonizada. Assim, a simplificação, simpática no plano discursivo e com um verniz de prática inclusiva, torna-se uma espécie de Cavalo de Troia ao impedir o pensamento reflexivo e a compreensão adequada de questões complexas.

Antes de tudo, é necessário distinguir entre "simplicidade" e "simplificação". Apresentar uma coisa complexa da forma mais simples possível é uma virtude, mas a simplificação de coisas complexas é um obstáculo ao pensamento. A verdade é, por definição, sempre complexa. Os fenômenos, e mesmo as pessoas, apresentam-se como um conjunto de positividades e negatividades. A identificação e a solução dos problemas, da mesma maneira que o exercício consciente da soberania popular, sempre exigiram a compreensão da complexidade da vida em sociedade. As mercadorias (e a informação útil ao neoliberalismo) são, por sua vez, apresentadas como meras positividades, como aquilo que se deve desejar e que tem por destinação agradar e ser útil, enquanto o que desagrada ou dificulta a "arte de governar" deve ser escondido, excluído e/ou destruído.

Os processos de idiossubjetivação querem fazer de tudo — inclusive das pessoas — meras positividades, isto é, peças que se identificam pela facilidade com que podem ser controladas ou substituídas. Busca-se uma subjetividade que mire em objetos úteis à lógica da concorrência e ao funcionamento tanto do mercado quanto do Estado, como uma empresa a serviço dos detentores do poder econômico.

As coisas se tornam simples quando despidas das negatividades, dos aspectos que não interessam ou dificultam o funcionamento da lógica de mercado. Se antes a aparência era pensada como uma forma de negatividade, a simplificação excessiva reduz a realidade à mera aparência, tornando-a uma positividade. Aquilo que antes era negativo transforma-se em algo positivo. De igual sorte, as coisas simples se tornam transparentes, sempre que podem ser completamente percebidas e apreendidas por um terceiro. Simplicidade e transparência são, portanto, conceitos que se aproximam à luz da racionalidade neoliberal. Ou seja, os processos de idiossubjetivação querem reduzir o mundo a objetos simples e transparentes que possam ser percebidos, exprimidos e negociados por meio do registro do "preço".

O empobrecimento da linguagem, que conduz ao empobrecimento subjetivo, é um dos efeitos da simplificação excessiva. Dito de outra forma, o ideal de simplicidade sem limites leva ao abandono de palavras e de figuras de linguagem, bem como a modificações na articulação entre o significante e o significado. Instauram-se novos jogos de linguagem, inspirados nos cálculos de interesse, em uma aliança entre a atividade de construir significados úteis ao mercado e o vocabulário constituído de signos.

Em apertada síntese, a simplificação da linguagem útil aos detentores do poder econômico é uma operação que pode levar à redução do campo do pensamento.[2] Metáforas,

---

2   Nesse sentido, ao construir uma "teoria da ditadura" a partir da obra de George Orwell, cf. ONFRAY, Michel. *Théorie de la dictature*. Paris: Robert Laffont, 2019, p. 60.

que ajudavam a compreender os fenômenos, tornaram-se raras no ambiente neoliberal. Com os processos de idiossubjetivação, buscam-se controlar os sentidos, as palavras e as ações. Deslocamentos de sentidos, por exemplo, são percebidos como negatividades. A reflexão e a verdade, que se inserem no campo da complexidade, passam, por envolverem positividades e negatividades, a ser demonizadas e/ou relativizadas. Como em *1984*, o romance de George Orwell, a racionalidade neoliberal faz da redução do vocabulário um objetivo. Isso porque, como percebeu Michel Onfray, nenhuma transformação revolucionária se faz sem uma revolução também na esfera das palavras, já que "o poder sobre as coisas passa pelo poder sobre as palavras".[3] Não seria diferente com o neoliberalismo, este fenômeno que Wendy Brown chamou de "uma revolução furtiva".[4]

De fato, toda linguagem autoritária é "pobre por princípio".[5] Baseada não só na simplificação excessiva, a linguagem autoritária apodera-se da linguagem da violência, sempre direta e sem mediações democráticas, e, em quadras históricas autoritárias, torna-se popular, passando a integrar e a condicionar o imaginário popular.

Essa pobreza instala-se, "não só porque todos se viam forçados a obedecer a um único padrão de linguagem, mas especialmente porque, por meio de uma limitação autoimposta, só permitia expor um lado da natureza humana".[6] Em outras palavras: o empobrecimento da linguagem é

---

3   Ibid., p. 59.
4   BROWN, Wendy. *Défaire le Dèmos. Le néolibéralisme, une révolution furtive*. Paris: Amsterdam, 2018.
5   KLEMPERER, Victor. *LTI: a linguagem do Terceiro Reich*. Rio de Janeiro: Contraponto, 2009, p. 61.
6   Ibid., p. 65.

necessário para impedir a compreensão dos problemas e a realização dos anseios humanos. A linguagem autoritária, por sua vez, só se presta à invocação e à manipulação, "fazendo do indivíduo peça de um rebanho conduzido em determinada direção, sem vontade e sem ideias próprias".[7]

No neoliberalismo, o empobrecimento da linguagem está relacionado tanto com a tentativa de excluir outros modos de pensar como com a relativização do valor "verdade" e o esquecimento da história. O círculo hermenêutico neoliberal (o conjunto de elementos que, em interação dialógica, leva à produção de um entendimento ou de uma norma) tem espaço apenas para "positividades". O entendimento é construído, quase que exclusivamente, a partir de dados simplificados, de pré-compreensões simplistas. É o desejo por visões simplificadas da realidade que explica, em certo sentido, o fortalecimento, sob a égide neoliberal, de fundamentalismos religiosos e de projetos políticos reacionários, nos quais se busca a segurança ("simples" e "transparente") de um deus, que tudo ordena e simplifica, ou de um passado mítico, idealizado, transparente e sem dificuldades.

No campo da religião, também não é obra do acaso que a Teologia da Prosperidade e a Teologia do Domínio ("Batalha Espiritual") ganhem cada vez mais espaço ante a hegemonia da racionalidade neoliberal. A Teologia da Prosperidade faz da religião e da igreja um mercado. Isso se dá por uma simplificação da relação de Deus com os humanos, que acaba reduzida a um contrato ("se os indivíduos tiverem fé em Deus, Ele irá fornecer a contraprestação de segurança e de prosperidade"). A Teologia do Domínio (*Dominion Theology*), por sua vez, é construída à imagem e à semelhança

---

7   Ibid., p. 66.

da concorrência, o que faz com que o mundo acabe transformado em um "campo de batalha", no qual se desenvolve uma luta maniqueísta do "bem" contra o "mal": de um lado, os "verdadeiros" cristãos e, do outro, os demônios e os seres humanos que acabaram dominados pela força demoníaca. A redução de tudo — inclusive da desigualdade, da injustiça e da violência — a efeitos da ação demoníaca, é uma forma de simplificar e tornar transparente a crença de que o Diabo se esconde por trás de outras religiões, da intelectualidade, da poesia, das ciências, das artes etc.

A semelhança entre, de um lado, "simplificação da realidade" e "demonização da complexidade", e, de outro, a divulgação de "fatos alternativos" ajuda a explicar a naturalização com que são aceitas notícias falsas (*fake news*), ciência falsa (negacionistas das mudanças climáticas e *antivaxxers*), história falsa (negacionismo do Holocausto, das torturas nas ditaduras militares latino-americanas e da escravidão) etc. A verdade reduzida a uma "versão simplificada" torna-se algo diferente da "verdade". A história é suprimida ou reescrita de forma "simplificada e transparente", de acordo com os interesses dos detentores do poder econômico.

Com o mandamento neoliberal para tudo simplificar, busca-se que as coisas e as pessoas se insiram

> sem resistência na corrente lisa do capital, da comunicação e da informação. As ações tornam-se transparentes quando se tornam "operacionais" submetendo-se aos processos de cálculo, de direção e de controle [...]. O tempo transparente é um tempo destituído de todo o destino e de todo o acontecimento [...]. As coisas tornam-se transparentes

quando se despojam da sua singularidade e se exprimem completamente na dimensão do preço.[8]

Assim, esta norma busca facilitar que todos os objetos possam ser negociados e/ou descartados, mas não só. Busca-se, com a simplicidade e a transparência, uma espécie de "efeito em cadeia do igual", que pode ser acionado por técnicas de propaganda e de comunicação (pessoas que pensem igual e que reajam da mesma forma a determinados estímulos).

O registro da mercadoria, a que tudo se submete, pela avaliação em dinheiro do valor das coisas e das pessoas, faz com que tudo seja simples, comparável e, portanto, negociável. O imperativo de simplicidade e transparência é, portanto, um comando para a eliminação do complexo, do estranho e da diferença — elementos que podem representar um risco à racionalidade neoliberal e dificultar os cálculos de interesse. Instaura-se, a partir da normatividade direcionada à simplicidade e à transparência, uma coação voltada ao nivelamento dos indivíduos que visa a torná-los elementos funcionais ao sistema neoliberal.[9]

A norma que estabelece o dever de simplificação facilita a aceitação acrítica de todo o complexo normativo neoliberal, porque não só potencializa o declínio da importância do discurso racional, da pesquisa e do ensino crítico como também reforça o processo de reificação do mundo. Esta norma enuncia ainda que a educação deve afastar-se da perspectiva crítica e que toda reflexão deve ser abandonada.

---

8   HAN, Byung-Chul. *A sociedade da transparência*. Lisboa: Relógio D'Água, 2014, p. 11.
9   Ibid., p. 13.

Como já se viu, o egoísmo passou a ser manipulado com finalidade político-econômica por meio de uma norma que simplifica o processo decisório ao enunciar que o interesse pessoal deve ser o critério exclusivo das decisões. Assim, não há necessidade de reflexão para compreender os fenômenos ou mesmo para tomar uma decisão e as técnicas de propaganda e de psicopoder passam a modelar o que "evidentemente" satisfaz o interesse pessoal. Nesse sentido, Pierre Bergounioux advertiu que:

> condicionados da planta dos pés à ponta dos cabelos pelas multinacionais da comida e das roupas, da música enlatada e da eletrônica, vetores de *logos*, de estigmas corporais, partidários da linguagem cínica, suja, do subproletariado intelectual que os grupos financeiros colocaram nas alturas dos meios de comunicação, os inocentes de hoje constroem uma identidade outra, alienada, mais ou menos inteiramente reificada.[10]

A partir dos processos de idiossubjetivação, a linguagem passa ser cada vez mais simplificada para facilitar o controle do elemento humano, agilizar os negócios e homogeneizar o mercado. A busca por simplicidade e por transparência é um movimento necessário ao apagamento da negatividade do diferente, bem como à redução da resistência ao projeto neoliberal. Aquele que não atende a esse comando normativo torna-se indesejável, isso porque faz da linguagem algo que escapa da esfera do meramente formal, operacional ou do autômato, assim prejudicando a "normalidade"

---

10   BERGOUNIOUX, Pierre. *La Fin du monde em avançant*. Paris: Fata Morgana, 2006.

neoliberal. A simplicidade impede também a espontaneidade e, portanto, a liberdade de acontecer para além do cálculo de interesse. Diante da necessidade de segurança para os negócios e para evitar distrações que levem a erros de cálculo, a liberdade torna-se um valor a ser negociado ou descartado, segundo a lógica neoliberal.

O empobrecimento subjetivo e a incapacidade de reflexão — construídos a partir da normatividade neoliberal, da mesma maneira que as guerras, as catástrofes e as crises — são cada vez mais necessários à geração de lucros e à obtenção de posições de vantagem para os detentores do poder econômico. A capacidade de produzir, de acumular e de circular valores a partir da ignorância, da desgraça e do infortúnio, explica, em muito, o sucesso de um modelo que muitos acreditavam estar fadado ao desaparecimento a partir de suas contradições. O ato de "equivocar-se" ou mesmo de destruir para, em seguida, reconstruir, torna-se natural e, ao mesmo tempo, pode ser tido como fundamental à manutenção de uma estrutura em que até a ignorância, a dor e o sofrimento acabam transformados em mercadorias.

Para compensar o caos social produzido pela adoção de medidas neoliberais, os detentores do poder econômico estimulam promessas e discursos que satisfazem um imaginário que projeta o retorno a um passado idealizado de segurança (um passado que, na realidade, nunca existiu e que constitui o que Zygmunt Bauman[11] chamou de "retrotopia"). Um passado, que pode ser identificado com a ditadura empresarial-militar brasileira instaurada em 1964 ou com um modelo de família patriarcal, que envolve papéis de gênero tradicionais e o protagonismo do homem,

---

11   Cf. BAUMAN, Zygmunt. *Retrotopia*. Rio de Janeiro: Zahar, 2017.

imagens transformadas em mercadorias que prometem segurança contra inimigos, ainda que imaginários (como o comunismo em 1964 e, novamente, em 2018, no Brasil). Movimentos como o Brexit e o pânico moral relacionado aos imigrantes em grande parte da Europa, por exemplo, são sinais da "retrotopia" em torno das imagens de "paz", de "uniformidade" e de um "passado de glória" incentivados pela racionalidade neoliberal, que admite e incentiva mudanças de narrativa para manter a hegemonia.

Retrocessos, como o retorno de práticas inquisitoriais, nas quais pessoas são tratadas como objetos, e a substituição da política pela religião, ou mesmo o abandono tanto do projeto da modernidade (sintetizado nos valores "liberdade", "igualdade" e "fraternidade") quanto dos limites democráticos (sendo o principal a necessidade de respeitar os direitos e as garantias fundamentais), tornam-se oportunidades de negócios cada vez mais lucrativas e necessitam de uma visão de mundo simplificadora que reduza tudo e todos a objetos negociáveis. No grande supermercado neoliberal, nesta imagem do deus-mercado que revela a agonia de uma civilização, são encontrados (e vendidos) antídotos para o fundamentalismo religioso ao lado de produtos para fanáticos religiosos, armas ao lado de Bíblias, feminismos domesticados (e até punitivistas, como no caso de feministas que, na luta contra o patriarcado, apostam na ampliação do poder penal em detrimento dos direitos fundamentais), marxismos conformistas, obras de religiosos "cristãos" que defendem a tortura e a violência ou de "intelectuais" que ainda contestam o heliocentrismo e a Teoria da Relatividade.

Para Marx, as forças produtivas (meios de produção, força de trabalho, modo de trabalho etc.), que se desenvolveriam continuamente, tenderiam a entrar em contradição com as relações de produção dominantes (propriedade e dominação), o que acabaria por provocar mudanças nas relações de produção e, em dado momento, o fim do capitalismo. Ele não contou, porém, com o fato de que a principal alteração acabaria por dar-se no campo das forças produtivas, em especial, na dimensão humana da equação. A pessoa trabalhadora tornou-se cada vez mais manipulável e dispensável.

Em razão de um modo de pensar e agir que busca o lucro ilimitado, o sujeito potencialmente transformador tornou-se um objeto dispensável que, muitas vezes, acredita ser uma "empresa" em disputa permanente com outros indivíduos. Essa transformação só foi possível a partir de um projeto de contenção do pensamento e das maiorias.

3

CONTER O PENSAMENTO E AS MAIORIAS

O pensamento diz respeito à existência do sujeito enquanto tal. O ser humano existe como um projeto que passa a ser definido pelo que cada um pensa a partir de um quadro de indefinição. A essa indefinição total, autores como Sartre chamam de liberdade. Trata-se, mais precisamente, da liberdade de escolher os valores e os critérios de ações morais que constituem o que o indivíduo vai se tornar: crítico ou conformado, progressista ou conservador etc. O projeto parte do nada em direção ao vir a ser. Projetar é, portanto, uma espécie de criação ética. A idiossubjetivação visa interferir nesse projeto para condicionar o pensamento de cada indivíduo e, desse modo, formatar o homem e a mulher adequados ao neoliberalismo a partir da imposição de critérios e de valores.

O pensamento é, portanto, condição de possibilidade para a transformação do mundo e para distinguir entre ações boas e ações ruins, entre o que faz sentido e o que não faz. O pensamento e o seu oposto, o vazio do pensamento (que permite a "banalidade do mal" identificada por Hannah Arendt), levam à configuração da visão de mundo e das possibilidades de cada um. Trata-se de algo da ordem subjetiva, mas, ao mesmo tempo, permite transformar objetivamente aqueles que o exercitam e o mundo.

É o pensamento que busca extrair das atividades humanas aquilo que tem ou pode ter um valor universal. Mesmo quem possui uma visão cética sobre as possibilidades do pensamento livre exerce-o em algum sentido. As teses expostas por esses céticos são, aliás, um testemunho da importância do pensamento. Trata-se, portanto, de uma categoria central a qualquer ideia de civilização ou de comunidade.

Pode-se dizer que o pensamento existe quando se identifica uma possibilidade, a saber, a possibilidade de reconhecer e de examinar do que as pessoas e a humanidade são capazes, mas não só. Também há pensamento ao avaliar se essas coisas e fenômenos de que as pessoas são capazes possuem algum valor. Nesse sentido, o pensamento se identifica com aquilo que Alain Badiou chamou de "filosofia" em um sentido não acadêmico. É possível, então, admitir, com Antonio Gramsci, que todas as pessoas são filósofas em potencial, porque todas são capazes de pensar. Jacques Rancière afirma, por sua vez, que há em todas as pessoas uma igualdade de inteligências e, por isso, todo homem é capaz de instruir a si mesmo. Toda pessoa, capaz de pensar e, em princípio, igual em inteligência, tem condições de ampliar ou de restringir os objetos de seu pensamento.

As chamadas "condições da filosofia"[1] são também as principais criações do pensamento: as ciências, as artes, o amor e a política. Se o pensamento se volta para aquilo do que a humanidade é capaz, do melhor ao pior, é importante reconhecer a conexão entre o pensamento e as atividades que levaram às criações da humanidade — de um quadro de Monet ao Holocausto, à Maafa ou à Nakba (a catástrofe que se deu a partir da expulsão de 710-750 mil palestinos de suas terras originárias).

Pensar a idiossubjetivação é, portanto, pensar no seu oposto (o pensamento reflexivo) e nas estratégias que impedem o pensamento e, em particular, a reflexão sobre o que a humanidade é capaz. A ausência do pensamento leva, por sua vez, à inércia ou à prática de uma conduta sem a reflexão sobre as consequências do ato.

A ideia de "verdade", bem como a de "valores comuns" que deveriam ser transmitidos a todas as pessoas, também perde importância em razão dos processos de idiossubjetivação. A verdade, percebida como um possível obstáculo ao lucro, torna-se uma negatividade que pode ser afastada e/ou negada. Basta, por exemplo, lembrar-se dos esforços da indústria de cigarros para esconder/negar a relação entre o seu produto e o aumento de casos de câncer de pulmão. Sem que se reconheça algo como verdadeiro, não há solução justa para os conflitos e para as contradições inerentes à vida em sociedade. Por decisão "justa", entende-se uma solução que não guarda relação necessária com normas de eficiência, de produtividade ou de hierarquia, mas que se aproxima

---

[1] Adere-se, nesse particular, às lições de Alain Badiou.

do valor "verdade". Mesmo ciente de que a verdade está no todo e de que o conhecimento é sempre parcial, como percebeu Francesco Carnelutti, não se pode pensar em justiça distanciada do valor "verdade".

Com Alain Badiou, pode-se afirmar que a "velha palavra verdade" serve para designar também tudo aquilo de que a humanidade é capaz.[2] É possível chamar de "esfera da verdade" o conjunto de fenômenos ou de produções humanas no tempo e no espaço que, por razões consistentes, pretende ter um valor universal e ser aceito por todos e todas.

O pensamento, que leva à verdade e, ao mesmo tempo, necessita dela, também é responsável tanto pelo engajamento subjetivo quanto pela produção objetiva de qualquer coisa. A política é a representação do engajamento coletivo, ao passo que o amor é a figura do engajamento individual (de um afeto que se torna excepcional para o indivíduo). As artes e as ciências geram, por outro lado, coisas também percebidas como excepcionais. A matemática, que serve de modelo para as demais ciências, anuncia que sua verdade é universal e comum (a verdade matemática se apresenta como "fora de discussão"). A poesia, expressão do pensamento artístico, apresenta uma capacidade de sedução singular, mas, ao mesmo tempo, um valor suficientemente universal. Com as artes, tem-se a "universalidade possível do sensível",[3] ou a sensibilidade trabalhada e orientada em direção ao universal. Da mesma maneira que a arte, o amor também tem algo de excepcional que o diferencia dos outros afetos e que coloca o indivíduo em uma situação que não se reduz à busca por satisfação sexual ou pela reprodução

---

2   BADIOU, 2021, op. cit., p. 19.
3   Ibid., p. 25

da espécie: o amor é uma criação do pensamento capaz de fazer com que o indivíduo experimente e possa construir o mundo a partir da diferença (do "um" que se transforma em "dois"), e não a partir de si.

Não se deve estranhar que os processos de idiossubjetivação busquem esvaziar o pensamento, impedir o engajamento, substituir o amor pelo ódio, reduzir o impacto do excepcional e desvalorizar o universal. Estes objetivos são fundamentais à manutenção da exploração de seres humanos, à naturalização do que deveria ser compreendido como inaceitável, ao crescimento dos discursos de ódio, à transformação de pessoas em objetos na busca por lucros e, em particular, à contenção de maiorias, evitando reações populares.

As tentativas de submeter a vontade de muitos aos interesses de poucos não são recentes. Basta lembrar que a história dos Estados Unidos da América pode ser contada a partir das tentativas dos detentores do poder econômico de restringir o poder popular. A própria Constituição estadunidense foi promulgada com o objetivo de sedimentar o poder de poucos sobre muitos. Um de seus autores, James Madison (1751-1836), chegou a declarar que a principal responsabilidade de um governante era a de "manter a minoria afortunada ao abrigo da maioria".[4]

Esquecer o passado e manipular a realidade tornam-se úteis a quem exerce o poder político e econômico. O passado, por mais terrível que seja, é descontextualizado e apresentado como algo quase "inocente", fruto da ação individual

---

4   Cf. ELLIOT, Jonathan. *The Debates in the Several State Conventions on the Adoption of the Federal Constitution, 1787*. Filadélfia: Lippincott, 1836, p. 420.

de pessoas boas ou más e em relação ao qual nada há para refletir ou para aprender. A realidade, uma trama complexa que envolve o simbólico (os limites impostos pela e a partir da linguagem) e o imaginário (o conjunto de imagens e de ideias formulado pelos indivíduos), torna-se empobrecida a partir de ações que levam a mutações tanto da linguagem (com simplificações que escondem a complexidade do "mundo-da-vida" e as relativizações dos limites) como das imagens e das ideias produzidas pelo indivíduo.

Assim, por exemplo, foi necessário manipular subjetividades para que os mercenários marcados pela história como os *robber barons* (Andrew Carnegie, John D. Rockefeller, Cornelius e William Vanderbilt etc.), que inicialmente (e por boas razões) eram percebidos como vilões — indivíduos egoístas envolvidos em escândalos que resultaram em concentração de capital, na formação de monopólios ou de quase-monopólios, em crises econômicas, em fraudes financeiras, em repressões brutais a trabalhadores etc. —, tornassem-se heróis, a partir de técnicas de propaganda que, hoje, poderiam ser apontadas como técnicas de idiossubjetivação.

Foram também técnicas voltadas à idiotização dos cidadãos estadunidenses, envolvendo a produção de cartazes, livros, filmes, entrevistas e intervenções no espaço público, postas em prática a partir da chamada "Comissão Creel" (composta por jornalistas, intelectuais e cientistas sociais), que fez com que a maioria de um povo, antes pacifista e contrário à participação na Primeira Guerra Mundial (1914-1918), passasse a apoiar as aventuras bélicas estadunidenses. No Brasil, para citar um exemplo, apenas o processo de manipulação das subjetividades explica a transformação de agentes públicos que comprovadamente violaram a lei e corromperam as bases do Estado Democrático de Direito no conjunto de processos judiciais que recebeu a marca Lava-Jato em heróis do "combate à corrupção".[5]

De fato, é impossível pensar as ideias de dominação, de exploração e de autoritarismo sem levar em consideração a extensão da ignorância e da confusão dos cidadãos que figuram como vítimas em potencial desses fenômenos. Como percebeu Adorno, "se as pessoas não sabem do que falam, o conceito de opinião perde muito de sua significação".[6] Pior: se as pessoas passam a considerar a própria opinião, forjada na desinformação ou na mera reprodução da opinião alheia como equivalente da verdade, instaura-se um quadro em que o debate público e a formação de consensos democráticos encontram obstáculos extremamente difíceis de se superar. O indivíduo que está inclinado a identificar-se com o mundo e a atuar a partir de suas certezas e de suas opiniões, que passam a ter efeito de verdade, tende a não refletir sobre as condições existentes e a possibilidade de transformá-las.

A idiossubjetivação, esta produção da subjetividade adequada ao neoliberalismo, cresce junto aos fenômenos de extensão da democracia liberal (democracia meramente formal) e do aumento do poder das empresas. Liga-se, atualmente, a um imaginário em que as pessoas se percebem como empresas, tratam os outros como concorrentes ou inimigos e reduzem o "racional" a cálculos de interesse.

---

5   Sobre o tema, cf. FERNANDES, Fernando Augusto. *Geopolítica da intervenção: a verdadeira história da Lava-Jato*. São Paulo: Geração Editorial, 2020.

6   ADORNO, Theodor W. *Études sur la personnalité autoritaire*. Paris: Allia, 2007, p. 230. [Ed. bras.: *Estudos sobre a personalidade autoritária*. São Paulo: Editora Unesp, 2019.]

Em outras palavras, a idiossubjetivação torna-se cada vez mais necessária dentro de um contexto em que a democracia é vista como um limite e, portanto, uma ameaça aos lucros dos detentores do poder econômico e aos desejos egoístas das pessoas. Se a alteração das subjetividades sempre foi útil à manipulação das pessoas na sociedade, ela se torna imprescindível a partir da hegemonia da racionalidade neoliberal, um modo de pensar e de agir que ignora a complexidade da vida social para reduzir o "racional" ao que pode ser retratado por cálculos visando o lucro, o que exige relativizar todos os valores, todos os princípios e limites, tratando-os como registro das mercadorias. É preciso impedir a reflexão para tornar aceitável a demonização do comum (a esfera do inegociável), a transformação de tudo e todos em objetos negociáveis (e descartáveis) e a ilimitação na busca por lucros.

Em certo sentido, a idiossubjetivação vem ocupar o espaço da religião e da ciência na justificação dos atos de poder. Mais do que isso, a religião e a ciência são reconfiguradas a partir da nova subjetividade neoliberal. A idiossubjetivação produz um modo de ver as coisas que acalma e torna suportável o sofrimento experimentado no "mundo-da-vida". Têm-se, então, novas diretrizes para o indivíduo orientar-se na vida. Assim como a religião, a idiossubjetivação reforça uma ideia de "necessidade" ou de "inevitabilidade" das coisas e dos fenômenos ou, mais precisamente, de que é necessário sofrer por não existirem alternativas.

Não por acaso, a idiossubjetivação pode dar-se a partir do recurso a elementos e a discursos religiosos. A explicação fornecida, nos dois casos, é apresentada como parte de um saber que é imune a críticas (uma vez que tem origem em

"Deus" ou em outras figuras de autoridade inquestionáveis), como um refúgio diante de um mundo tendencialmente perigoso, incerto e opressivo, o que leva a um quadro de passividade e de conformismo. Alguns, então, chegam a falar do "divino mercado" como o local e o tempo em que a racionalidade neoliberal assume ares religiosos, com a promessa de "felicidade", em razão do prometido aumento ilimitado da riqueza enquanto se produz a devastação do mundo.[7] Em uma sociedade de classes e desigual, essa passividade, esse conformismo e essa atitude resignada do indivíduo servem apenas àqueles que querem manter a desigualdade, a opressão e a exploração.

A idiossubjetivação insere-se como uma espécie de "engenharia social" capaz de naturalizar as opressões, de invisibilizar a dominação, de dividir os oprimidos e de dificultar (ou até mesmo de impedir) qualquer forma de resistência ao exercício do poder. Pode-se, ainda, falar na adesão a uma mitologia neoliberal que se fecha à contestação (meritocracia, egoísmo gregário, individualismo liberal, lógica da concorrência, livre mercado, "sonho americano" etc.).

Com uma parcela considerável da população incapaz de qualquer reflexão ou de ação transformadora, a formação de consensos — por vezes ilegais e imorais, mas sempre desfavoráveis aos interesses materiais da maioria da população — torna-se mais fácil. Para tanto, contribui a quebra de um sistema de valores que apontava para a necessidade de criar uma sociedade mais justa. Os valores conservadores (por vezes, autoritários) voltaram a se tornar hegemônicos a partir da atuação dos meios de comunicação de massa, das

---

7   DUFOUR, Dany-Robert. *L'Individu qui vient... après le libéralisme*. Paris: Denöel, 2011, p. 15.

redes sociais e do poder de sedução exercido pelos hábitos da vida concreta das classes dominantes (adotados por parcela dos grupos dominados). Vale lembrar que a hegemonia é condição tanto para a efetivação da dominação política como para a sua manutenção.

As pessoas nunca estiveram imunes à influência da família, da escola, das universidades, da imprensa, dos meios tecnológicos/digitais e das tradições em que estão inseridas. Diversos agentes e agências buscaram ao longo da história condicionar a liberdade e a reflexão — em outras palavras: sempre existiram tentativas de direção cultural ou de fabricação de consensos. O processo de idiossubjetivação insere-se nesse movimento, na medida em que potencializa a formação de consensos ao retirar/apagar elementos informativos e culturais que poderiam dificultar a aceitação da dominação e a percepção de que outro mundo é possível a partir do abandono do modo de pensar e de agir neoliberal. Como já dizia Antonio Gramsci, "é preciso atrair violentamente a atenção para o presente, tal qual ele é, se quisermos transformá-lo".[8] A idiossubjetivação busca, justamente, apagar as condições para essa transformação. Para tanto, recorre-se a uma linguagem empobrecida, com chavões argumentativos, frases feitas, "memes" e premissas que reproduzem preconceitos arraigados na sociedade. Busca-se introjetar a nova subjetividade acrítica por meio de programas de televisão, de propagandas, de filmes, de histórias em quadrinhos, de letras de músicas, de canais no YouTube, de redes sociais e de novas tecnologias que prometem uma felicidade irrefletida. As máquinas de subjetivação

---

[8] GRAMSCI, Antonio. *Cahiers de prison (Cahier IX, Juillet-août 1932). Anthologie.* Paris: Gallimard, 2021.

encontram-se, principalmente, naquilo que se convencionou chamar de indústria cultural. Para além dos efeitos das estratégias de formatação e de produção do convencimento das pessoas, das mais suaves às mais agressivas, as alterações da subjetividade também podem ser o resultado de práticas de coerção (da escola aos presídios e manicômios, dos castigos físicos às punições do espírito de viés religioso).

Há uma correlação direta entre o "adoecimento da linguagem", o excesso (e a rapidez) de informações e as fórmulas da idiotia.[9] Tem-se o esvaziamento tanto do peso da realidade quanto das condições para o pensamento. Em última análise, o pensamento e a correlata dúvida tornam-se impossíveis. Diante desse quadro, abre-se espaço para os fundamentalismos, os fenômenos baseados em certezas, ainda que delirantes. Instauram-se as condições para um funcionamento psíquico paranoico, no qual os limites externos à ação humana (a ética, a lei, a Constituição, a verdade etc.) são apagados e substituídos por uma espécie de lei imaginária formada a partir das imagens empobrecidas de "empresa" e de "concorrência". A atividade humana, por sua vez, torna-se cada vez mais automática e alienada.

Com o imperativo da rapidez, típico da lógica do desempenho neoliberal, desaparece o momento da reflexão e do ócio, necessários ao pensamento crítico, ao prazer descomprometido e à criatividade da escrita. Também não há tempo para a elaboração das falas. Torna-se impossível paralisar ou mesmo reduzir a pressa dos dias ou suspender a norma

---

9   Cf. SOUZA, Ricardo Timm de. *Crítica da razão idolátrica: tentação de Thanatos, necroética e sobrevivência*. Porto Alegre: Zouk, 2020, pp. 33-50.

que instaura a ditadura da *to do list* que impede atividades criativas e o enriquecimento da linguagem.

Pode-se constatar, a partir da análise dos textos produzidos para o grande público nas últimas décadas, a diminuição do conhecimento e do emprego lexical, mas não só. Para além da redução do vocabulário, há também o desaparecimento gradual de sutilezas linguísticas, de tempos verbais (particípio passado, subjuntivo etc.) e dos deslocamentos de sentido (das metáforas, das metonímias e das ironias), elementos indispensáveis tanto para a maior precisão dos atos comunicativos como para a capacidade de melhor exprimir sentimentos ou de formular pensamentos complexos.

Muito da violência na esfera pública e na vida privada deve-se ao empobrecimento da linguagem, que é também o empobrecimento subjetivo, isso porque as pessoas se revelam incapazes de reflexões, de argumentações minimamente complexas, de entender explicações ou mesmo de elaborar suas próprias emoções. Se as pessoas são seres do discurso e a civilização nasce do encantamento produzido por uma determinada narrativa, o empobrecimento do discurso e a mudança da narrativa produzem mudanças estruturais. Em apertada síntese, a pobreza da linguagem e dos discursos leva ao desaparecimento do pensamento e à impossibilidade da crítica. De fato, diante do empobrecimento subjetivo, não só os diagnósticos adequados do tempo vivido se tornam impossíveis, como também desaparece a capacidade de imaginar a existência de outro mundo e de agir nessa direção emancipatória.

Uma das principais estratégias para conter o pensamento e as maiorias é a de causar desorientação nas pessoas. Se o pensamento serve de guia à ação, a desorientação leva tanto à inércia quanto à adoção de ações equivocadas. O aumento de casos de desorientação é concomitante ao crescimento da crença no desaparecimento das "grandes narrativas", em especial as relacionadas à emancipação dos povos e ao fim da exploração de seres humanos por outros seres humanos. Não há mais uma causa a seguir. Demoniza-se a esperança, o exato oposto do mantra neoliberal de que "não há alternativa possível". Não há um destino, um objetivo, uma verdade, um amor, um comum (algo que diga respeito a todos): sobra a desorientação do mundo.[10]

Pode-se definir a desorientação, em adesão às lições de Alain Badiou, como "o sentimento de desordem generalizada, de velamento das consciências, de incerteza geral no que concerne ao futuro, próximo ou distante".[11] Este fenômeno nasce da falta, em uma determinada quadra histórica, de referenciais ou de limites éticos, jurídicos ou lógicos. A ilimitação neoliberal ("vale-tudo" na busca por acumulação tendencialmente ilimitada) tende a esse estado de desorientação generalizado, que, por ser funcional aos objetivos dos detentores do poder econômico, passa a ser um dos objetivos perseguidos pelos meios de idiossubjetivação.

Com a relativização do valor "verdade", que, como todo valor universal, servia como um dos principais limites à busca por lucro ou por vantagens pessoais, desaparece (ou, ao menos, fica extremamente fragilizado) o principal suporte tanto para os diálogos como para as ações conscientes no "mundo-da-vida". A verdade sempre funcionou como uma espécie de suporte (ponto fixo de apoio e condição de

---

10 BADIOU, Alain. *Remarques sur la désorientation du monde*. Paris: Gallimard, 2022, p. 10.
11 Ibid., p. 11.

possibilidade) de toda e qualquer orientação estratégica na existência.[12]

Quando havia o reconhecimento de que existe uma verdade e de que esse valor importa, as pessoas orientavam-se à prática de ações que produziriam determinados efeitos ou, se fosse o caso, elas conscientemente ignoravam tais efeitos ligados à verdade. Com a relativização neoliberal da verdade (pós-verdade, *fake news*, capitalização política da mentira etc.), que também se torna um valor negociável e/ou descartável, desapareceu a possibilidade de consensos mínimos ao diálogo e à adoção de ações compatíveis com este valor: dá-se a desorientação porque as pessoas deixam de contar com a direção que era dada pelo valor "verdade". As narrativas (ainda que desencontradas), as certezas (ainda que delirantes) e as opiniões (ainda que divergentes) passam a produzir efeitos que antes eram privativos da verdade (e, aqui, pouco importa a teoria filosófica que busque conceituar a verdade: a partir da normatividade neoliberal, a verdade, qualquer que seja o seu conceito ou definição, perde importância).

É a desorientação que faz com que a democracia sirva de instrumento para rupturas democráticas e/ou justifique práticas autoritárias com o pretexto de combater ameaças de totalitarismos. É também a desorientação que faz com que o discurso do nacionalismo, mesmo em países periféricos que sempre lutaram para romper com a dependência política, econômica e cultural de países centrais (imperialistas), acabe apropriado por grupos que partilham posições xenofóbicas. Da mesma forma, a desorientação explica a facilidade com que os "liberais modernos" se deixam seduzir por projetos

---

12 Ibid., p. 11.

autoritários, desde que garantam a privatização de tudo e a acumulação tendencialmente ilimitada do capital.

Em algumas hipóteses, a desorientação leva a manifestações politicamente confusas, sem direção ou objetivos claros, como o movimento Gilets Jaunes, na França, ou as Jornadas de Junho de 2013, no Brasil. Estas manifestações acabaram por revelar a incapacidade dos manifestantes de propor uma alternativa para fazer cessar a indignação que os move e, por vezes, de identificar os seus verdadeiros adversários. Isso se dá pela perda de referências políticas (de algo da ordem da verdade política com valor universal, como era o projeto comunista: uma posição exterior e alternativa ao estado de coisas capitalista).[13] Assim, as ações desses manifestantes tornam-se facilmente instrumentalizadas e/ou colonizadas pelos detentores do poder político e/ou econômico.

Mais um exemplo de desorientação produzida por técnicas de idiossubjetivação é a que leva ecologistas, feministas e outros grupos de oprimidos a adotar posturas que costumam ser classificadas como "negações fracas" ao sistema, ou seja, movimentos incapazes de produzir mudanças significativas nos sistemas de opressão e de exploração. Com o feminismo reduzido a uma desconfiança generalizada dos homens somada a uma máquina de delações e exposições incapaz de romper com a dominação masculina (patriarcado) e com as desigualdades que daquela derivam, ou os ecologistas transformados em uma espécie de "seita" que idolatra a natureza, mas não questiona as corporações e as práticas econômicas que colocam em risco a vida no planeta, percebe-se o processo de domesticação neoliberal de grupos que eram potencialmente revolucionários.

---

13   Ibid., p. 21.

A idiossubjetivação mostra-se, portanto, instrumental à manutenção das estruturas de opressão pelo exercício do psicopoder, ou seja, da dominação e/ou da exploração de indivíduos, sem que estes percebam que se encontram submetidos ao poder e a serviço do outro.

A idiossubjetivação, através da manipulação de informações, afetos e paixões, bem como da criação de quadros mentais paranoicos, permite, por exemplo, que a opressão seja apresentada como uma manifestação da liberdade enquanto o indivíduo passa a explorar a si mesmo e a perceber as demais pessoas não mais como potenciais aliados na luta contra a opressão, mas como concorrentes, ameaças que precisam ser vencidos ou eliminados.

4

MANIPULAR AS PAIXÕES E PRODUZIR O ESTILO PARANOICO

A manipulação dos desejos e dos afetos, com destaque para as paixões (como elenca Lacan: o amor, o ódio e a ignorância), sempre foi fundamental às estratégias populistas que exigem a distinção entre o "nós" (sempre totalizante, identitário e excludente) e o "eles" (a representação da "diferença" ameaçadora). Pode-se, portanto, dizer que há uma espécie de "verdade subjetiva"[1] (constituída pelo

---

1 Sobre o tema, ver LORDON, Fréderic. *La Société des affects: pour un structuralisme des passions*. Paris: Seuil, 2013, pp. 241-243. [Ed. bras.: *A sociedade dos afetos: por um estruturalismo das paixões*. Campinas: Papirus, 2015.]

amor, pelo ódio, pela raiva, pela compaixão, pela inveja etc.) que entra na disputa política, influenciando na formação ou na dissolução de consensos. Isso porque os desejos e os afetos estão diretamente ligados à possibilidade de ação do corpo e, ao mesmo tempo, à produção das ideias de cada pessoa. Registre-se que a produção dos sentidos também é condicionada por isso que, aqui, é chamado, ainda que provisoriamente, de "verdade subjetiva".

Ao analisar os desejos e os afetos que constituem o campo da verdade subjetiva, é fácil perceber que eles não consistem em vícios ou negatividades da natureza humana, como já havia descrito Spinoza, mas em elementos constitutivos do ser-no-mundo — mais precisamente, o resultado de processos pelos quais essa "verdade" acaba objetivamente produzida a partir de um contexto. Somos seres do discurso que constitui e, ao mesmo tempo, revela uma verdade.

Pode-se, portanto, identificar uma verdade subjetiva típica do modelo de exploração neoliberal, ou, em outras palavras, duas verdades objetivas: a verdade objetiva da mais-valia, das ações empreendidas na busca tendencialmente ilimitada por lucros, e a verdade objetiva da produção dos desejos e dos afetos inerente ao capitalismo, como os desejos de consumir e de possuir bens ou pessoas.

A idiossubjetivação é um processo que envolve a criação e a manipulação das paixões mortíferas do capitalismo, em especial do ódio e da ignorância, afetos que resistem à representação, mas que são úteis a um modelo de exploração e dominação que se baseia na luta concorrencial e na busca tendencialmente ilimitada por lucros ou por vantagens pessoais.

O ódio na cena social e na política nada tem de novo. Freud já dizia que o homem, com sua cruel agressividade, é uma "besta selvagem a quem é estranha a proteção da própria espécie". Para ele, a agressividade e o correlato ódio estariam ligados à pulsão de morte, ao desejo de retornar ao inanimado e, portanto, à ausência de tensões. Pulsão de morte que a racionalidade neoliberal estimula e potencializa. Como percebeu Byung-Chul Han, o "capitalismo representa a forma econômica na qual o ser humano, na condição de besta selvagem, pode viver e aproveitar melhor a sua agressividade".[2] O ódio, portanto, que sempre foi útil aos modelos de produção e de exploração, no capitalismo, torna-se o afeto mortífero por excelência, a paixão capaz não só de gerar vitórias na luta concorrencial, como também de criar oportunidades de lucro (guerras, embargos comerciais etc.).

Com a hegemonia neoliberal, o ódio passou a ser tratado a partir do registro das mercadorias e utilizado para potencializar os lucros. Com isso, aparece "um discurso legitimador do ódio e da violência que apresenta uma sinistra evolução do mal dirigido ao outro: o mal é autorizado, banalizado e em seguida legalizado".[3] O ódio torna-se inerente à concorrência, o modelo padrão para todas as relações (que se tornam potencialmente mortíferas) entre as pessoas (o outro sempre visto como um concorrente ameaçador), dentro da lógica excludente do "você ou eu".

Aliás, um dos sintomas mais evidentes dos processos de idiossubjetivação é a divisão na população, em especial entre os oprimidos. Criam-se vários grupos e guetos que, por sua vez, acabam subdivididos entre "nós" e "eles", a partir de uma imagem tipicamente neoliberal e ligada à

---

2   HAN, Byung-Chul. *Capitalismo e impulso de morte*. Rio de Janeiro: Vozes, 2021, p. 9.

3   QUINET, Antonio. *A política do psicanalista: do divã para a pólis*. Rio de Janeiro: Atos e Divãs, 2021, p. 117.

lógica da concorrência que favorece a crença em uma hierarquia não só entre pessoas como também entre opressões. A minha opressão passa a ocultar a opressão do outro. Com isso, movimentos populares perdem espontaneidade, consistência e a possibilidade de uma direção consciente a partir de divisões concorrenciais que se dão entre os que os integram. O exemplo das disputas no interior do feminismo torna-se significativo quando a luta contra o patriarcado perde importância em razão dos conflitos concorrenciais entre grupos de feministas (feminismo radical, feminismo liberal, feminismo negro, feminismo lésbico, transfeminismo, putafeminismo etc.).

No entanto, como Lacan já havia intuído, os afetos se misturam, aproximam-se ou transformam-se. A relação entre o amor e o ódio, por exemplo, é tão estreita que nunca se sabe quando um perde e o outro assume o posto de afeto preponderante. Não por acaso, há quem diga que o amor só acaba quando se supera o ódio e se chega à indiferença. Lacan, a partir de suas observações, cunhou o neologismo *hainamoration*[4] ("amoródio") para dar conta desta combinação de afetos. Como explica Quinet, o ódio nunca aparece sozinho: da mesma maneira que se acopla ao amor, o ódio se funde, coloniza e amplifica a ignorância. Tem-se, nesse último caso, o ignoródio:[5] a combinação de duas paixões úteis à manutenção da hegemonia capitalista, na medida em que estimula o ódio, dificulta a solidariedade, desconsidera os avanços científicos e demoniza o conhecimento que poderia libertar da exploração.

---

4   LACAN, Jacques. *O Seminário. Livro 20. Mais ainda.* Rio de Janeiro: Zahar, 1985.
5   QUINET, 2021, op. cit., p. 118.

O ignoródio, estimulado de maneira objetiva pelas técnicas de idiossubjetivação, leva a uma espécie de amor ao igual, avesso a qualquer resistência do outro, o que só é possível em razão do empobrecimento da linguagem. É isso que explica o ódio ao diferente, a todos que se colocam contra esse projeto totalizante e essa reação em cadeia do igual. Vale lembrar que Freud já identificava, nos casos de paranoia, um amor ao igual, que, por não ser reconhecido e correspondido, tornava-se insuportável. Esse ódio, que nasce do amor ao igual e da comodidade gerada pelo pensamento simplificador, direciona-se à alteridade que retarda a velocidade e a operacionalidade da comunicação entre iguais, coloca em questão as certezas e desestabiliza os vários sistemas de opressão funcionais à manutenção do capitalismo.

Quem ousa ser diferente e não adere ao pensamento simplificador deve ser eliminado(a), simbólica ou fisicamente, em nome do projeto neoliberal de facilitar os negócios, ampliar as condições de acumulação do capital e gerar lucro para os detentores do poder econômico. A diferença e a alteridade tendem a atrapalhar os negócios. O outro, o que pensa diferente, mais do que um concorrente, passa a ser percebido como um inimigo a ser destruído. Não por acaso, Simone de Beauvoir identificou a mulher como o "outro do homem" em meio ao jogo de linguagem patriarcal, no qual o "outro da mulher" se constitui enquanto sujeito, absoluto e referencial (o universal é construído como masculino), que se coloca como capaz de designar e de ordenar todos os seres humanos — e o feminicídio aparece aqui como a radical destruição desse outro socialmente transformado em inimigo. Formam-se, assim, bolhas incomunicáveis e grupos de interesse destrutivos.

Como já vimos, essa incomunicabilidade e os afetos destrutivos, que geram discórdia entre os oprimidos, só são possíveis a partir de processos que dificultam a compreensão das ações e dos fenômenos. A consciência torna-se aparvalhada. Em razão desses processos que procuram moldar subjetividades, inviabiliza-se a empatia, entendida como uma das condições de possibilidade da compreensão das ações humanas. Para além da mera possibilidade de colocar-se no lugar do outro, a empatia ultrapassa a mera perspectiva transitivista de colocar-se "no lugar do outro para compreender o que nele se encadeia, de causa e efeito" para revelar-se como a "compreensão do mecanismo pelo qual se torna possível, para nós, tomar uma posição ante uma outra vida psíquica".[6] Ao construir subjetividades que se fecham à empatia, torna-se mais difícil uma pessoa reconhecer como potencialmente presente nela o que no outro parece ser diferente e incompreensível.

As bolhas de iguais, fechadas ao outro, ocupam o espaço das comunidades restritas que, desde o pensamento grego, eram identificadas com a ideia de humanidade. O outro passa, então, a ser visto como estranho à humanidade e à comunidade. O indivíduo, que se perde em uma bolha de iguais, também passa a acreditar que se tornou *outra* pessoa, a partir de uma nova subjetividade, não mais a velha subjetividade neurótica construída a partir do recalque, mas uma superior, que não conhece limites ou constrangimentos sociais fora do grupo em que se identifica.

Essa ilimitação, tipicamente neoliberal, é a fonte remota do que Antonio Quinet chamou de ignoródio. É o *ignoródio*

---

[6] CALLIGARIS, Contardo. *O grupo e o mal: estudo sobre a perversão social.* São Paulo: Fósforo, 2022, pp. 53-55.

que permite a negação da diferença, a raiva ao saber, o anti-
-intelectualismo e a ode à ignorância. Com isso, mina-se o
discurso público, a educação crítica (vista como uma inimiga
da hegemonia neoliberal) e a credibilidade das instituições
que abrigam e produzem vozes independentes e pesquisas
que não interessam aos detentores do poder econômico.

Essa negação produz efeitos na economia psíquica,
potencializando neuroses, perversões e paranoias. Aliás, a
formatação de quadros mentais paranoicos (o que se poderia
chamar de "estilo paranoico") é condição de possibilidade
para a versão ultra-autoritária do neoliberalismo, como ocorre
no Brasil pós-democrático[7] de Jair Bolsonaro, nos Estados
Unidos de Donald Trump ou na Argentina de Javier Milei.

De fato, o capitalismo, segundo Dany-Robert Dufour,
após consumir os corpos (nesse sentido, a noção de "corpos
produtivos" é um excelente exemplo), passou a consumir
os espíritos, como

> se o pleno desenvolvimento da razão instrumental (a téc-
> nica), permitido pelo capitalismo, consolidasse-se por um
> déficit da razão pura (a faculdade de julgar *a priori* quanto
> ao que se é verdadeiro ou se é falso, inclusive, bem ou mal).
> É precisamente este traço que nos parece propriamente
> caracterizar a virada dita "pós-moderna": o momento em

---

7   Por Estado pós-democrático, em oposição ao Estado Democrático
    de Direito, entende-se a forma estatal em que os limites democrá-
    ticos ao exercício do poder (os direitos fundamentais e a própria
    soberania popular) são relativizados em função da (re)aproxima-
    ção pornográfica entre poder político e poder econômico.

que uma parte da inteligência do capitalismo se pôs a serviço da redução de cabeças.[8]

A racionalidade neoliberal — que transforma tudo e todos em objetos negociáveis e só se preocupa com o lucro e com a acumulação do capital —, além de elevar o egoísmo à condição de virtude, produz um fenômeno: a dessimbolização (o desaparecimento progressivo dos valores e dos limites que condicionavam a civilização). A partir da diminuição de importância tanto da dignidade humana quanto de valores como a "verdade" e a "liberdade" (que cada vez mais passaram a ser tratados como se fossem "mercadorias"), as explicações forjadas na modernidade que procuravam dar conta de um mundo em que o ser humano não mais seria instrumentalizado, de um mundo em que o sujeito seria o centro de referência para todos os fenômenos, tornaram-se obsoletas.

Essa dessimbolização/mutação do simbólico gera modificações sensíveis na posição dos indivíduos. Quanto menos limites houver, quanto mais "livre" (e acrítico) for o indivíduo (e o eleitor em particular), quanto mais esvaziada for a linguagem, maior a possibilidade de que a sua postura, o seu voto e as suas manifestações políticas potencializem o arbítrio.

A idiossubjetivação, com o esvaziamento da linguagem, leva a distorções na percepção da realidade e nas práticas políticas, inclusive no julgamento típico do momento de votar. Ao desaparecer o justo e a verdade *a priori*, quando a política fica reduzida à identificação dos "amigos" e dos "inimigos" (e a correlata guerra/concorrência entre eles),

---

8   DUFOUR, Dany-Robert. *A arte de reduzir cabeças: sobre a nova servidão na sociedade ultraliberal*. Rio de Janeiro: Companhia de Freud, 2005.

em um contexto que se caracteriza pela ausência de valores e de limites democráticos inegociáveis, o voto passa a depender, exclusivamente, do imaginário de um eleitor egoísta e acrítico.

As leis, que regulavam o gozo e impunham limites externos ao sujeito, cada dia mais, passaram a ser relativizadas ou ignoradas. Um número cada vez maior de pessoas começou a agir em um mundo percebido como sem limites. Desaparecem os limites externos (lei simbólica) à ação, substituídos pela imagem que cada um ou cada uma faz do que deveriam ser os limites (lei imaginária). Avanços tecnológicos levaram à crença de que tudo é possível. A técnica, como toda manifestação carregada de ideologia, ilude e nubla a percepção do sujeito. Ao mesmo tempo, o capitalismo, em sua versão pornográfica, revela-se insaciável: não há limites ao lucro e à acumulação do capital (os inimigos do mercado e do capitalismo financeiro devem ser, portanto, neutralizados). O egoísmo tornou-se uma virtude.

Essa mudança da economia psíquica, do sujeito neurótico, preocupado e atormentado com os limites e a tradição em que foi lançado ao nascer, para o sujeito psicótico (ou, na melhor das hipóteses, o sujeito perverso), que desconhece (ou goza ao violar) limites, acaba por produzir mudanças profundas no indivíduo. Abre-se a porta para o "estilo paranoico".

O mecanismo essencial da psicose, como lembrou Jacques Lacan, é a foraclusão do Nome-do-Pai, ou seja, a não inclusão da norma edipiana: o "não", aquilo que figura como limite externo imposto por um terceiro (e os mitos trabalhados por Freud, tanto o de Édipo como o do pai da horda, são narrativas sobre a existência de limites), deixou de ser introjetado pelo sujeito. Um indivíduo que não reconhece o "não" (o não poder agir fora dos limites da lei adequada à Constituição da República; o "não" que veda tratamento discriminatório entre homens e mulheres; o "não" que veda a tortura e a pena de morte; o "não" que assegura a dignidade da pessoa humana etc.) atua fora dos marcos democráticos, uma vez que a existência de limites ao exercício do poder, inclusive ao poder econômico, é condição de possibilidade da vida democrática.

Aquilo que foi foracluído do lado de dentro retorna com força no lado de fora, no mundo sensível, na rua, sob a forma de delírios ou alucinações (não por acaso, ao clínico interessa o retorno do foracluído). No caso de um eleitor marcado pela dessimbolização, o que foi foracluído retorna no momento do voto e, principalmente, na adesão a versões parciais, na formação de convicções que substituem a verdade e nos quadros mentais que condicionam a sua atuação no mundo e, igualmente, as suas paixões políticas.

A dessimbolização explica, em grande parte, a razão pela qual algumas pessoas que necessitam de políticas sociais voltadas à redução da pobreza votem em políticos comprometidos com o fim dessas políticas, ou que mulheres que se afirmam feministas e dizem desejar ver outras mulheres exercendo cargos de poder prefiram votar em homens do que em outras mulheres feministas.

A partir da não introjeção dos limites, a realidade do sujeito da psicose, em especial do paranoico, torna-se povoada por criações inconscientes projetadas nos parentes, nos vizinhos, nos colegas ou em pessoas com visibilidade. Os delírios ou versões alucinadas a que adere o sujeito passam a influir na vida pessoal e no trabalho. Forma-se ódio onde, antes, existia inveja e ressentimento. Luiz Inácio Lula da Silva, por exemplo, foi vítima desse ódio.

No Brasil, para que a eleição de Jair Bolsonaro se tornasse possível, a verdade perdeu importância diante das certezas delirantes dos seus eleitores. Pense-se, por exemplo, nos ganhos sociais de um governo que podem ser ignorados a partir da *certeza* da "ameaça comunista". Ou nos discursos de ódio que são relevados diante da *certeza* de que "não passavam de uma brincadeira". Ou da naturalização do tratamento subalterno reservado às mulheres pela *certeza* de que "o machismo não existe" (vale lembrar, mesmo no campo da esquerda, dos simpáticos neologismos, como "cogovernadora" e "copresidenta", que disfarçavam a opção preferencial — e machista — por candidatos homens, mesmo diante das regras eleitorais que aumentaram as verbas do fundo partidário para candidaturas de mulheres).

Na eleição de Jair Bolsonaro à presidência do Brasil, por exemplo, deu-se o primado da hipótese sobre o fato, uma vez que o voto se distanciou da realidade (trama simbólico-imaginária) para atender à certeza delirante (mero imaginário) do eleitor idiossubjetivado. O paranoico, mesmo que muitos não percebam (e o paranoico, não raro, é um fingidor), cortou os laços com as exigências da civilização. Em outras palavras: a sua recusa aos limites significa que ele não admite renunciar às pulsões sexuais. Tem-se, então, a recusa à lei simbólica, típica do momento histórico marcado pelo processo de mutação do simbólico em direção à dessimbolização.

O estilo paranoico favorecido pelo processo de subjetivação neoliberal leva, por sua vez, a uma atuação a partir de uma certeza que não admite contraste ou contestação: para ele, admitir a simples possibilidade de estar errado já significaria uma renúncia ao gozo, o que seria inadmissível. Ao não reconhecer limites às pulsões, o indivíduo idiossubjetivado afirma um mundo sem lei e, ao mesmo tempo, um gosto por integrar grupos homogêneos que desconfiam de toda alteridade.

Desaparecendo ou enfraquecendo substancialmente o simbólico, a lei torna-se uma construção imaginária tipicamente psicótica, ou seja, a lei passa a ser aquilo que o paranoico imagina que é certo e justo. A lei torna-se, ainda que inconscientemente, uma criação individual a partir da imagem que o indivíduo tem da "lei", do "justo" e da "ética". Para esse sujeito de estilo paranoico, as leis e os valores democráticos nunca representam dados a serem levados em consideração no momento da atuação no "mundo-da-vida". No ambiente paranoico, desaparece a preocupação com o outro e com o comum, uma vez que a conduta de cada pessoa passa a depender de imaginários empobrecidos e egoístas.

No ambiente psicanalítico, é comum a afirmação de que os discursos são laços sociais que funcionam a partir de limites e como formas de tratamento do real do gozo pelo simbólico. Discursos são sustentados pelo Nome-do-Pai (pelo "não" do pai que funciona como o primeiro limite imposto à onipotência da criança). A ausência de limites torna o indivíduo que adere ao estilo psicótico avesso ao laço social. Não por acaso, o psicótico representa uma ameaça para qualquer ordem. Um cidadão psicótico, por exemplo, é uma ameaça à diversidade e à ordem democrática. Isso não se dá em razão apenas de sua fala tendencialmente pulverizante e virulenta, mas principalmente porque suas atitudes desfazem as significações adotadas e as conexões entre significantes e significados. No caso de um eleitor paranoico, a tendência ao gozo indomável pulveriza o sistema democrático e cria um ordenamento a partir das imagens que faz do que é "correto", "lícito", "moral" ou "justo".

O estilo psicótico, adequado ao "progresso" capitalista, mostra-se avesso ao laço social. Em certo sentido, o agir paranoico critica a viabilidade e a utilidade do laço social, apontando a inconsistência da linguagem como garantidora da lei e do amor. Ao mesmo tempo, o sujeito paranoico tem uma postura rígida que o leva à identificação imediata com um significante ideal. Ao contrário do esquizofrênico, que apresenta distúrbios de associação de ideias, o paranoico é um intérprete e deseja "fazer sentido". O eleitor paranoico, contudo, interpreta condicionado por suas certezas, ainda que delirantes. O paranoico fica retido por um significante. Significante, por definição, é tudo aquilo que os outros não são — sua principal característica é ser somente diferença. Um significante não é o mesmo ao mudar de lugar, ao mudar de contexto. Em toda identificação, há um traço distintivo: o traço unário, mencionado por Lacan. Há o *Um* que reúne, o *Um* que institui a norma, o *Um* da Lei. Na psicose, o sujeito ocupa a posição desse "Um": ele é o *Um* a que tudo se refere, a exceção a qualquer norma, o lugar de onde se origina a lei. Essa onipotência internalizada pelo psicótico é um dos sinais da ruptura do sujeito com a realidade. O eleitor paranoico cria uma realidade paralela, um sistema social em que ele ocupa a posição do *Um* — mais precisamente, daquele que tudo sabe e tudo pode, daquele que diz o que é "justo" ou "belo". O mesmo ocorre nas redes sociais: o usuário idiossubjetivado é o *Um* que se acredita a medida de todas as coisas.

O processo de dessimbolização do mundo coloca uma questão: todos estão loucos? A paranoia tomou conta de cada um? Os sistemas são feitos de psicóticos? Por evidente, não. Mutações subjetivas não podem ser tomadas por quadros clínicos individuais. Pode-se, por exemplo, pensar em uma espécie de foraclusão que se manifesta em apenas um aspecto da vida ("foraclusão local"). Não há dúvida, porém, que o processo de idiossubjetivação favorece e, ao mesmo tempo, potencializa quadros mentais paranoicos que proporcionam lógicas psicóticas de atuação no "mundo-da-vida", adequadas ao capitalismo neoliberal.

Em um mundo cada vez mais dessimbolizado, em que a verdade e a liberdade, dois dos principais valores democráticos, passaram a ser tratadas como objetos negociáveis, desaparecem os limites éticos e legais que condicionavam as pessoas. Um mundo dessimbolizado permite o retorno e a naturalização do libertarianismo, defendido pelas equipes econômicas de Jair Bolsonaro, de Donald Trump e de tantas outras figuras do neoliberalismo ultra-autoritário, do crescimento do fanatismo religioso útil aos seus aliados e da criação de inimigos imaginários (como a "ameaça comunista" ou a "ditadura gay"). Diante deste quadro, a liberdade acaba reduzida à liberdade de ter, que reduz todos os direitos ao direito de propriedade, ao mesmo tempo em que rejeita os laços de solidariedade social.

Apenas um mundo que caminha para a dessimbolização opera com a dicotomia liberdade versus igualdade quando, na realidade, esses valores não são necessariamente contraditórios. Apenas um mundo dessimbolizado substitui a fé autêntica pela verdade "revelada" (que interdita diálogos) e as ideias cristãs de libertação e de caridade pelos valores individualistas da chamada Teologia da Prosperidade, a partir da qual os milagres são negociados e a fé é apresentada como um investimento destinado à obtenção de sucesso pessoal e à aquisição de bens materiais.

"Não mentir" deixou de ser um imperativo, seja categórico, como sustentava Kant, ou hipotético (que, portanto, valeria em alguns casos), como pretendia Benjamin

Constant, sempre que a mentira se revelar uma positividade, uma mercadoria a ser explorada ou mesmo uma condição à dominação. A dimensão ética relacionada à mentira desaparece. Mais importante do que dizer a verdade é produzir discursos que possam produzir os efeitos típicos de verdade, mas que, ao contrário da verdade, facilitam a acumulação do capital ou o acesso ao luxo (o "ter") e ao prestígio (o "parecer").

O exemplo das *fake news* é significativo: a mentira e o erro, ainda que facilmente demonstráveis, acabam aceitos e produzem efeitos típicos da verdade por atender aos interesses do emissor e confirmarem preconceitos e pré-concepções dos receptores. Apenas um mundo idiossubjetivado — e, portanto, cada vez mais dessimbolizado — convive com a aceitação acrítica de mentiras, de *fake news* e da demonização dos adversários políticos.

No ambiente paranoico, a certeza cega do que se pensa e do que se faz leva a distorções que comprometem a dimensão material da democracia (aquela que diz respeito à defesa dos direitos e das garantias fundamentais). Tem-se uma espécie de fantasia tóxica, na qual várias pessoas são chamadas a atuar na busca por lucro ou por reconhecimento (ter e parecer), custe o que custar. Mesmo os direitos fundamentais, que deveriam funcionar como obstáculos à opressão, passam a ser negociados ou ignorados. Se a modernidade hegeliana podia ser descrita como uma forma de pensar que levava à substituição do *ser* pelo *ter*, a idiossubjetivação se caracteriza pela ausência de pensamento (a ode à ignorância) como estratégia à satisfação dos interesses dos detentores do poder econômico (os super-ricos).

5

IGNORÂNCIA COMO MATÉRIA-PRIMA

A ignorância, por definição, é o estado de quem não tem conhecimento ou cultura: um desconhecimento por falta de estudo, de experiência ou de prática. Todos nascem ignorantes e, em certo sentido, essa é a nossa identidade original. Mudar tal estado, ou não, sempre foi uma opção política, tanto quanto o resultado de um esforço pessoal.

Mesmo após grande esforço, sempre restará algo dessa ignorância original. A relação entre a realidade — essa trama que envolve o simbólico e o imaginário — e o conhecimento sempre expõe a questão: o que podemos conhecer? Existem limites ao conhecimento; algo sempre escapa à razão. Há um desconhecimento que resiste à vontade de conhecer.

É possível identificar a ignorância que persiste "no interior do conhecido e do que conhece", isso porque aquilo que elucida "se torna obscuro sem deixar de elucidar".[1] Mesmo a adoção de um método na busca por meios aptos a elaborar o maior e mais pertinente conhecimento possível não impede o reconhecimento de limites, de riscos, de erros ou de ilusões no ato de tentar superar a ignorância sobre um assunto.

Até o evidente, aquilo que independe de provas, contém algo que não pode ser conhecido e que escapa à representação. A verdade está no todo, mas o conhecimento é sempre parcial, como percebeu o jurista Francesco Carnelutti, influenciado pela leitura de Martin Heidegger. Isso, porém, não significa (ou, ao menos, não deveria significar) o abandono do valor "verdade" na relação com o "mundo-da-vida". Os que acreditam ter chegado à verdade (que seria revelada pelos significantes "Deus", "Mercado", "Dinheiro", "Razão", "Ciência" etc.), da mesma forma que aqueles que abandonaram esse valor, não percebem a ilusão e os riscos que cercam suas crenças.

A ciência, mesmo com os seus pressupostos que a diferenciam do "achismo", também tem uma dimensão ideológica capaz de reforçar ilusões, velar ignorâncias e falsas percepções da realidade. Basta lembrar que, até pouco tempo, o racismo era justificado pela ciência, e a dominação masculina pelo Direito. Aliás, hoje é possível afirmar que o que caracteriza o pensamento científico é justamente a possibilidade de falhas, a operação intelectual que envolve tentativas e erros. Tem-se, ainda, evidenciado o caráter de

---

[1] MORIN, Edgar. *Conhecimento, ignorância, mistério*. Rio de Janeiro: Bertrand Brasil, 2020, p. 9.

descontinuidade do conhecimento científico, que leva mais às rupturas com o "saber de ontem" do que ao acúmulo progressivo de saber. Como percebe Edgar Morin:

> os fabulosos progressos dos conhecimentos científicos revelaram constantemente camadas cada vez mais amplas e profundas de ignorância; a nova ignorância é diferente da antiga, que vem da falta de conhecimentos; a nova surge do próprio conhecimento.[2]

Da mesma forma, aqueles que projetam sua "razão" como a luz do universo tendem a considerar tudo que escapa às suas racionalizações como "obscurantismos" e "ilusões de ignorantes", tornando-se, porém, ignorantes e irracionais em meio à ilusão racionalista.

O próprio conhecimento produz novas questões que precisam ser também respondidas. No movimento pela superação da ignorância, mais importante do que a descoberta e o conhecimento produzido (que sempre levam a novos desconhecidos e ao reconhecimento de novos mistérios e, portanto, de novas ignorâncias), é a capacidade de produzir interrogações ininterruptas. Atualmente, porém, as pessoas deixaram de produzir interrogações.

Por muito tempo, havia consenso de que era necessário superar a ignorância para desenvolver as potencialidades de cada indivíduo e fortalecer a sociedade. Mesmo a abstração do "homem econômico", transformado em modelo do indivíduo desejável a partir do liberalismo clássico, supõe uma pessoa que superou a ignorância para tornar-se capaz de calcular as vantagens pessoais que possa obter em razão de

---

2   Ibid., p. 17.

suas decisões e suas ações. Em suma, a ignorância, até bem pouco tempo, era vista como uma negatividade. Mesmo as pessoas mais ignorantes procuravam fingir algum tipo de conhecimento diferenciado ou de erudição. Hoje, ao contrário, a ignorância passou a ser percebida como uma positividade e a ser tratada como um valor a cultivar.

A ignorância é um estado que possui valor porque pode ser explorada tanto no plano econômico como no plano político. É a matéria-prima para um processo de subjetivação que não enfrentará a resistência de valores, como verdade, solidariedade, inteligência, lógica etc. A partir da ignorância, é possível potencializar tanto o mercado quanto a adesão acrítica a um regime político. Manter a ignorância tornou-se, então, uma das principais metas da "arte de governar".

A produção da ignorância e o reforço dos preconceitos encontrados em uma sociedade produzem, portanto, ganhos políticos, financeiros e eleitorais, além de reforçar e manter privilégios de classe, de gênero, de raça e de plasticidade. A constatação de que o pensamento reflexivo e o conhecimento são bloqueados e sabotados de maneira intencional, existindo investimentos de grandes recursos nesse sentido, levou à agnotologia, um campo de estudo que tem por objeto a produção da ignorância de forma intencional.

Esta produção da ignorância impede, por exemplo, o conhecimento de estudos que apontam para o fato de que a biologia não avaliza a tradicional divisão de papéis de gênero (e a dominação masculina). O primatólogo Frans de Waal, por exemplo, demonstra que, nos agrupamentos de chimpanzés, o macho é dominante e o grupo apresenta-se mais violento, enquanto, no agrupamento de bonobos, o protagonismo e a liderança cabem às fêmeas (e a incidência de episódios de violência se dá em número menor).[3] Nada há de natural na dominação do macho de qualquer espécie.

Diante da valorização econômica da ignorância, o "homem ignorante" é ressignificado e passa a ser percebido como o tipo ideal de cidadão: a pessoa que se caracteriza pela simplicidade com que todos podem identificar-se; o cidadão que não representará risco aos interesses dos detentores do poder econômico. A educação e a cultura, então, começam a ser tratadas como ameaças que precisam ser afastadas. Instaura-se assim um novo modo de governo, mais eficaz e barato: o governo para e pela ignorância.

Com a demonização da educação e da cultura (percebidas como atividades "degeneradas" ou "ideológicas"), aparece o indivíduo com orgulho de ser ignorante, como demonstra a adesão sem reflexão às posturas anti-intelectuais em voga na sociedade. Em uma curiosa inversão valorativa (e, como toda manifestação ideológica, não percebida enquanto tal), o intelectual (aquele que se diferencia por um saber específico) torna-se objeto de reprovação social enquanto aumenta a ode à ignorância e a espetacularização do desconhecimento.

Diante desse quadro, cada vez mais pessoas buscam se expressar a partir de uma linguagem empobrecida, com recurso a *slogans*, frases feitas, chavões, jargões e construções gramaticalmente pobres, com o objetivo de serem compreendidas e contarem com a simpatia de interlocutores que elas supõem ignorantes. A orientação para os governantes, a oposição, os jornalistas, os magistrados, os gerentes e os diretores de grandes empresas é a de limitar-se

---

3   Cf. WALL, Frans de. *Eu, primata: por que somos como somos*. São Paulo: Companhia das Letras, 2007.

a formulações simples (sujeito-verbo-complemento) e a utilizar um vocabulário pobre para conseguir a atenção de um auditório que eles acreditam ser (e agem para tornar) cada vez mais inculto.

Revisitar discursos e conferências de imprensa dos principais políticos do século XX e compará-los aos dos parlamentares e dos governantes de hoje gera profundo incômodo. A questão ultrapassa limites territoriais ou ideológicos: para não falar do Brasil, basta comparar as manifestações públicas do general Charles de Gaulle com as de Nicolas Sarkozy ou François Hollande. A redução dos *standards* (padrões) de conhecimento e da educação necessários para chegar ao poder salta aos olhos, e aqui, por evidente, não se está a falar de educação formal. Mesmo entre os presidentes brasileiros entusiastas da ditadura militar, a diferença se faz visível. Basta analisar a distância intelectual entre os ex-presidentes Humberto de Alencar Castelo Branco (1964-1967) e Jair Bolsonaro (2019-2022).

Os déficits culturais são evidentes tanto entre os eleitos quanto entre os eleitores. O desconhecimento de Jean Valjean (Victor Hugo, 1862), dos irmãos Karamazov (Fiódor Dostoiévski, 1879), de Pedro Bala (Jorge Amado, 1937) e de Macabéa (Clarice Lispector, 1977) é proporcional ao crescimento do capital político de cantores de qualidade duvidosa, juízes suspeitos, pastores fundamentalistas e jovens dirigentes de milícias virtuais especializados em ofender e em divulgar *fake news*. As mesmas pessoas que desconhecem a *Ilíada* de Homero são os que gritam as palavras "mito" e "herói" para defensores da tortura, de ilegalidades e das ditaduras militares latino-americanas.

Em um clima de indigência intelectual, qualquer personagem saída de um circo de horrores ou dos programas de auditório brasileiro que exploram a pobreza e a desgraça pode chegar à presidência da República. Basta pensar que, a cada campanha eleitoral, diminuem o número de palavras e verbos utilizados nos debates e nos programas de governo. Os debates televisivos entre os candidatos, com suas regras que inviabilizam a formulação de ideias e a exposição de argumentos com alguma profundidade, são outros exemplos que sinalizam a falta de importância do conhecimento, tanto à direita quanto à esquerda, no campo político.

Nas grandes empresas, não é diferente. Métodos de "gerência", importados dos Estados Unidos, buscam bloquear a reflexão e otimizar a alienação para fazer dos trabalhadores e das trabalhadoras meros autômatos. Alguns sintomas desse incentivo à ignorância no ambiente das grandes empresas são facilmente percebidos, tais como o abuso do PowerPoint (para orientar as formas de atuação dos empregados a partir de imagens pensadas para pessoas incapazes de interpretar um texto), a contratação de consultores externos (diante do reconhecimento da incapacidade do pensamento no ambiente da empresa) etc.

Também no campo do jornalismo, a perda de qualidade intelectual é perceptível. Não é uma obra do acaso, porque, para a manutenção da ignorância, é necessário atacar tanto a educação como a verdadeira liberdade de expressão. A uniformização dos conteúdos jornalísticos, somada à precarização da profissão de jornalista e à concentração de poder nos blocos midiáticos (dominados por empresários sem preocupações filantrópicas), compõe o retrato da derrocada do jornalismo em todo o mundo. A necessidade de manter o emprego e o desejo de atender aos detentores do poder econômico comprometem a qualidade da informação e impossibilitam que determinados assuntos, notícias e reflexões que não interessem aos patrões sejam veiculados. Cada vez mais são "fabricados" jornalistas ignorantes para produzir desinformação e, assim, divulgar e produzir ignorância. A opção por oferecer informações e discursos simplificados, de priorizar o fútil e o insignificante no lugar da informação e da reflexão retrata a opção política tanto dos empresários que controlam os meios de comunicação como da pequena casta de jornalistas que exerce postos--chave no mercado da produção de notícias.

É preciso reconhecer a vitória, ainda que provisória, da ignorância que levou à demonização do comum e da esperança de transformação. O reconhecimento da derrota da inteligência e a identificação dos mecanismos e das funcionalidades da gestão da ignorância são os antecedentes lógicos da reflexão e da criação de estratégias que possam recuperar a importância da educação e da cultura na construção de uma sociedade menos injusta (e, portanto, mais inteligente).

6

IGNORÂNCIA E "COMUM"

Por "comum", entende-se aquilo que diz respeito a todas as pessoas e que, portanto, integra (ou deveria integrar) a esfera do inegociável. Cada pessoa é constituinte e responsável pela manutenção do comum. A racionalidade neoliberal, por sua própria natureza, leva à alienação do comum: as pessoas não se sentem ligadas ou participantes do comum. Em razão da racionalidade neoliberal, aquilo que não pode ser apropriado passa a ser percebido como "sem valor".

Assim, entram em jogo processos de idiossubjetivação, com o objetivo de demonizar o comum e tudo aquilo que diga respeito à esfera do inegociável. Esse fenômeno, que teve início com o movimento discursivo que buscava desacreditar o comunismo como alternativa ao modo de produção e ao sistema de exploração capitalista, ampliou-se para desqualificar o princípio do comum e tudo aquilo que é do registro do coletivo, do público e do inapropriável. Passou-se a qualificar de "comunista" toda pessoa que defende a existência e a busca por qualidade de serviços públicos. Pode-se afirmar, então, que o neoliberalismo leva à alienação do comum, que não mais é percebido como uma positividade que diz respeito a todas e a todos.

A demonização do comunismo insere-se no conjunto de movimentos que levou à transformação do comum em uma negatividade. Este fenômeno se dava em um contexto de luta política pelo poder e pela hegemonia entre, grosso modo, os "capitalistas" (os detentores do poder econômico) e aqueles que identificavam na chamada "democracia liberal" — uma ilusão que escondia a ditadura do capital. Anticomunistas, portanto, eram os indivíduos ou os grupos de interesses dedicados à luta contra a hipótese comunista, ou seja, contra a tese de que é possível construir um mundo sem a opressão do homem pelo homem, com a supressão tanto das classes sociais como de uma estrutura social baseada na propriedade privada dos meios de produção e do próprio Estado.

Entre os anticomunistas, encontram-se projetos e visões de mundo muito diversas: do fascismo ao chamado "socialismo democrático", do catolicismo ao liberalismo, do neopentecostalismo ao social-liberalismo. Hoje, em comum entre esses diferentes grupos, têm-se a adesão, consciente ou não, à racionalidade neoliberal, bem como a convicção de que o comunismo e os comuns representam obstáculos à obtenção de lucros ou de vantagens pessoais ilimitados. Na lógica neoliberal, o comunismo era (e ainda é) um concorrente e um inimigo a ser derrotado.

No século XX, o comunismo foi um espectro que amedrontou os setores mais conservadores da sociedade em diversos países. Com a Revolução de 1917, o sucesso inicial dos sovietes e a crise do liberalismo, que se seguiu à Primeira Guerra Mundial, cresceu a influência das ideias comunistas e, ao mesmo tempo, o medo e a insegurança daqueles que as percebiam como uma ameaça.

No Brasil, costuma-se apontar o impacto do Levante Comunista de 1935 sobre a opinião conservadora como o principal responsável pela disseminação do fenômeno do anticomunismo. O crescimento de uma percepção negativa sobre o comunismo (e, por via reflexa, sobre os diversos "comuns") deu-se, em parte, pela ignorância sobre o que significava a hipótese comunista e, em parte, pelos interesses concretos que seriam afetados por mais uma revolução comunista. A instauração de um quadro de pânico baseado no "inimigo comunista" (desproporcional à força concreta dos comunistas no Brasil) foi funcional à manutenção do *status quo*. É importante notar que "em 1937 e 1964, a 'ameaça comunista' foi o argumento político decisivo para justificar os respectivos golpes políticos, bem como para convencer a sociedade (ao menos parte dela) da necessidade de medidas repressivas contra a esquerda".[1] Foi também o anticomunismo, construído tanto com fatos quanto com mentiras e distorções (na Indonésia, por exemplo, a de que os comunistas incentivavam "orgias satânicas"), que serviu de justificativa popular para os vários golpes de Estado e as intervenções em países que buscavam construir as suas próprias saídas para os problemas que os atingiam, promovidos

---

[1] MOTTA, Rodrigo Patto Sá. *Em guarda contra o perigo vermelho: o anticomunismo no Brasil (1917-1964)*. Niterói: Eduff, 2020, p. 16.

na América Latina, na África e na Ásia com o apoio dos Estados Unidos (Guatemala, Indonésia, Níger, Brasil, Chile, Argentina, Panamá etc.).[2]

O anticomunismo torna-se popular ao ser construído a partir de visões hipersimplificadas e de distorções da realidade, mas esse fenômeno precisa ser analisado à luz da sua complexidade. Se há um conteúdo de irracionalidade e de fanatismo na configuração do "fantasma do comunismo", pode-se, igualmente, encontrar em tal movimento alguns dados de conspiração das burguesias nacionais, interesses geopolíticos de forças imperialistas e outros elementos que, conjugados ou não, levaram (e ainda levam) à manipulação do sentimento anticomunista.

É possível, portanto, identificar o anticomunismo (ou os anticomunismos) como um conjunto de ideias, de signos, de imagens e de ações (perseguições aos comunistas, campanhas de propaganda, produção de iconografias etc.), da direita à esquerda do espectro político, que visava conferir sentido e supremacia à realidade capitalista, ou seja, à crença de que não existe uma alternativa melhor ao capitalismo.

No Brasil, as principais matrizes do anticomunismo são três: o cristianismo conservador, o "nacionalismo" subordinado aos interesses geopolíticos dos Estados Unidos e o liberalismo (tanto o liberalismo clássico como o neoliberalismo). No campo religioso, os ataques ao comunismo partiram, em um primeiro momento, dos grupos católicos que não reconheciam a opção preferencial pelos pobres e

---

2   Sobre o tema, por todos, ver PRASHAD, Vijay. *Balas de Washington: uma história da CIA, golpes e assassinatos.* São Paulo: Expressão Popular, 2020; BEVINS, Vincent. *O Método Jacarta: a cruzada anticomunista e o programa de assassinatos em massa que moldou o nosso mundo.* São Paulo: Autonomia Literária, 2022.

que lutaram contra a Teologia da Libertação, de inspiração marxista. Hoje, os principais responsáveis pela demonização da hipótese comunista podem ser encontrados no ambiente neopentecostal que reduz o *religare* — a religação entre o sagrado e o profano — a uma espécie de contrato com Deus na busca por vantagens materiais (Teologia da Prosperidade) ou a uma luta maniqueísta e sem limites entre o "bem" e o "mal" (Teologia do Domínio).

Os principais argumentos para o anticomunismo levam à imagem de que o comunismo representaria: a) uma perseguição dos adversários de Deus e da família cristã; b) um obstáculo à ideia conservadora de nação como um conjunto orgânico (e, portanto, incompatível com a ideia da luta de classes) e um objeto sagrado (que seria vilipendiado pelos comunistas, vistos como "estrangeiros/não cidadãos", que insuflavam o ódio entre a população); e ainda c) um instrumento de violação da liberdade, por conduzir ao autoritarismo político (nesse particular, nada muito diferente dos vários modelos capitalistas, com destaque para o capitalismo neoliberal, que se caracteriza pela ilimitação) e à destruição do direito à propriedade (mesmo que, para a maioria dos comunistas, a propriedade individual fosse possível, desde que construída a partir da propriedade comum dos meios de produção).

Para a demonização do comunismo, foi necessário explorar os erros das experiências históricas que se propunham a chegar ao comunismo (em especial, nos países que aderiram ao chamado "socialismo real" capitaneado pela União Soviética), mas sobretudo distorcer a realidade, ignorando os acertos e as conquistas do campo comunista, bem como escondendo os erros que se deram no campo capitalista. Ao decretar o "fracasso do comunismo", o discurso ocidental hegemônico escondeu os repetidos fracassos do capitalismo. Ao atribuir um elevado número de mortes ao "comunismo" (a fome em Holodomor, por exemplo), os historiadores ocidentais esquecem as mortes igualmente reprováveis geradas pelo funcionamento normal do modelo capitalista (quantas pessoas por ano morrem de frio, de calor, de fome ou de doenças evitáveis ou tratáveis nos países capitalistas?). Pelos mesmos critérios adotados em *O livro negro do comunismo*,[3] uma espécie de bíblia anticomunista, há quem calcule que o capitalismo produz mais de vinte milhões de mortes por ano.[4] No Brasil, o número de pessoas em situação de extrema pobreza, por exemplo, passou de 13,8 milhões de pessoas em 2016 para 14,8 milhões no ano seguinte.[5]

Temas, como o rápido crescimento econômico de países extremamente pobres (e que enfrentavam graves dificuldades materiais antes das revoluções, como a Rússia e a China), os avanços nos campos da educação e da saúde das populações (o caso de Cuba segue significativo), a postura inclusiva e de apoio declarado às lutas contra o colonialismo, o racismo e o machismo (em uma época em que os Estados Unidos, por exemplo, ainda naturalizavam o racismo, o machismo e apostavam no neocolonialismo imperialista), também não costumam ser mencionados nas análises do "fracasso" resultante das tentativas de implantar

---

[3] COURTOIS, Stéphane et al. *O livro negro do comunismo: crimes, terror e repressão*. Rio de Janeiro: Bertrand Brasil, 1999.

[4] Cf. PERRAULT, Gilles. *O livro negro do capitalismo*. Rio de Janeiro: Record, 1999.

[5] Segundo o levantamento da LCA Consultores a partir dos microdados da Pnad Contínua, divulgados pelo IBGE. Sobre o tema, ver MARIANO, Patrick. *O capitalismo em números*. São Paulo, 2018. Não publicado.

o comunismo nos países que optaram pela via do socialismo. A própria melhora das condições de vida sob o capitalismo, e mesmo a preocupação com a pobreza que floresceu em instituições como a Igreja Católica, que se percebe tanto em razão da resposta político-econômica da social-democracia (com a adesão à teoria keynesiana) quanto no teor da carta encíclica *Rerum Novarum*, se deram como contraponto às promessas do comunismo (e essa circunstância foi esquecida).

Não por acaso, José Saramago afirmava que a escolha não deveria ser feita entre "socialismos que foram pervertidos" e "capitalismos perversos de origem", mas entre a "humanidade que pode ser construída" e a "inumanidade que o capitalismo produziu".[6] Também não se pode esquecer que a União Soviética, com todas as suas distorções, sempre exerceu o papel de contraponto à voracidade da plutocracia e à selvageria do capitalismo, servindo de lembrança aos detentores do poder econômico do risco de suas ações na busca por lucro.

Com a hegemonia da racionalidade neoliberal, não só o "fantasma do comunismo" foi preservado para servir como inimigo (ainda que imaginário) — capaz de justificar ações repressivas do Estado e a manipulação do medo de setores mais conservadores da população — como também a ideia e o princípio do comum passaram a ser percebidos como indesejáveis por ampla parcela da população (inclusive, por pessoas subalternizadas). Na busca por lucros tendencialmente infinitos, não há espaço para o que, por ser de todas e de todos, encontra-se fora do mercado.

---

6 SARAMAGO, José. *Cadernos de Lanzarote*. São Paulo: Companhia das Letras, 2023.

Na definição de comum (ou de comuns), não se deve optar por uma resposta essencialista. O "comum" não é uma coisa, mas relações sociais que podem servir de base a uma nova racionalidade. Por isso, os mecanismos de idiossubjetivação buscam impedir a criação e o reconhecimento da importância dos comuns. Instaura-se uma guerra contra os comuns (e é sempre bom lembrar: a partir da hegemonia da racionalidade neoliberal, as guerras são percebidas como oportunidades para a obtenção de vantagens ou para a criação de novos negócios).

Mais do que a riqueza material partilhada, a ideia de comum privilegia o compartilhamento e as conexões de solidariedade produzidas durante este processo, de modo a permitir a compreensão de que a interdependência (cooperação, debate, aprendizado etc.) é essencial. Os comuns partem de relações de cooperação e de reciprocidade, mas também de responsabilidade, pela reprodução da riqueza compartilhada. Assim, acabam por fomentar um interesse comum em todos os aspectos da vida. Isto faz com que se reforce o respeito por outras pessoas e a abertura a novas experiências, o que também contribui, no longo prazo, para a construção de novos modos de produção, que tendem a desenvolver-se em espaços autônomos, voltados à superação das classes sociais e adequados ao modelo de autogoverno.[7]

Hoje, o cerne de perspectivas que podem ser chamadas de revolucionárias passa pelo princípio político do comum, algo que pode funcionar como um vetor interpretativo ou um mandamento nuclear para outro mundo possível, no qual a participação em uma mesma atividade e a busca

---

7   FEDERICI, Silvia. *Reencantando o mundo: feminismo e a política dos comuns*. São Paulo: Elefante, 2022.

por um mesmo objeto sejam o fundamento da obrigação política ("o *múnus* compreendido no termo 'comum' significa, ao mesmo tempo, obrigação e atividade, ou tarefa"),[8] o que implica a rejeição de qualquer autoridade exterior à atividade ou ao fim visado — ou seja, o reconhecimento de que a obrigação política se origina, exclusivamente, do agir comum, do compromisso prático que une todos e todas os que elaboraram e exerceram as regras dessa atividade. O comum, como explicam Christian Laval e Pierre Dardot, é o princípio que faz buscar o "bem-comum" (o que se deve buscar e determinar juntos)[9] e gera uma espécie de vida compartilhada.

Se a racionalidade neoliberal leva ao desejo de apropriação, os comuns

> são definidos pela existência de uma propriedade compartilhada, na forma de riqueza natural ou social — terras, água, florestas, sistemas de conhecimento, competências de cuidado — cuja utilização é destinada a todos os seus integrantes, sem qualquer distinção, e que não está à venda.[10]

Logo, os processos de produção da subjetividade neoliberal precisam demonizar o comum para assegurar a negociabilidade ilimitada inerente às relações sociais neoliberais. Para tanto, é construída a imagem de que aquilo que é comum, coletivo ou público é de baixa qualidade, ruim e, portanto, indesejável.

---

8   LAVAL, Christian; DARDOT, Pierre. *Comum: ensaio sobre a revolução no século XXI*. São Paulo: Boitempo, 2017.
9   Ibid.
10 FEDERICI, 2022, op. cit., p. 164.

7

IGNORÂNCIA E IDENTIDADE

A ignorância é um dado natural, embora ela possa ser construída ou cultivada. Basta não educar, ou educar precariamente, para conseguir essa matéria-prima. Mantê-la, incentivá-la e explorá-la passam a ser objetivos estratégicos (e biopolíticos) tanto de governantes como de empresários em um contexto em que, não raro, o poder político se aproxima pornograficamente do poder econômico. Isso porque a ignorância permite uma forma de reificação nova e mais produtiva, uma impossibilidade radical de "reconhecimento" (que não se resume à mera identificação): o desconhecimento a respeito dos outros seres humanos, em especial dos mecanismos de exclusão, das técnicas e dispositivos de opressão e da forma como se interage com outras pessoas.

O valor político da ignorância, que facilita a introjeção de uma normatividade adequada aos interesses dos detentores do poder político e do poder econômico, está ligado à ideia de identidade. É a ignorância que permite uma identificação direta com ampla parcela da população, uma identificação a partir da falta de conhecimento e da miséria intelectual.

A identificação é um processo pelo qual tanto a identidade pessoal como as relações sociais são construídas. Todavia, em um quadro de empobrecimento da linguagem e da correlata pobreza intelectual, a "identificação" leva à formação de indivíduos que se submetem aos mandamentos daqueles com os quais se identificam e, ao mesmo tempo, à exclusão de todos os que não se adaptam a eles, em um fenômeno tendencialmente violento. Esta violência adquire, frequentemente, uma forma institucionalizada, na medida em que é organizada e passa a contar com o apoio tanto do governo como dos grupos de interesse que controlam as máquinas de produção de subjetividades (televisão, redes sociais etc.).

A identidade é uma noção que se tornou onipresente — ao mesmo tempo objeto de fascínio e de repulsa, expressão de reivindicações legítimas de grupos de pessoas e instrumento para o ódio à diferença. Trata-se de uma construção que se localiza entre a tradição e a criação, entre o biológico e o simbólico, entre narrativas que apostam no determinismo e outras que partem da ideia de livre-arbítrio, funcionando como um elemento constitutivo da formatação das subjetividades, da construção tanto do sujeito individual como do sujeito coletivo, bem como da ideia de povo.

O empobrecimento da linguagem leva ao empobrecimento da identidade. As múltiplas identidades que cada pessoa carrega acabam reduzidas a um só fator de identificação (classe, raça, gênero etc.). Instaura-se um pensamento maniqueísta, no qual a adesão a este fator de identidade acaba por velar a complexidade social, fomentar o ódio à diferença e dividir as pessoas, impedindo eventuais alianças entre os diversos oprimidos. Tal mutação das identidades se dá em razão da emergência da racionalidade neoliberal, fenômeno correlato à cultura da concorrência, bem como do narcisismo e da indiferença. Em meio às múltiplas identidades de cada pessoa, a idiossubjetivação atua no velamento da complexidade.

A divisão da sociedade entre os desejáveis e os indesejáveis é uma opção política facilitada pela ignorância, que permite fazer com que alguns criminosos recebam o tratamento de heróis, ao mesmo tempo em que todos aqueles que não interessam aos detentores do poder sejam criminalizados ou demonizados. Pode-se afirmar que os 99% da população mundial que não integram o seleto grupo dos detentores do poder econômico (os "super-ricos") figuram entre os indesejáveis em potencial.

Note que a "identidade pela ignorância" é um fenômeno correlato ao da ascensão de ignorantes ao poder econômico e ao poder político, ou mesmo à tentativa de parecer cada vez mais ignorante para conseguir enganar e explorar pessoas rotuladas como ignorantes. Há uma espécie de captação simbólica e o surgimento de uma nova figura de autoridade, que se caracteriza tanto pela ignorância como pelo sucesso político e/ou econômico. A mensagem do detentor do poder poderia ser traduzida nos seguintes termos: "sou tão ignorante quanto você, mas cheguei ao poder; você também consegue. Basta me seguir e me copiar".

Hoje, ao detentor do poder político ou do poder econômico, basta repetir fórmulas prontas, *slogans*, piadas preconceituosas e outras manifestações associadas à ignorância, ao preconceito ou à burrice para angariar o apoio e a simpatia de pessoas que foram levadas a acreditar que o desconhecimento não é um obstáculo à realização pessoal. Políticos, empresários, jornalistas e funcionários públicos disputam a imagem do ignorante para retirar proveito e para lucrar.

Para além da identidade pela ignorância, que leva a uma massa que se caracteriza pela ausência de reflexão, a racionalidade neoliberal, pelas técnicas de idiossubjetivação, produz grupos identitários e coloca-os a serviço dos detentores do poder econômico.

De fato, a questão da identidade sofre influência direta da racionalidade neoliberal. Assim, se a lógica da concorrência (que, não raro, aproxima-se da ideologia do inimigo, que leva pessoas a tratar outras pessoas como não cidadãos) passa a regular todas as relações humanas, ela também produz efeitos sobre a constituição e a atuação de grupos que se fecham em uma única identidade: instaura-se uma guerra entre pessoas que se reconhecem em um determinado grupo identitário (como se esse conjunto de pessoas fosse uma "empresa" em permanente concorrência com outros grupos), ao mesmo tempo em que ignoram todas as demais identidades que também são constitutivas de cada um. A norma neoliberal que enuncia a necessidade de simplificar todos os fenômenos atua, igualmente, para reduzir a complexidade da questão da identidade. Esses grupos passam a acreditar em uma espécie de hierarquia entre as identidades e entre as opressões: a opressão que eles partilham é sempre pior que a opressão que outras pessoas suportam (que "constituem" as demais empresas concorrentes). Assim, por exemplo, um trabalhador branco passa a atacar outros trabalhadores que não são brancos; um homem negro passa a considerar o machismo menos importante do que o racismo etc.

Tem-se, então, aquilo que Asad Haider chamou de "armadilhas da identidade".[1] A questão da identidade coloca-se para indicar "quem" uma pessoa é: um trabalhador preto, gay e africano é um ser único, constituído de várias identidades. Impossível fugir das múltiplas identidades: as tentativas, nesse sentido, acabam redundando em fundamentalismos. Silvio Almeida, por exemplo, narra que, mesmo para quem se recusa

> a pensar o mundo dentro das fronteiras reservadas às pessoas não brancas, a identidade sempre estava lá. A identidade o atravessa em cada escolha, em cada passo; não bastava tentar a "ressignificação" de sua subjetividade ou a recusa existencialista de qualquer sentido prévio que se pudesse atribuir à sua vida.[2]

Há algo da ordem de uma imposição externa que estabelece um rótulo de identidade sobre cada pessoa. Por isso, Silvio Almeida esclarece que sempre esteve além da sua vontade "ser reconhecido, medido e avaliado como um homem negro".[3]

Reconhecer a importância da questão da identidade (ou das identidades) e, portanto, das políticas sobre a identidade (a política de cotas raciais, por exemplo) não significa legitimar a distorção ideológica da questão, o que alguns chamam de "identitarismo". No primeiro caso, há

---

1   HAIDER, Asad. *Armadilha da identidade*. São Paulo: Veneta, 2019.
2   ALMEIDA, Silvio. "Prefácio da edição brasileira". In: HAIDER, 2019, op. cit., p. 8.
3   Ibid., p. 8.

abertura em direção à igualdade e à ampliação de direitos; no segundo, fechamento e indignação seletiva. Seria importante, então, diferenciar as políticas sobre a identidade das ideologias identitaristas. Na realidade, pode-se falar, grosso modo, em dois tipos distintos (e, por vezes, contraditórios) de "identitarismo" (em sentido lato): a) como política sobre as identidades (que reconhece as diferenças e as opressões que recaem sobre cada grupo de identidades): sentido positivo; e b) como ideologia (que fabrica uma hierarquia artificial entre as opressões e, ao mesmo tempo, gera divisões no grande grupo dos oprimidos): sentido negativo.

Como percebem Haider e Almeida, a ideologia identitarista leva as pessoas a tratar a questão da identidade como algo estranho às determinações materiais da vida social: essas pessoas passam, então, a ignorar que são "indivíduos 'assujeitados' (tornados negros, brancos, mulheres, trabalhadores, trabalhadoras etc.) pelo funcionamento das instituições políticas e econômicas, orientadas pela e para a sociabilidade do capitalismo".[4]

Há muito, Achille Mbembe[5] e Simone de Beauvoir[6] já demonstraram que os significantes e o significado hegemônico de "negro" e de "mulher" foram forjados por homens brancos, com o objetivo de criar uma hierarquia entre as pessoas. Deu-se, portanto, uma heteromarcação para fabricar e/ou reforçar as opressões sobre determinadas pessoas. Raça e gênero (e, da mesma maneira, classe) são construções históricas cruciais e podem ser utilizadas na reafirmação ou na superação dos sistemas de opressão, interligados no

---

4   Ibid., p. 9.
5   MBEMBE, Achille. *Crítica da razão negra*. Lisboa: Antígona, 2014.
6   BEAUVOIR, Simone de. *O segundo sexo*. Rio de Janeiro: Nova Fronteira, 2019.

modo de produção e de opressão capitalista.[7] A hegemonia das classes dominantes apoia-se não só em sua capacidade de organizar e de explorar o processo de trabalho (gerar mais-valia), como também de controlar a força de trabalho, o que passa por um sistema de dominação cultural em que a manipulação das identidades é fundamental.

As ideologias machista e racista, se não nasceram com o capitalismo, foram colonizadas e postas a serviço desse modo de produção e de exploração pelas elites — isto é, pelos detentores dos poderes político e econômico. Grupos oprimidos, porém, condicionados pela ideologia identitária, acabam por reforçar as diferenças artificiais entre as pessoas e levam à desagregação política dos oprimidos a partir de significantes discriminatórios (negro, mulher etc.). Assim, grupos feministas passam a priorizar a luta contra outros oprimidos e esquecem a necessidade de superar as causas das opressões, enquanto movimentos brancos ou negros identitários, por sua vez, esquecem a advertência de James Baldwin de que "é preciso cautela para não nos refugiarmos em ilusões — e o valor que se atribui à cor da pele é, e sempre será, em qualquer lugar, uma ilusão".[8]

O exemplo do grupo branco, conservador e nacionalista "Geração Identitária", com forte atuação na Europa, é o mais evidente da funcionalidade dos movimentos identitários à lógica neoliberal, embora distorções também possam ser encontradas em movimentos de esquerda e com pretensões emancipatórias. A questão da identidade, analisada isoladamente, não desafia o princípio do individualismo, como

---

7   Cf. BALIBAR, Étienne; WALLERSTEIN, Immanuel. *Raça, nação, classe: as identidades ambíguas*. São Paulo: Boitempo, 2021.
8   BALDWIN, James. *The Fire Next Time*. Nova York: Penguin, 1990.

foi percebido pelas feministas negras que atuam a partir do paradigma da interseccionalidade (por evidente, "em determinada sociedade, em determinado período, as relações de poder que envolvem raça, classe e gênero, por exemplo, não se manifestam como entidades distintas e mutuamente excludentes").[9] Ao contrário, o individualismo acaba reforçado, em razão de determinadas abordagens da questão das identidades. A política identitária de esquerda, como anunciou Mark Lilla,

> se tratava, a princípio, de grandes grupos de pessoas — afro-americanos, mulheres — que buscavam reparar grandes erros históricos se mobilizando e se valendo de nossas instituições políticas para assegurar os seus direitos. Mas, nos anos 1980, essa política cedera lugar a uma pseudopolítica de autoestima e de autodefinição cada vez mais estreita e excludente.[10]

Essa mudança, não por acaso, coincide com a hegemonia da racionalidade neoliberal: o reforço da autoestima e da autodefinição vai ao encontro das ideias neoliberais de "capital humano" e de "positividade das mercadorias" em meio à disputa concorrencial.

Se as políticas sobre as identidades e o reconhecimento da identidade, como um elemento importante das lutas emancipatórias (o que significou colocar a própria experiência no centro da análise e as próprias identidades na formulação

---

9   COLLINS, Patricia Hill; BILGE, Sirma. *Interseccionalidade*. São Paulo: Boitempo, 2021, p. 16.
10 LILLA, Mark. *O progressista de ontem e o do amanhã: desafios da democracia liberal no mundo pós-políticas identitárias*. São Paulo: Companhia das Letras, 2018, p. 14.

das respostas aos problemas suportados por cada um), são potencialmente revolucionárias e ampliam o campo de resistência a todas as formas de opressão, a visão do identitarismo, como uma ideologia baseada na tese da hierarquia das opressões, gera divisões e é, portanto, tendencialmente conservadora — quando não chega a ser reacionária. A divisão entre os oprimidos dificulta as lutas emancipatórias e, mais do que isso, facilita regressões sociais. Essa ideologia faz com que, no campo dos oprimidos, alguns reduzam a luta à questão da identidade, enquanto outros ignoram a questão da identidade:[11] dois equívocos dentro de uma perspectiva de união para a redução concreta das desigualdades em uma sociedade na qual os sistemas de opressão são interligados.

Os efeitos dessa ideologia também ajudam a explicar o paradoxo identificado por Cornel West: "a nova inclusão de negros nas categorias profissionais da sociedade norte-americana ocorreu em paralelo à expansão inexplicável do poder corporativo na economia e no governo e o desencadeamento da força policial arbitrária em comunidades pobres racializadas".[12] De um lado, progresso de alguns negros (e a realização da meta "negros no poder"); de outro, "a devastação das comunidades negras pobres e trabalhadoras",[13] além do reforço do discurso neoliberal da "meritocracia" ("os pretos que merecem, e *só esses*, conquistam") e o apagamento do legado da supremacia branca. Como pergunta Laura Astrolábio, "como atribuir responsabilidade individual de

---

11   ALMEIDA, Silvio. "Prefácio da edição brasileira". In: HAIDER, 2019, op. cit., p. 14.
12   WEST, Cornel. *Questão de raça*. São Paulo: Companhia de Bolso, 2021, p. 10.
13   Ibid., p. 11.

forma indistinta numa sociedade de abismos sociais gritantes?". A meritocracia, que serve à manutenção das estruturas desiguais, é um elemento mistificador que serve de "justificativa para organizar uma sociedade no que se refere à distribuição de posições sociais e cargos entre pessoas".[14]

A racionalidade neoliberal, pelas técnicas de idiossubjetivação, fez com que a questão da identidade se tornasse um desvio da luta contra as opressões. A questão da identidade pode, portanto, levar tanto a movimentos favoráveis ao sistema quanto a movimentos antissistema.[15] Nas palavras de Asad Haider, as políticas que cedem à ideologia identitária funcionam "como a neutralização de movimentos contra a opressão racial. É a ideologia que surgiu para apropriar esse legado emancipatório e colocá-lo a serviço do avanço das elites políticas e econômicas".[16]

---

14   ASTROLÁBIO, Laura. *Vencer na vida como ideologia*. São Paulo: Tirant Lo Blanch, 2022, p. 106.
15   Cf. BALIBAR; WALLERSTEIN, 2021, op. cit.
16   HAIDER, 2019, op. cit., p. 37.

8

AUTORITARISMO E POPULISMO PENAL

Não há como manter um regime autoritário sem investir na ignorância e no egoísmo. Um povo ignorante pode não só ficar apático diante do autoritarismo, mas verdadeiramente desejá-lo, na tentativa de suprir o medo que deriva do desconhecimento sobre fenômenos e sobre valores democráticos, como a liberdade e a verdade. Pessoas egoístas não se importam com o destino das demais, todas vítimas em potencial do autoritarismo.

A ignorância e o egoísmo adquirem, assim, um caráter funcional para o autoritarismo. São elementos que, ao mesmo tempo, fazem a ligação entre governante e grande parcela da população, bem como permitem a manipulação da opinião pública na construção de consensos antidemocráticos. É a ignorância que, por exemplo, fomenta uma base social "naturalizadora" do que deveria ser inaceitável, enquanto o egoísmo leva à inércia diante da violação de direitos de terceiros.

O indivíduo ignorante acredita que ele e suas limitações são o retrato do mundo (e, nisso, a ignorância e o egoísmo se aproximam). Incapaz de operar a distinção entre discurso e realidade, entre o essencial e o superficial, ele torna-se facilmente massa de manobra. Não por acaso, a ignorância é a matéria-prima para as mais variadas formas de populismo, nas quais a emoção e os sentimentos manipulados substituem a reflexão crítica, os argumentos racionais e as demonstrações empíricas. O desconhecimento da complexidade da sociedade e a insegurança gerada por esta ignorância favorecem o surgimento de tendências psicopolíticas e de movimentos de massa reacionários que buscam em um passado idealizado a segurança perdida e o sentido da vida.

No lugar do convencimento por argumentos racionais, o governo pela ignorância atua a partir do reforço de preconceitos, das mistificações, da exploração das confusões conceituais e do preenchimento dos vazios cognitivos com as "certezas" do governante, visto como um "igual" (ignorante) que "deu certo" (e, aqui, reside uma contradição performática que a cegueira produzida pela ignorância impede que seja percebida).

A isso, soma-se um quadro em que a reflexão passa a ser vista como uma negatividade. O ato de parar ou de dar um passo atrás, que permite o distanciamento, ainda que mínimo, ao observador, é fundamental à reflexão e à atitude teórica. Esse distanciamento tornou-se impossível para pessoas condicionadas a agir imediatamente. Apenas o superficial, o que carece de profundidade, em meio à enxurrada de informações, é percebido. Não por acaso, as políticas públicas são construídas a partir do superficial, e suas implementações contam com a ignorância e a inércia da população.

Como já se viu, a exploração política da ignorância, em especial por governos autoritários, não é uma novidade. Theodor Adorno, nos anos 1940 e 1950, durante suas pesquisas sobre a personalidade autoritária, já apontava que "todos os movimentos fascistas modernos, inclusive os praticados por demagogos americanos contemporâneos, têm visado os ignorantes". O que mudou, hoje, é que a ignorância deixou de ser velada para tornar-se celebrada.

Para comprovar a hipótese de que a ignorância, no Brasil, faz sucesso, vale lembrar duas pérolas de Olavo de Carvalho, o guru intelectual do governo neoliberal ultra-autoritário de Jair Bolsonaro, de muitos militantes de direita e de parcela das Forças Armadas brasileiras (que ainda acredita estar em meio a uma guerra contra o "marxismo cultural" e a "ameaça comunista"). Para ele (e seus seguidores), é crível a tese de que as músicas dos Beatles teriam sido compostas pelo filósofo alemão Theodor Adorno como parte de uma grande conspiração para destruir a sociedade, bem como a muito provável ligação entre o Papa Francisco, a KGB e George Soros, em uma espécie de "plano infalível" para dominar o mundo.

O fato de Olavo de Carvalho ocupar o espaço de intelectual da extrema-direita brasileira e ter conseguido deixar discípulos e abrir espaço no mercado editorial precisa ser objeto de atenção. Tratava-se de um filósofo que divulgava certezas delirantes enquanto projetava uma revolução cultural obscurantista, a partir da tese de que se deveria lutar contra a "revolução cultural marxista" (em um interessante caso de apropriação das lições de Gramsci). Pessoas como Olavo de Carvalho costumam ser desprezadas pelos intelectuais brasileiros. Não deveriam. Vale lembrar que ele foi capaz de construir uma obra (tendo escrito mais do que muitos "intelectuais" de esquerda que se mantêm escondidos do debate público) a partir de teses que, muitas vezes, propagam a desinformação e contam com a ignorância (a "cabeça vazia") dos leitores. Pode-se dizer que, com ele, nasce o intelectual orgânico da ignorância. No lugar do "marxismo cultural", Olavo faz surgir o oxímoro "ignorância cultural".

Também é a dupla "ignorância" e "egoísmo" que explica a naturalização das campanhas de "lei e ordem" (*law and order*), movimento de política criminal que defende o aumento da repressão e a intolerância com os desvios sociais como respostas aos mais variados problemas sociais e conflitos (inclusive os mais insignificantes), e o "populismo penal", a manipulação política dos sentimentos de medo e de insegurança a partir do fenômeno criminal, com o aumento de penas, a instrumentalização do Direito Penal, a relativização das formas processuais (nas democracias, as formas e as "regras do jogo" processuais são garantias contra a opressão) e a redução dos direitos e das garantias fundamentais.

A ignorância aumenta o medo ligado ao desconhecido e, assim, instaura uma espécie de fervor punitivo que se acredita útil à redução da insegurança gerada por esse quadro. A racionalidade neoliberal fomenta esse medo, que também se transforma em uma oportunidade de negócios. A segurança torna-se uma mercadoria a ser explorada tanto por particulares como por governantes e, ao mesmo tempo, um dos principais temas políticos da sociedade. O Estado neoliberal (e, portanto, pós-democrático, na medida em que relativiza os direitos fundamentais em razão dos interesses dos detentores do poder econômico) arma-se e investe em políticas penais (práticas de exceção, discricionariedade policial, relativização dos direitos fundamentais etc.) como forma de reafirmar aos olhos da população uma soberania que as próprias políticas neoliberais tornaram frágil.

Em nome de uma visão de "segurança", que atende ao egoísmo e à ignorância, multiplicam-se as criminalizações de condutas, o agravamento de penas, a intolerância com a diferença e o número de encarcerados. A demografia carcerária foi multiplicada, bem como o número de pessoas vigiadas e submetidas a medidas de restrição da liberdade fora dos cárceres. Ao contrário do que se poderia imaginar, esse movimento político, jurídico e cultural, que implica o fortalecimento da repressão em detrimento dos direitos fundamentais, não guarda relação necessária com o aumento da criminalidade, mas com a necessidade de controlar os indesejáveis e, ao mesmo tempo, dar respostas à sensação de insegurança difusa na sociedade.

A violência e o recurso ao sistema penal tornaram-se as únicas linguagens possíveis para o Estado tratar de problemas sociais graves em uma sociedade na qual o comum foi demonizado, os laços sociais foram enfraquecidos (com pessoas tratando outras pessoas como objetos para a própria satisfação ou como empresas concorrentes) e os valores compartilhados se encontram cada vez mais enfraquecidos. Não por acaso, juízes, promotores e procuradores tornam-se atores políticos relevantes.

O discurso político cada vez mais recorre aos significantes "segurança" e "punição". Mais do que a ideia de busca por justiça ou por equidade, os símbolos do poder estatal tornam-se a polícia e a prisão.[1] A espetacularização das

---

1 Nesse sentido: SALAS, Denis. *La Volonté de punir: essai sur le populisme penal*. Paris: Fayard/Pluriel, 2010, p. 13.

ações policiais ajuda a naturalizar a redução do Estado e da política à polícia. Essa visão de mundo reducionista e autoritária, em que a violência estatal se apresenta como a solução para os mais variados problemas sociais, é partilhada pelos meios de comunicação de massa e repercute na produção legislativa e na aplicação do Direito tanto pelo Poder Executivo como pelo Poder Judiciário. Fala-se em uma "deriva por segurança" em detrimento dos direitos. Aliás, em razão do modo de ver e de atuar neoliberal, o próprio significado de "segurança" sofre uma transformação: no lugar de representar a "segurança de direitos primários" (segurança, portanto, da vida, da integridade física, da saúde etc.), a segurança torna-se uma mercadoria que tem valor por si só — ou seja: a segurança-mercadoria independe da proteção dos direitos primários e, inclusive, pode contrariá-los.

Diante de um crime, a ação estatal não busca mais a moderação e a adequação na resposta ao fato reprovável. Ao contrário, a resposta ao fato apontado como criminoso é marcada pelo excesso, pela ilimitação tipicamente neoliberal, e tal excesso é percebido por amplos setores da sociedade como uma demonstração de comprometimento e de vigor na luta contra o crime e a insegurança. Nesse movimento, as instituições democráticas e os direitos fundamentais passam a ser vistos como obstáculos à eficiência punitiva. Tem-se o encontro de uma patologia da representação com uma patologia da acusação, em razão do qual o desejo de punir (acusar, julgar e executar) torna-se uma paixão popular a ser explorada no campo político, em uma sociedade que acredita em respostas mágicas e, não raro, desproporcionais às agressões reais e imaginárias atribuídas aos seus membros desviantes. Com isso, instaura-se uma escalada de violência, na qual a resposta a qualquer desvio é o recurso a mais violência, em uma espiral tendencialmente infinita: a ideia de punir o "mal" passa a ser regida pela mesma lógica que levou ao mal que se quer punir.

Os processos de idiossubjetivação, que favorecem todas as formas de populismo (de "direita", de "esquerda", religioso, fundamentalista etc.), fazem com que o populismo penal ocupe o centro da radicalização do poder de punir. Há, em razão desse fenômeno, um momento no qual a sociedade, cada vez mais incapaz de refletir e de encontrar soluções criativas para os seus variados problemas, passa a investir em "segurança" em detrimento de um modelo estatal de atuação comprometido com respostas adequadas e proporcionais aos atos delituosos, ou mesmo com a ressocialização do indivíduo que realiza uma conduta definida pela lei como criminosa. Busca-se, então, neutralizar os riscos e controlar os indesejáveis que o regular funcionamento da sociedade, sob a égide da racionalidade neoliberal, gera sem cessar.

Para além da funcionalidade (controle dos indesejáveis) adequada ao projeto político neoliberal, a adesão ao populismo penal, com a manipulação das emoções e das paixões produzidas e potencializadas pelos mecanismos de idiossubjetivação, gera proveito eleitoral para uma elite política que, uma vez eleita, atua para reduzir a política à polícia. Aliás, vela-se o desentendimento que permite a verdadeira política: a resposta simples e fácil é a punição de indivíduos. Torna-se cada vez mais difícil, e eleitoralmente menos proveitoso, que existam performances políticas capazes de colocar em relevo outros temas que não a segurança, como a educação e a justiça social.

Como percebe Didier Fassin, "não se pode contentar em invocar o sentimento de insegurança da população, como fazem alguns, ou a sua manipulação pelas elites, como outros asseguram. É a combinação desses dois fenômenos que produz esse entusiasmo irrefletido constatado"[2] com o populismo penal. As consequências concretas dessa adesão irrefletida são facilmente constatadas: de um lado, a criminalização de fatos que, antes, eram considerados indiferentes penais; de outro, o agravamento das sanções pelos fatos já criminalizados, tudo para ampliar o controle sobre a parcela da população considerada indesejável aos olhos dos detentores do poder econômico, tanto pelo encarceramento como por outras medidas de restrição da liberdade.

Também não podem ser ignoradas as pressões do poder econômico e dos meios de comunicação de massa sobre os agentes estatais encarregados da persecução penal, ou seja, da atividade estatal voltada à investigação e à punição de fatos definidos como crimes. Pressões que fazem com que muitos desses agentes (policiais, promotores de justiça, procuradores da República, juízes etc.), para se proteger de ataques e de perseguições em suas carreiras, acabem por adotar posturas autoritárias, relativizando direitos fundamentais, desde a fase de investigação dos delitos até a aplicação de penas severas e a determinação de prisões que, em outro contexto, seriam tidas por desnecessárias.

Em sociedades fragilizadas, marcadas pelo medo e pela ignorância, o poder de punir passa a ser mais empregado, e a ação estatal adota uma justificativa baseada na retórica bélica. Instauram-se "guerras" contra as "drogas", contra a "corrupção", contra o "estrangeiro" etc. Guerras que, como sempre, são contra pessoas percebidas como matáveis: os

---

2   FASSIN, Didier. *Punir: une passion contemporaine*. Paris: Seuil, 2017, p. 12. [Ed. bras.: *Punir: uma paixão contemporânea*. Belo Horizonte: Âyiné, 2022.]

inimigos/indesejáveis. Dentro dessa lógica, que não se mostra sensível a qualquer complexidade, toda hesitação na "guerra ao crime", no "combate à insegurança", é uma "fraqueza", uma "negatividade" incompatível com a configuração neoliberal. Toda reflexão crítica é, de igual sorte, percebida como uma cumplicidade. Por isso, toda resposta ao crime acaba por ser exagerada, como forma de exorcizar as agressões reais e imaginárias à sociedade.

Os mecanismos de idiossubjetivação impedem a identificação do conflito e dos riscos concretos produzidos pelas ações definidas como crimes. A vítima é, por sua vez, instrumentalizada para servir ao recrudescimento penal. A imagem da vítima (e das vítimas em potencial) se torna onipresente e é usada em uma cultura de guerra e concorrência, mas não se trata da vítima singular, da pessoa que suporta em concreto a ação delituosa, mas da vítima invocada, abstrata, imaginária, presente nos discursos midiáticos, políticos e judiciários, e que, não raro, apresenta-se como a sociedade.

Como explica Denis Salas, "essa exacerbação da reação social, verdadeira invocação de um povo imaginário, provoca uma paralisação das mediações democráticas".[3] Vale mais a "opinião pública" (aquela que é vendida pelos meios de comunicação de massa como sendo a "da maioria") do que as regras, os princípios e os valores democráticos que deveriam condicionar a atuação estatal. Cada vez mais, a linguagem utilizada no sistema de justiça — e no campo político que adere ao populismo penal na busca por votos — será a do escândalo criminal.

Ao tornar-se dependente dessa opinião pública (uma espécie de registro imaginário do "povo"), a ideia de "democracia"

---

3 SALAS, 2010, op. cit., p. 14.

passa a ser modulada por preconceitos e por pânicos morais que se propagam em uma sociedade submetida às máquinas de idiossubjetivação (meios de comunicação de massa, redes sociais, *podcasts*, programas televisivos, propaganda etc.). As ações dos agentes políticos, dos atores jurídicos e dos meios de comunicação passam a ser condicionadas por um contexto de ameaça, real ou imaginário, à sociedade. Condenações morais (e inapeláveis) são produzidas em larga escala, tanto à direita quanto à esquerda do espectro político. Instaura-se um poder de punir tendencialmente ilimitado como uma espécie de reafirmação do poder estatal.

Além disso, o processo penal é reduzido a uma mercadoria: uma mercadoria espetacular. O fato perde importância para o enredo do espetáculo, que tem por finalidade agradar aos espectadores (no caso brasileiro, espectadores lançados em uma tradição autoritária). O procedimento não servirá à tentativa de reconstruir a verdade a partir das provas produzidas pelas partes, mas à confirmação da hipótese acusatória. O desejo de "democracia" é substituído pelo desejo de "entretenimento". Há uma divisão maniqueísta entre "mocinhos" (quem acusa e/ou condena) e "bandidos" (o acusado, quem o defende e/ou o absolve). O único fim aceitável será a punição, o único resultado capaz de agradar ao público.

É preciso que a luta contra a insegurança e a punição dos criminosos se dê de forma ostensiva e espalhafatosa como forma de reafirmar o poder do Estado (em especial, o poder de definir e o tratamento a ser dado aos "amigos" e aos "inimigos", aos elementos "desejáveis" e aos "indesejáveis") e a coesão social. Ao mesmo tempo, tem-se uma verdadeira inflação de leis penais e processuais penais que, ao contrário de funcionar como limites ao poder de punir, como declaram os liberais, passam a recorrer a conceitos abertos e indeterminados, criam novos crimes, ampliam as penas, reduzem as garantias individuais e aumentam as hipóteses de prisão e de controle estatal sobre as pessoas. A questão penal, como se percebe, tornou-se um espetáculo à população e, ao mesmo tempo, uma competição política em torno dos significantes "segurança" e "punição", o que deu origem a uma nova economia da punição.

Essa nova economia da punição parte de um referencial empobrecido: a eficácia da "guerra contra o crime", a partir de cálculos de interesses hipersimplificados. Assim, limites à punição, como o princípio da legalidade (os agentes estatais só podem fazer aquilo que a lei determina) e as garantias processuais de um processo justo (vedação da prova ilícita, contraditório, ampla defesa, devido processo legal, presunção de inocência etc.), são percebidos como "fraquezas" em uma sociedade dividida entre as "pessoas de bem" (nós) e os "delinquentes" (eles). Para combater o crime, em nome da segurança da sociedade, violam-se regras, princípios e valores democráticos e republicanos.

A idiossubjetivação oculta esta contradição: agentes do Estado violam a lei para mais facilmente punir quem acreditam ter violado a lei. Ela impede também a tensão constitutiva de todo sistema penal democrático que se dá entre a compreensão que explica as condutas humanas e a incompreensão que leva à acusação/punição dos atos praticados pelo agente — ou seja, entre a clemência e a punição. Desaparece qualquer capacidade de compreender ou de ter empatia por quem viola a lei penal. Inviabiliza-se uma ética do reconhecimento mútuo, porque se construiu uma indiferença ao olhar do outro, sempre percebido como um concorrente ou um inimigo.

Com a mutação neoliberal das subjetividades, instaura-se um "momento punitivo",[4] porque se alterou a sensibilidade às ilegalidades e aos desvios (em razão da lógica da concorrência somada à incapacidade de compreensão das diferenças, levando à perda da empatia), bem como o foco das ações e dos discursos públicos, deslocando-o para a questão da segurança.

De um lado, a idiossubjetivação produziu a intolerância com a diferença. Cada vez mais, as pessoas se tornam intolerantes com opiniões contrárias às suas, com hábitos de vida e costumes diferentes e com problemas que atingem terceiros. Em síntese, o indivíduo tornou-se intolerante com qualquer pessoa ou coisa que possa atrapalhar a sua existência. Diversos conflitos e situações problemáticas que, antes, eram resolvidos com diálogo ou até mesmo ignorados passaram a ser tratados como questões de polícia ou de justiça penal. Deu-se, igualmente, uma moralização seletiva e rasteira do mundo, com a defesa da criminalização dos desvios do "outro" concomitante com a naturalização dos próprios desvios.

De outro, o "direito à segurança" contra os inimigos, entendido a partir da lógica neoliberal, passa a ser o paradigma de atuação do poder penal do Estado. Instala-se um quadro de insegurança de aspecto poliforme que autoriza uma espécie de "vale-tudo" na luta contra o crime — ou, mais precisamente, contra a sensação de insegurança. Diante das ameaças reais e imaginárias à segurança individual, o coletivo perde importância, e o comum (por exemplo, os direitos e as garantias fundamentais que deveriam funcionar como limites democráticos ao exercício do

---

4   SALAS, 2010, op. cit.

poder) passa a ser percebido como uma negatividade. Não por acaso, *slogans* pueris passam a dominar o debate político para representar o imperativo de proteção da sociedade: "bandido bom é bandido morto"; "tolerância zero"; "redução da maioridade penal"; "pelo direito de não ter direitos"; "pela volta da ditadura militar".

Não raro, os detentores do poder político acabam por reforçar, ou mesmo antecipar, as inquietudes securitárias dos cidadãos idiossubjetivados. Isso porque eles apostam que respostas criminalizantes e encarceradoras com potencial de reduzir os medos e as ansiedades populares ligados à questão da segurança, mesmo que distantes do marco constitucional, resultarão em proveitos eleitorais. Ajudados pelos meios de comunicação de massa, que tratam dos mais variados problemas como espetáculos empobrecidos de toda a complexidade social, as elites dramatizam essas situações problemáticas, potencializam os medos da população e buscam reforçar a imagem da própria autoridade com demonstrações de severidade.

Em matéria de repressão penal, o espaço público acaba remodelado por três sistemas que atuam na formação de uma nova subjetividade adequada ao neoliberalismo: o político, o midiático e o judicial. Estes sistemas, que levam à idiossubjetivação, transformaram a punição em uma paixão contemporânea.[5] Depois de uma "fase preparatória", em que a mídia produz uma narrativa difusa sobre os riscos crescentes a que a sociedade está submetida e a necessidade de segurança; há uma "fase de impacto", na qual se explora e se tenta criar uma conexão entre vários fatos (crimes que adquirem repercussão midiática, fenômenos isolados etc.),

---

5 Cf. FASSIN, 2017, op. cit.

graves ou não, atribuindo a determinadas condutas indesejadas ou a grupos de pessoas a etiqueta de ameaças graves à sociedade. Por fim, chega-se a "fase de reação", que se dá tanto no âmbito político — com a criação de leis e a legitimação de novos dispositivos de segurança — como na esfera judicial — com a aplicação de penas altas, de medidas de restrição da liberdade e de encarceramentos desnecessários à luz da legislação.[6]

Em uma sociedade forjada para não refletir, consumir acriticamente, naturalizar a opressão e perceber o "outro" como um concorrente a ser vencido ou um inimigo a ser neutralizado, a simplicidade da resposta punitiva, apresentada como fórmula mágica para os mais variados problemas sociais, dos mais complexos aos mais insignificantes, torna-se atrativa. Pode-se até falar em uma crença na punição que não cede diante de argumentos racionais ou de dados empíricos que demonstrem a ineficácia da punição para resolver a sensação de insegurança ou os problemas reais suportados pela população. Vale insistir: os movimentos de "lei e ordem" e as ações legislativas e jurisdicionais condicionadas pelo populismo penal caracterizam-se por apresentar soluções fáceis para problemas complexos, envolvendo situações concretas em que a reposta penal (prisão, processo de conhecimento, aplicação e execução de penas etc.), não raro, acaba por agravar o quadro conflituoso. A ignorância, incentivada pelos detentores do poder econômico, sobre a inefetividade das respostas penais (que quase nunca atendem aos objetivos de prevenir novos crimes ou de ressocializar os infratores), funciona como um fator de legitimação popular do controle penal dos indesejáveis.

---

6   SALAS, 2010, op. cit., p. 110.

Este conjunto de fenômenos acima mencionados, todos interligados, ajuda a explicar a inflação carcerária observada na maioria dos países. Durante os anos 2000, no continente americano, à exceção dos Estados Unidos, a população carcerária cresceu 108%. No Brasil, o aumento foi de 115%. O crescimento do número de encarcerados ocorreu também na Europa, salvo raras exceções. Nos Estados Unidos, em que o aprisionamento de pessoas é explicitamente um negócio lucrativo, existiam duzentas mil pessoas nas prisões federais e estaduais, e, em quarenta anos, o número de presos aumentou em oito vezes.[7]

Esses quadros de egoísmo e de ignorância construídos pelas técnicas de idiossubjetivação, como já se viu, encontram origem na lógica da concorrência, forjada no ambiente do livre mercado, mas que também se espalhou por todas as relações humanas. Se a normatividade construída a partir do desejo de enriquecer — mais precisamente da hipótese de que toda ação humana deveria obedecer a uma racionalidade que asseguraria a escolha que fosse capaz de produzir mais satisfação para o indivíduo (e o sucesso deste objetivo dá-se pela adequação entre os meios e os fins) — tem uma dimensão preponderantemente individual — na medida em que o mandamento da conduta desconsidera a existência de outras pessoas —, a normatividade que se origina da lógica da concorrência é tipicamente relacional: trata-se de um mandamento direcionado a condicionar a maneira como cada pessoa deve relacionar-se com as outras. A lógica da concorrência leva, portanto, à fabricação de normas que pretendem regular e condicionar as relações intersubjetivas.

---

7   Esses dados encontram-se em: FASSIN, 2017, op. cit., pp. 13-15.

Concorrência, por definição, é o ato ou o efeito relacionado à tentativa de alcançar a primazia sobre algo em detrimento de outras pessoas. A ideia de concorrência, portanto, sempre está relacionada com a competição, com a disputa, com a rivalidade ou com a guerra. A concorrência também costuma ser relacionada com um estado dinâmico, com uma situação de busca por lucro em um mercado no qual os agentes econômicos estão livres para utilizar uma série de instrumentos (tais como o preço, a propaganda, os serviços conexos, a qualidade dos produtos etc.) para vencer — ou seja, para alcançar os objetivos propostos.

Em um mercado concorrencial idealizado, o funcionamento ocorreria entre partes em situação de disputar e em atenção às "regras do jogo", em especial a lei da "oferta e da procura", sem intervenção do Estado. A lógica da concorrência é, portanto, marcada pela rivalidade entre duas ou mais pessoas que devem fazer o possível para vencer uma disputa. A concorrência (rivalidade de interesses) revela o ideal oposto ao da cooperação (união de interesses), bem como dificulta a formação de vínculos de solidariedade, da consciência de problemas partilhados entre indivíduos e da percepção de espaços comuns não marcados por disputas. Se é verdade que a fraternidade não pode ser imposta "de cima", a lógica da concorrência impede que ela se construa "de baixo", o que faz com que o "eu" sem o "nós" atrofie-se no egoísmo.[8]

A racionalidade neoliberal fez do "eu" uma ficção (o "empresário-de-si") e do "outro" um concorrente (a "empresa concorrente" ou o "inimigo"). O "empresário-de-si" entra em disputa com outras pessoas também identificadas como

---

8   Cf. MORIN, Edgar. *La Fraternité. Pourquoi?* Paris: Actes Sud, 2019, p. 11.

empresários. Dá-se a coisificação do humano: o outro, resumido a uma empresa perigosa para os interesses do "eu". Mesmo em instituições, como a família, o "outro" cada vez mais é identificado como um "adversário" a ser vencido. A consciência de classe torna-se uma não questão para pessoas subjetivadas como capital humano ou para empresários que precisam derrotar outros entes empresariais, por mais próximos que sejam os interesses que os vinculam.

A ilimitação, também própria da racionalidade neoliberal, faz com que o concorrente passe a ser tratado como um inimigo a ser destruído: não há espaço para solidariedade ou para a divisão dos lucros e capitais. A pessoa idiossubjetivada, alheia ao coletivo, percebe-se como uma atividade economicamente organizada. incapaz de refletir para além de cálculos de interesse, e quer destruir as demais "empresas" que concorrem com ela e que, por essa razão, acabam tratadas como perigosas. Reforçam-se as diferenças e velam-se as semelhanças na tentativa de vencer a disputa. A vontade de vencer, estimulada e despida de limites éticos ou jurídicos, não raro, transforma-se em ódio contra os adversários. Assim, aumentam-se os conflitos e reduz-se a possibilidade de paz, isso porque "a paz não pode se fundar a não ser sobre a ideia de que as relações entre os homens são relações entre semelhantes".[9]

O poder sempre procurou discriminar seres humanos, conferindo-lhes tratamentos não condizentes com a condição de pessoas, reduzindo-lhes a entes perigosos ou danosos à sociedade. A construção da dogmática penal soviética do "inimigo do povo" é apenas um exemplo. O "inimigo" recebeu, ao longo da história, o rótulo do "não cidadão".

---

9   LEFORT, Claude. *Écrire à l'épreuve du politique*. Paris: Calmann-Lévy, 1994.

As guerras enfrentadas por uma nação colocavam os cidadãos para lutar contra os seus inimigos, os não cidadãos. Toda ação bélica (bem como todo regime autoritário), ainda que dentro do próprio território, precisa de inimigos — ou seja, de indivíduos equiparados a não cidadãos a serem enfrentados (a "guerra às drogas" nas favelas do Rio de Janeiro, por exemplo, é uma guerra contra pessoas rotuladas de "inimigas" e tratadas como "não cidadãos"). É importante frisar que a ação estatal que leva ao tratamento de pessoas como inimigos, não raro, é autorizada por leis formalmente democráticas, o que gera contradições e crises em regimes que se afirmam democráticos.

Sempre que instituições de um Estado começam a tratar cidadãos como inimigos, caminha-se para a substituição do Estado Democrático de Direito pelo Estado policial/Estado autoritário. Cada indivíduo etiquetado de "indesejável" tende a ser igualmente designado como "perigoso" ou como "danoso" aos interesses hegemônicos. A lógica da concorrência permite não só naturalizar a rotulação de pessoas e o exercício do poder político contra esses inimigos como também faz com que cada indivíduo se sinta autorizado a rotular e a atuar contra as pessoas identificadas como "perigosas" e/ou "danosas" aos seus interesses.

Uma sociedade que cede à lógica da concorrência e, portanto, passa a tratar pessoas como entes perigosos ou obstáculos a interesses econômicos — e não mais como sujeitos dotados de autonomia ética — tende a se tornar um ente absolutista:[10] a sociedade neoliberal revela-se, então, um grande mercado absolutista.

---

10 Cf. ZAFFARONI, Eugenio Raúl. *O inimigo no direito penal*. Rio de Janeiro: Revan, 2007, pp. 11-13.

Uma normatividade, que faz com que pessoas tendam a considerar que outros indivíduos são "não pessoas" ("entes perigosos", "empresas concorrentes" etc.), mostra-se o espaço adequado à propaganda *völkisch* (popularesca), a partir de discursos que buscam conseguir a adesão popular a uma proposta ou a uma ação de modo demagógico e grosseiro, reafirmando e estimulando a existência de preconceitos e de reações tendencialmente agressivas contra o "outro". Em linhas gerais, essas propagandas reproduzem a norma neoliberal que estimula a destruição do "concorrente" e/ou do "inimigo".

O objeto da disputa concorrencial pode ser o mais variado. Pode resumir-se, por exemplo, à divisão do espaço ou ao acesso aos serviços públicos. A reação da classe média brasileira à presença de pessoas das classes subalternizadas em aeroportos nos anos 2010, em virtude da redução da desigualdade vivenciada no país, e o ódio do grupo social chamado de "white trash" (pessoas brancas miseráveis que detinham apenas o privilégio da cor da pele) direcionado às políticas afirmativas que visavam a minorar os efeitos do racismo, são exemplos perversos da lógica da concorrência estendida à dinâmica da sociedade.

Importante, por oportuno, frisar a importância das técnicas de propaganda na criação do "inimigo". Sentimentos legítimos, como a angústia diante da piora das condições de vida, podem ser manipulados com finalidade política. Assim, esse sentimento de perda pode ser "transformado em vitimização e ressentimento e explorado para justificar formas de opressão passadas, atuais e novas".[11] Como

---

11 STANLEY, Jason. *Como funciona o fascismo. A política do "nós" e "eles"*. Porto Alegre: L&PM, 2018, p. 102.

exemplifica Jason Stanley, a propaganda de ideias racistas (em especial a da "supremacia branca") fez com que os *Men's Rights Activists* (MRA) nos Estados Unidos, na década de 1990, cristalizassem a vivência da perda de privilégios diante de políticas afirmativas como vitimização.[12]

A construção social da figura do "inimigo", da pessoa que não merece o tratamento de pessoa, não é recente. O poder sempre fez uso desta redução de indivíduos a "entes perigosos" que precisam ser contidos ou eliminados na "arte de governar". O conceito de "inimigo" tem origem no Direito romano, mais precisamente na distinção entre o *inimicus* (inimigo pessoal) e o *hostis* (inimigo político: aquele que incomoda o poder). Em que pesem as subclassificações posteriores (que permitem incluir desde o prisioneiro escravizado da Antiguidade até o imigrante na Europa do século XXI), pode-se, hoje, apresentar uma definição de "inimigo" a partir da sua essência, que é a anulação de sua condição de pessoa: "inimigo", portanto, é aquele que pode ser tratado como não pessoa.[13]

Um dos principais teóricos alemães do período nazista, Carl Schmitt (também um teórico do "Estado de exceção"), foi o responsável por inserir a figura do "inimigo" em destaque na ciência política. Para ele, a "específica distinção política à qual é possível referir as ações e os motivos políticos é a distinção de amigo e inimigo".[14] Segundo Schmitt, todo conceito do Direito é fundamentalmente político, e não há neutralidade possível. O Estado seria, portanto, o ente a quem cabe produzir decisões parciais. Dito de outra

---

12 Ibid., p. 103.
13 Cf. ZAFFARONI, 2007, op. cit.
14 SCHMITT, Carl. *O conceito do político. Teoria do Partisan*. Belo Horizonte: Del Rey, 2009, p. 23.

forma, o Estado é definido pelo monopólio da decisão: cabe ao Estado definir a "exceção", cabe ao Estado definir os "inimigos".

Como lembra Eugenio Raúl Zaffaroni,

> o discurso teocrático, usado durante a primeira etapa da planetarização do poder, apresentava o genocídio colonialista como uma empresa piedosa, em cujo nome se matavam os dissidentes internos, os colonizados rebeldes e as mulheres desordeiras. O inimigo desta empresa, depois da extinção dos infelizes albigenses e cátaros, era Satã, o que deu lugar à primeira de uma longa lista de emergências, que se seguiram pelos séculos afora até a atualidade, ou seja, ameaças mais ou menos cósmicas ou apocalípticas que justificavam uma guerra e, por conseguinte, demandam a individualização de um inimigo.[15]

Com muita frequência, o "inimigo" escolhido é construído a partir de um preconceito que impõe medo (pense-se nos *maleficia* das bruxas). O modelo inquisitorial, que fazia de indivíduos meros objetos usados para a descoberta da verdade, servia à construção e à eliminação dos inimigos. Na Inquisição, ocorre, em certo sentido, o "sequestro de Deus"[16] para lutar contra os inimigos, que tanto podiam ser as bruxas e os hereges como os inimigos políticos do soberano, também acusados de heresia. É igualmente na Inquisição que o "saber", uma espécie de "apetite pela verdade" intimamente ligado ao poder, torna-se uma arma contra os inimigos.

---

15 ZAFFARONI, 2007, op. cit., p. 33.
16 Ibid., pp. 28-43.

Os processos de idiossubjetivação facilitam o processo de etiquetamento e ampliam o rol dos inimigos, percebidos como entes perigosos aos interesses do indivíduo e da sociedade neoliberal. A lógica da concorrência, que orienta a normatividade neoliberal, produz também distâncias entre os indivíduos, produzindo mutações, inclusive, no funcionamento concreto das instituições estatais. A função jurisdicional, por exemplo, sempre foi exercida a partir da dialética entre a proximidade e a distância na relação entre o julgador (seja o juiz profissional ou o juiz popular) e a pessoa a ser julgada. Como identificou Denis Salas, o julgamento era o resultado de um "jogo", em que era necessário levar em consideração "a proximidade de um ser semelhante e a diferença de um ato reprovável".[17] Da mesma forma, o ato de punir deveria oscilar "entre a incompreensão que acusa e a compreensão que explica".[18] Todavia, a norma neoliberal ("os concorrentes/inimigos devem ser vencidos") dificulta a proximidade e a identificação com o acusado, bem como a compreensão do ato. Ao concorrente/inimigo/indesejável, não deve ser assegurado qualquer direito, isso porque ele é uma "não pessoa", um ente perigoso ou danoso aos interesses do "eu" (inclusive, aos interesses do "ser-no-mundo" que exerce a função de julgador).

É a conjugação dessa mesma norma neoliberal com os processos de idiossubjetificação, ao permitir tratar indivíduos como "não pessoas" (uma "empresa danosa" ou "perigosa"), que abre a possibilidade para o retorno de fenômenos, como o fascismo e o modelo inquisitorial (que faz do imputado um mero objeto), mas adaptados à racionalidade

---

17   SALAS, 2010, op. cit., p. 186.
18   Ibid., pp. 186-187.

neoliberal. Como percebeu Pierre Sauvêtre,[19] não há como pensar no neofascismo e nas derivas autoritárias percebidas nos últimos anos sem compreender a complexa história do neoliberalismo.

Ainda segundo Sauvêtre, o afastamento de direitos, que permite a destruição dos inimigos (indesejáveis), está ligado a uma clara

> dimensão "imunizante" do neoliberalismo, no sentido de um projeto que visa restaurar os direitos de propriedade do capital corroídos pelas políticas sociais redistributivas do século XX, imunizando o mercado contra qualquer intervenção democrática externa — seja ela governamental ou social — que vise regulá-lo.[20]

Esta imunização só é possível a partir da extensão da lógica concorrencial para todo o campo social.

A lógica concorrencial transformada em norma tem necessariamente uma "dimensão constitutiva focada na implementação da norma de concorrência nas instituições, relações sociais e subjetividades" e "uma dimensão defensiva, até mesmo destrutiva, que consiste em proteger o funcionamento regulado do mercado contra práticas sociais com potencial regulatório ou redistributivo",[21] o que implica identificar, controlar ou destruir os elementos que atentam contra o mercado e a racionalidade neoliberal. Ainda segundo Pierre Sauvêtre, o neoliberalismo pode, em certo sentido, ser definido como

---

19   SAUVÊTRE, Pierre. *Brutalisme*. Paris, 2019. Não publicado.
20   Ibid.
21   Ibid.

a política que consiste, por um lado, em tornar o mercado hermético a qualquer atividade contrária à sua lógica, e, por outro, impor a sua lógica a todas as atividades. Em conjunto, persegue o sonho do fim da democracia e do estabelecimento de uma sociedade normalizada pela concorrência integral (Estado total substituído pela concorrência total). As duas dimensões, defensiva e constitutiva, são complementares entre si, mas prevalece a dimensão defensiva, uma vez que a defesa contra a conduta democrática é um pré-requisito que deve ser constantemente replicado para desencadear a imposição da norma econômica na sociedade.[22]

Não há, portanto, como desassociar a idiossubjetivação e o processo de desdemocratização do Estado denunciado por Wendy Brown. Isso porque a destruição dos limites democráticos ao exercício do poder, bem como a redução dos direitos fundamentais a objetos negociáveis, não é propriamente uma consequência do neoliberalismo, mas um dos objetivos do projeto neoliberal,[23] que depende de uma nova subjetividade. Se, no plano retórico, os detentores do poder político e do poder econômico defendem que ninguém pode ameaçar ou cometer atos de violência contra a pessoa ou a propriedade de outro homem, a não ser de maneira defensiva contra a violência de outros, na realidade sensível, a versão neoliberal do axioma de "não violência" busca "essencialmente uma justificação para a violência defensiva contra qualquer agressão contra a propriedade ou a pessoa",[24] ou, mais precisamente, a legitimação do uso da violência em

---

22 Ibid.
23 BROWN, 2018, op. cit.
24 SAUVÊTRE, 2019, op. cit.

defesa dos próprios interesses contra os seus "inimigos", ainda que imaginários.

A imagem do "inimigo" é frequentemente produto de preconceitos e de certezas delirantes estimulados pelos processos de idiossubjetivação. O "concorrente" ou o "inimigo" escolhido, não raro, é pensado como um ente com "poderes excessivos". Essa desproporção entre a realidade do objeto e a onipotência temida pelo indivíduo demonstra, para Theodor Adorno, a presença de um "mecanismo projetivo".[25] O medo de fantasmas, sempre onipotentes e onipresentes, acaba projetado em pessoas ou em grupos, o que propicia o surgimento de certezas delirantes e de ilusões paranoicas.

A utilidade política da fabricação de um inimigo — inclusive para justificar a punição e a utilização da violência em defesa de interesses econômicos — não é um fenômeno que passa despercebido. Michel Onfray, por exemplo, a partir do que chamou de "Teoria da Ditadura" de George Orwell, sustenta que "para a tirania existir, é necessário um inimigo, um adversário. Pouco importa quem ele seja [...]. O que importa é dispor de um bode expiatório capaz de concentrar sobre ele a raiva, o ressentimento e as paixões tristes".[26] O inimigo torna-se "objeto de medo" e, portanto, serve à manipulação política desse medo, em especial nos casos em que essa figura não só é construída a partir de estereótipos que confirmam preconceitos como também é apresentada como um ser com poderes excessivos.

Vale reparar que, na retórica neoliberal voltada a indivíduos idiossubjetivados, o "direito de propriedade" é ameaçado por políticas inclusivas, pelo Estado social, pelos

---

25 ADORNO, 2007, op. cit., p. 157.
26 ONFRAY, 2019, op. cit., p. 101.

direitos trabalhistas, pela força dos sindicatos, pelo crescimento da importância política das chamadas "minorias", pela postura das feministas etc. Essas "ameaças", que, muitas vezes, misturam-se com preconceitos, servem, então, para justificar a violência defensiva. Isso mostra que Pierre Sauvêtre estava certo ao apontar que a retórica populista liberal de autores como Rothbard[27] revela um novo tipo de governamentalidade neoliberal:

> a governabilidade brutalista, que consiste em levar os indivíduos a fazer uso brutal de sua liberdade para defender a propriedade capitalista: todo o ressentimento que o próprio neoliberalismo causa nas classes média e trabalhadora é instrumentalizado e canalizado para uma brutalização das relações sociais a partir das quais a democracia é aniquilada.[28]

Em resumo, a idiossubjetivação favorece a norma neoliberal que enuncia a necessidade de cada "indivíduo" vencer o "outro" (visto como concorrente, hostil, estrangeiro ou inimigo) e repercute tanto no imaginário neoliberal como no modo de governo. A transformação do "outro" em um ente "potencialmente perigoso", um "não sujeito indesejável", dificulta ações coletivas, incentiva a violação de direitos e serve à manutenção do mercado como modelo para todas as relações sociais. O indivíduo, a partir da normatividade neoliberal, sente-se livre para usar um "não sujeito" como meio para alcançar seus fins.

---

27   Por todos, cf. ROTHBARD, Murray N. *A ética da liberdade*. São Paulo: LVM, 2010.
28   SAUVÊTRE, 2019, op. cit.

Esse "não sujeito" é inerente ao "discurso do capitalista", identificado por Jacques Lacan, no qual o indivíduo, que se imagina como um "empresário", não se relaciona com outros sujeitos ou com a diferença, mas apenas com os "objetos-mercadorias comandados pelo significante-mestre *capital*".[29] Não há laço social com um "não sujeito". A frase "Não existe sociedade", verbalizada por Margaret Thatcher em outubro de 1987, em uma entrevista para a revista *Woman's Own*, é a síntese dos efeitos imaginários e sociais do projeto neoliberal fundado na lógica concorrencial. No neoliberalismo, tem-se a ruptura dos laços sociais que leva à ausência de limites nas trocas intersubjetivas, à guerra entre os "de cima" e os "de baixo" e ao abandono da ideia de comum.

---

29 QUINET, Antonio. *Psicose e laço social: esquizofrenia e paranoia na cidade dos discursos*. Rio de Janeiro: Zahar, 2009, p. 39.

9

GUERRAS, CRISES E IGNORÂNCIA: ENFRAQUECIMENTO DO DESEJO DE CONHECIMENTO

Guerras, catástrofes e crises são cada vez mais necessárias ao capitalismo. A capacidade de produzir, de acumular e de circular valores a partir da desgraça e do infortúnio explica, em muito, o sucesso de um modelo que muitos acreditavam estar fadado a desaparecer com suas contradições. O ato de destruir para, em seguida, reconstruir, torna-se natural e, ao mesmo tempo, pode ser tido como fundamental à manutenção de uma estrutura em que até a dor, o sofrimento e a morte acabam transformados em mercadorias.

Vários retrocessos são percebidos como oportunidades de negócios: voltar para evitar o fim, repetir e reconstruir para lucrar a qualquer custo, em um espiral infinito.

Para compensar o caos social produzido pela adoção de medidas voltadas exclusivamente à satisfação de poucos, os que lucram com esse estado de coisas estimulam promessas e discursos que satisfazem um imaginário que projeta o retorno a um passado idealizado de segurança e de felicidade (um passado que, na realidade, nunca existiu e que constitui o que Zygmunt Bauman chamou de "retrotopia").[1] Um passado "feliz" que, no Brasil, pode ser identificado com a ditadura empresarial-militar brasileira instaurada em 1964, transformada em mais uma mercadoria que promete segurança contra os inimigos, ainda que imaginários (como o "comunismo" em 1964 — e novamente em 2018 e 2022).

Retrocessos, como o retorno de práticas inquisitoriais (a redução da pessoa à condição de objeto da ação repressiva do Estado, a confusão entre o acusador e o julgador etc.) e a substituição da política pela religião, ou mesmo o abandono do projeto da modernidade (sintetizado nos valores "liberdade", "igualdade" e "fraternidade") e dos limites democráticos ao exercício do poder (e o principal desses limites era a necessidade de respeitar os direitos e as garantias fundamentais), tornam-se oportunidades de negócios cada vez mais lucrativos. Por outro lado, a democracia, com a participação popular efetiva na tomada de decisões e a concretização dos direitos fundamentais (um "governo do povo, pelo povo e para o povo"), nesse contexto, começa a ser considerada um empecilho à ilimitação neoliberal e,

---

1   BAUMAN, 2017, op. cit.

portanto, como uma ameaça ao atual estágio do capitalismo que precisa ser afastada.

Na pós-democracia (esse grande simulacro em que a soberania popular e os direitos fundamentais são afastados casuisticamente no interesse dos detentores do poder econômico),[2] diante do deus-Mercado, que revela a sacralização do capitalismo e a agonia dos direitos fundamentais, negocia-se com tudo.

Para Marx, as forças produtivas (meios de produção, força de trabalho, modo de trabalho etc.), que se desenvolveriam continuamente, tenderiam a entrar em contradição com as relações de produção dominante (propriedade e dominação), o que acabaria por provocar mudanças nas relações de produção e, em dado momento, levaria ao fim do capitalismo. Ele não contava, porém, com o fato de que a mudança acabaria por dar-se no campo das forças produtivas, em especial na dimensão humana da equação: a pessoa trabalhadora tornou-se cada vez mais dispensável em virtude da revolução tecnológica. Mas a principal mudança, fruto de uma racionalidade que transforma tudo em mercadorias e busca o lucro ilimitado, foi a transformação do sujeito potencialmente transformador em um idiota egoísta e conformista. Trata-se de um movimento que ameaça os pilares da civilização e que tende a levar ao progressivo desaparecimento do *Homo sapiens sapiens* e ao colapso civilizatório, com o concomitante surgimento de uma *nova espécie* a que Vittorino Andreoli, por simetria, sugere chamar de *Homo stupidus stupidus*.[3]

---

2 CASARA, Rubens. *O Estado pós-democrático*. Rio de Janeiro: Civilização Brasileira, 2017.

3 ANDREOLI, Vittorino. *Homo stupidus stupidus: l'agonia di una civiltá*. Roma: Rizzoli, 2018.

A hipótese que se levanta aqui é simples: para a manutenção do capitalismo, que transforma guerras e crises em oportunidades de negócios, é necessário que as pessoas pensem cada vez menos e, por isso, a importância da idiossubjetivação. O empobrecimento da linguagem, a dessimbolização e a correlata transformação de tudo e de todos em "objetos negociáveis" são fenômenos que funcionam como verdadeira condição de possibilidade para naturalizar as diversas opressões (classe, gênero, raça, plasticidade etc.), conviver com as guerras e com outras formas de destruição planejadas no interesse das grandes corporações, aceitar mortes evitáveis (que integram a dimensão necropolítica — matar e deixar morrer — do projeto neoliberal), remédios caríssimos e prisões desnecessárias (daquelas pessoas que não interessam ao projeto neoliberal), enquanto os lucros obscenos de poucos passam a justificar a pobreza extrema de muitos.

Não faltam causas para a emergência do *Homo stupidus*, desde a produção da indústria cultural até os algoritmos, passando por próteses de pensamento[4] (basta pensar na importância da televisão na formação cultural brasileira, a partir da década de 1970) e por instituições, como as igrejas (que aderiram tanto à Teologia da Prosperidade como a uma visão teológica empobrecida da luta entre o "bem" e o "mal"). Criou-se uma espécie de racionalidade que condiciona e pressiona à conformidade, naturaliza o empobrecimento da linguagem e leva à crença de que a simplificação do pensamento é uma dádiva, e não a maldição que está levando à agonia da civilização.

---

4   Utiliza-se aqui a categoria formulada por Marcia Tiburi.

Importante registrar que a estupidez e a irracionalidade podem ser assimiladas e colonizadas pelos detentores do poder econômico. O mercado convive (e até incentiva) escolhas irracionais. Embora não atrapalhe (e até ajude) os negócios, a ausência de reflexão e crítica inviabiliza a esfera pública. A estupidez impede que a pessoa seja convencida por argumentos racionais. Não por acaso, Habermas afirma que sem a razão, informada pela verdade e a ética, e a possibilidade de produzir convencimento através de argumentos aceitos como racionais, não há democracia. A esfera pública, de onde se origina a verdadeira opinião pública, entendida como o espaço de intermediação entre o sistema político e os setores privados, exige sujeitos racionais, críticos e bem-informados. Os processos de idiossubjetivação, ao contrário, pretendem produzir sujeitos incapazes de reflexão, acríticos e subordinados às informações seletivas produzidas por meios de comunicação de massa dominadas por grupos econômicos que exercem pressão com o objetivo de manipular a opinião pública.

Aqui, peço licença para um breve esclarecimento: conheço a advertência feita por Robert Musil[5] de que quem se aventura a escrever sobre temas como a "estupidez" e a "idiotice" corre o risco de ser interpretado como "presunçoso" ou até mesmo passar como "portador de um distúrbio cognitivo" similar ao daqueles sobre os quais escreve. De fato, existem exemplos de perfeitos idiotas que escreveram sobre a figura do "idiota" (livros, importante dizer, que tiveram ampla aceitação entre idiotas). Contudo, a estupidez e a idiotice, em especial diante da emergência do *Homo stupidus stupidus*, são fenômenos que devem ser

---

5   MUSIL, Robert. *Sobre a estupidez*. Belo Horizonte: Âyiné, 2020.

levados a sério e precisam ser objeto de reflexão e estudo aprofundado. Não são poucos os exemplos históricos de idiotas que foram ignorados até produzirem muitos danos à civilização. Muitas pessoas que inspiravam risos, em pouco tempo, fizeram chorar. Alguns chegaram a ser eleitos para cargos importantes, outros passaram em concursos públicos, nos quais a reflexão e o pensamento crítico não se faziam necessários: todos exerceram o poder com consequências danosas. Há, portanto, de considerar-se a idiotice como um importante fator político, isso porque, diante do processo de idiotização da população, ela assegura uma significativa base demográfica e eleitoral.

Vale, mais uma vez, lembrar a etimologia: "idiota" é uma palavra que tem origem no grego antigo para designar o cidadão privado, ou seja, um sujeito incapaz de entender a importância da comunidade e de agir de acordo com o comum (sem comunidade, aliás, não há comum). A palavra "estúpido", por sua vez, tem origem no latim *stupidus*, que significa a pessoa sem ação, inerte, incapacitada. A racionalidade neoliberal, esse modo de compreender e de agir que trata tudo como negociável, deseja indivíduos apartados da vida pública e inertes para que não prejudiquem os negócios e a acumulação tendencialmente ilimitada de capital. O *Homo stupidus* é um dos tipos ideais a ser produzido a partir dos projetos de idiossubjetivação porque não só é mais facilmente explorado, como também é o modelo de consumidor acrítico e cidadão domesticado.

No mundo do *Homo stupidus stupidus*, o egoísmo é percebido como virtude, enquanto o "comum" acaba demonizado. Há uma regressão que pode ser percebida nas interações sociais, na dificuldade de argumentação, na capacidade de apreender e de seguir normas éticas e jurídicas, mas não é só. Têm-se o declínio da verdade e o desaparecimento da objetividade — ou melhor, a perda de importância dos fatos, da ciência e da reflexão, em um mundo em que, ao lado das notícias falsas (*fake news*), arrebanham prestígio a ciência falsa (por exemplo, os negacionistas das mudanças climáticas e da eficácia das vacinas), a história falsa (no Brasil, temos os negacionistas da ditadura instaurada a partir de 1964) e até perfis falsos nas redes sociais que ganham "likes" igualmente falsos que se somam às "curtidas" dos indivíduos idiossubjetivados.

Se o *Homo sapiens sapiens*, que surgiu há mais de trezentos mil anos em África, caracteriza-se pela linguagem, pelo raciocínio abstrato, pela introspecção e pela resolução de problemas complexos, o *Homo stupidus stupidus* pode ser identificado por seu pensamento extremamente simplificado, estereotipado (com a repetição de chavões e de *slogans*), pelo uso de uma linguagem empobrecida e pela incapacidade de reflexão e de raciocínios complexos. Enquanto o *Homo sapiens* busca a verdade, inclusive sobre si mesmo, uma vez que tem por características a autoconsciência, o desejo de saber e a racionalidade, o *Homo stupidus* contenta-se com aquilo que confirma as certezas a que previamente aderiu. O que, hoje, chama-se de "pós-verdade" é a verdade do *Homo stupidus*, do indivíduo idiossubjetivado.

No entanto, como destaca Carlo M. Cipolla,[6] uma pessoa estúpida é capaz de causar danos a outras pessoas ou a grupos de pessoas, sem auferir qualquer vantagem para si mesma (podendo, inclusive, suportar perdas em razão de sua ação). O *Homo stupidus* acredita estar livre de

---

6   CIPOLLA, Carlo M. *As leis fundamentais da estupidez humana*. São Paulo: Planeta, 2020.

coações externas e de restrições impostas por terceiros. Ele foi levado a acreditar e a agir como um "empresário-de-si", cujo sucesso econômico (o único que ele reconhece) depende apenas de seus próprios méritos. Incapaz de perceber a pessoa que se encontra ao lado como um eventual aliado na construção ou na manutenção de algo em comum, trata o outro como concorrente ou como inimigo. Não compreende que, em razão da racionalidade neoliberal, acaba mais explorado do que era o antigo proletário, que, pelo menos, tinha a possibilidade de adquirir consciência de classe e de sua exploração. Como explica Byung-Chul Han, trata-se também de uma autoexploração que se sustenta na ignorância e leva às doenças psíquicas, tais como a depressão e o *burnout* (Síndrome do Esgotamento Profissional).

10

A GERAÇÃO OFENDIDA E A "BONDADE DOS BONS"

Para muitos, a sensação é de termos sido lançados em um pesadelo. Diante dos eventos despidos de sentido que se repetem, há uma pergunta que ainda não recebeu uma resposta adequada: como permitimos a naturalização do absurdo? Como aceitamos, passivamente, a manutenção deste estado de coisas? Por um lado, a visão de mundo hegemônica parece indicar que os outros devem ser percebidos como ameaças. O egoísmo tornou-se uma virtude em um mundo em que o objetivo principal é a acumulação de capital. Por outro, a esperança de um mundo melhor desapareceu do pensamento da maioria das pessoas. O capitalismo, em seu momento neoliberal, apresenta-se como a única via possível. A esquerda anticapitalista, que poderia reagir a isso, em grande parte, caiu na armadilha ideológica de reproduzir a lógica da concorrência, reforçar a ode à ignorância e criar muros onde deveria existir comunhão.

Em polêmico livro,[1] a feminista Caroline Fourest aponta um fenômeno que atende aos objetivos dos atuais detentores dos poderes político e econômico (lembrando que, na pós-democracia, em regra, o poder econômico volta a identificar-se com o poder político) de "dividir para conquistar". Para Fourest, as pessoas da "nova geração" são levadas a censurar, a odiar e a atacar tudo e todos que lhes incomodam ou "ofendem", mesmo que não exista um motivo concreto para tanto. Se a geração de maio de 1968 tinha como palavra de ordem o "é proibido proibir", hoje, a postura é diametralmente oposta, no sentido da proibição, do "cancelamento" e da execução à morte (ainda que simbólica). Seria essa, então, uma "geração ofendida".

O que deveria ser um exercício crítico e uma reflexão necessária para reduzir as opressões direcionadas às mulheres e às minorias, por uma distorção ideológica, parece aproximar-se, perigosamente, da caricatura liberticida fabricada por conservadores e por reacionários. Hoje, basta uma palavra mal colocada, ou mal interpretada, para fazer cessar uma conversa ou qualquer possibilidade de diálogo. O "outro", por mais próximo que esteja no campo das ideias, torna-se um inimigo a ser destruído. Feministas gastam mais tempo atacando outras feministas do que lutando para desconstruir o patriarcado. Pessoas negras passam mais tempo atacando outros indivíduos negros do que atacando as bases do racismo. Trabalhadores, que passam a ver-se

---

1 FOUREST, Caroline. *Génération offensée: de la police de la culture à la police de la pensée*. Paris: Grasset, 2020.

como "empresas", percebem outros trabalhadores e trabalhadoras como concorrentes a serem derrotados. Enquanto isso, os opressores vibram com os novos e inusitados aliados, que, não raro, posam de "defensores das liberdades".

Ataques ao pensamento, às ideias e à cultura protagonizados pela extrema-direita, que se apresenta como conservadora e moralista, sempre foram esperados. O problema é que, hoje, vários ataques partem de certa esquerda moralista e identitária. Essa "esquerda" abandona o espírito libertário e igualitário para atuar a partir de anátemas, *slogans* argumentativos vazios e manifestações autoritárias.

É importante ter em mente que o objeto da "ofensa" — ou seja, aquele que leva à reação agressiva — não são os verdadeiros perigos à dignidade humana ou à pluralidade cultural, tais como o pensamento autoritário da extrema-direita ou o desejo de dominação cultural. Ao contrário, os ataques são direcionados a pessoas que deveriam figurar como aliados nas lutas contra todas as formas de opressão. Exemplos do absurdo disfarçado de luta em favor das minorias e dos mais fracos não faltam. Caroline Fourest lembra pessoas que se revoltaram por Rihanna usar tranças que seriam tipicamente "africanas", outros censuraram o *chef* Jamie Oliver por ter preparado um "arroz jamaicano". No Canadá, estudantes de esquerda exigiram a supressão de um curso de ioga para evitar a apropriação da cultura indiana. Em todo o mundo, pessoas "politizadas" se recusam a ler grandes obras clássicas, escritas em contextos diferentes do atual, que contenham "passagens ofensivas".

Mesmo em ambientes acadêmicos, instaura-se um regime de terror voltado ao pensamento. Algo muito semelhante ao anti-intelectualismo que marca os regimes autoritários de direita. Mínimas contradições ou frases descontextualizadas são percebidas como microagressões. Em vários ambientes, o direito de falar passou a exigir autorização segundo o gênero, a cor da pele ou a classe da pessoa. Distorce-se, com frequência, a ideia de "lugar de fala" para fazer dela uma justificativa à interdição do debate e à intimidação, inclusive, de professores. Em meio a uma sociedade marcada pela opressão de gênero, um homem pode e deve manifestar-se sobre o machismo, embora não possa sentir a dor que qualifica a fala de quem sente na pele esta forma de opressão. Não é preciso ser *gay* para expor indignação contra a homofobia. As opressões são questões que tocam, ou deveriam tocar, a todos, mas a idiossubjetivação impede a reflexão coletiva e o diálogo sobre tais fenômenos.

Toda criação (ou reforço) artificial de uma única identidade (quando as identidades são sempre múltiplas) é tendencialmente autoritária e serve para justificar diferenças e tratamentos privilegiados. Não por acaso, Simone de Beauvoir, Judith Butler, Achille Mbembe, entre outros, apontam que significantes, como "mulher" e "negro", foram construções dos opressores para "justificar" opressões.

Assusta ver que parte significativa dessas posturas intolerantes, agressivas e de controle da cultura não partem de um Estado autoritário ou da extrema-direita, mas de uma parcela da população ultrassensível à injustiça, e isso seria ótimo, como percebe Caroline Fourest, se essas pessoas não estivessem tomadas por uma visão inquisitorial de justiça que parte de certezas tipicamente paranoicas. Diante dessa distorção que contamina as "melhores intenções", cabe indagar com Agostinho Ramalho: "quem nos protegerá da bondade dos bons"?

Tem-se um contexto paradoxal: vive-se em um mundo em que o ódio se encontra liberado, em especial nas redes sociais, embora a liberdade de falar e de pensar esteja sob profunda vigilância. Além disso, estamos em uma quadra histórica na qual, em nome da liberdade, e até do amor ao próximo, odeia-se cada vez mais. Aqui, mais uma vez, percebe-se que a manipulação do ódio combinado com a ignorância ("ignoródio") revela-se politicamente útil à divisão dos oprimidos e à manutenção das opressões úteis ao capitalismo.

De um lado, tem-se a manipulação e o comércio da incitação ao ódio, da mentira e da mistificação por quem detém o poder político e/ou o poder econômico, protegidos em nome de uma visão distorcida e ideologicamente direcionada da "liberdade de expressão". De outro, um grupo de inquisidores de esquerda, que pretende afirmar uma espécie de superioridade moral, faz o papel de "corregedor do pensamento", atacando adversários, destruindo reputações e impedindo que artistas e suas obras, que nada tem de ofensivas, sejam vistos.

O diagnóstico de Caroline Fourest vai ao encontro do pensamento de Mark Fisher expresso em um de seus textos: "Deixando o castelo do vampiro". Para Fisher, havia um sentimento paralisante de culpa e de suspeita que acabava por enfraquecer as lutas contra todas as formas de opressão, bem como distanciava grande parcela da população das lutas da "esquerda". Ainda segundo ele, os moralistas da *posh left* (algo como "esnobes de esquerda") não cansavam de submeter as pessoas a julgamentos inquisitoriais e a assassinatos de reputação, mesmo que, para isso, fosse necessário recolher "evidências" em fontes da direita mais reacionária e comprometida com os interesses das grandes corporações financeiras. Fisher também identificou uma parcela da esquerda que parecia acreditar que a classe trabalhadora deveria permanecer na pobreza e na impotência para não perder "autenticidade".

O "castelo dos vampiros" seria o local da propagação da culpa e de onde partiriam os ataques a pessoas que poderiam figurar como companheiros de luta contra a opressão. No lugar da conscientização e do diálogo, que ajudariam a corrigir equívocos e a superar eventuais preconceitos, a opção pelos ataques, muitas vezes em tom despótico, revela uma perversão da esquerda.

Antes mesmo de se tornar mais uma vítima desses "vampiros", Mark Fisher chegou a elencar as "leis" do "castelo dos vampiros". Entre elas, a que enuncia o dever de individualizar e privatizar os problemas, fazendo com que a crítica seja direcionada ao indivíduo e deixe de lado as estruturas impessoais e os condicionantes históricos ou sociais. No "castelo dos vampiros", busca-se propagar tanta culpa quanto possível e, quase sempre, "essencializar" as pessoas. A complexidade de cada indivíduo desaparece para que ele possa ser rotulado de inimigo das causas progressistas por um único ato. Recorre-se, para tanto, às técnicas de idiossubjetivação, tais como a simplificação da realidade, a redução da complexidade às dicotomias (o "bem" contra o "mal", "esquerda" contra "direita" etc.) e a insistência em posturas identitárias que têm como principal efeito político a fragmentação do campo dos oprimidos. Hoje, as mentalidades inquisitoriais, tanto à direita como à esquerda, recorrem a manuais de comportamento que estabelecem as condutas esperadas dos "militantes perfeitos" e as penas cruéis a serem impostas aos "impuros". Se as regras do manual não são rigorosamente seguidas, dá-se a demonização do "infrator".

Ao seguir estes "manuais da militância", as pessoas tornam-se acríticas e perdem a potência criativa. Impossível construir coletivamente algo comum, se inexiste autonomia.

Quem quiser mudar a sociedade precisa abandonar esses discursos padronizados que só fazem sucesso entre os iniciados no ativismo e na militância. Não se pode querer transformar o mundo podando o pensamento, interditando a fala ou reproduzindo frases de efeito e cânticos anacrônicos. É preciso frear a tendência ao patrulhamento e abandonar o narcisismo das pequenas diferenças (a supervalorização das diferenças em detrimento dos elementos capazes de unir as diversas lutas contra a opressão). Vale, ainda, lembrar que há uma tendência à agressividade, já identificada por Freud, que se faz presente ao lado do amor, inclusive do amor às causas: quanto mais a pessoa ama uma causa ou uma pessoa, mais sensível se torna às decepções e frustrações que esse objeto ou esse indivíduo provocam. Como deixou escrito Mark Fisher, o objetivo não pode resumir-se a "ser um ativista" ou posar de "militante perfeito". É preciso ajudar na transformação da sociedade, reconhecer as diferenças, aprender com as contradições e participar ativamente da construção coletiva de outro mundo.

11

IDIOSSUBJETIVAÇÃO À BRASILEIRA: A REVOLUÇÃO CULTURAL BOLSONARISTA

Acreditar que os crimes e a barbárie nazistas foram obras de monstros e loucos, de uma época e de um país distantes, é algo que conforma e tranquiliza as consciências. Todavia, não faltam sinais a apontar o equívoco desta crença. Em importante pesquisa publicada em 1950, Theodor Adorno, Daniel Levinson, Nevitt Sanford e Else Frenkel-Brunswik revelam que as convicções políticas, econômicas e sociais de grande parte da população estadunidense eram muito próximas da visão de mundo dos alemães que aderiram ao nazismo. Não se pode ainda ignorar a recepção calorosa que diversas personalidades de países, como os Estados Unidos e o Brasil, deram aos discursos e aos posicionamentos políticos de Adolf Hitler antes do início da Segunda Guerra Mundial (1939-1945).

As convicções dos nazistas, compartilhadas por pessoas de diversas partes do mundo, iam ao encontro de preconceitos enraizados nas sociedades, bem como forneciam respostas simples (e, no mais das vezes, ineficazes) para medos compartilhados pela população. A crise econômica, a perda de *status* e a fome de parcela considerável da população serviam para dar credibilidade à leitura, distorcida pela lente nazista, de que o povo e os valores alemães estavam "ameaçados" por fenômenos tão distintos quanto a Revolução Francesa e o comunismo soviético, os comerciantes judeus e o Direito romano. Não se pode estranhar, portanto, que tanta gente (dentro e fora da Alemanha) tenha acreditado que as medidas e as posições políticas adotadas pelos nazistas eram não só naturais, como também necessárias à sobrevivência. O resultado dessa adesão acrítica ao projeto nazista é conhecido (e lamentado) por muitos.

Todavia, não é preciso muito esforço para perceber a semelhança entre a ilimitação nazista e a rejeição do bolsonarismo a qualquer limite externo (ético, jurídico, científico etc.). Da mesma forma, assim como os atuais ideólogos bolsonaristas, os nazistas apostavam em cálculos de interesse como parte importante de sua ideologia. Hoje, se substituirmos as ideias de "raça alemã" e "lei do sangue" por "tradicional família brasileira" e "moral brasileira" ou a demonização dos "judeus" pela de "esquerdistas", "nordestinos" ou "gays e lésbicas", alguns discursos frequentes nos anos 1930, na Alemanha, pareceriam (e, de fato, são) estranhamente familiares.

Para além do crescimento de movimentos explicitamente neonazistas, há um grande perigo em ignorar o modo de pensar e de agir que levou ao nazismo, o que dele ainda permanece nas sociedades contemporâneas e a forma como este conjunto discursivo, normativo e ideológico é atualizado e reproduzido nos dias de hoje. Por evidente, não basta perceber o ridículo que se revela em performances escandalosamente copiadas da estética nazista, como a realizada em janeiro de 2020 pelo então secretário de Cultura de Jair Bolsonaro, Roberto Alvim, mas de compreender e de desvelar o perigo que se esconde em discursos e em práticas que partem das mesmas premissas, perversões e princípios que inspiraram os criminosos nazistas.

No recente (e polêmico) livro *Livres para obedecer: a gestão, do nazismo aos nossos dias*,[1] o historiador francês Johann Chapoutot revela que várias práticas de gestão neoliberal (a perspectiva econômica seguida por Paulo Guedes, ministro da Economia do governo Jair Bolsonaro) desenvolveram-se durante o auge do III *Reich*. Ideias e exigências como as de flexibilidade, elasticidade, capital humano e performance estavam presentes nas diretivas de nazistas importantes, como Herbert Backe. Backe, como muitos outros nazistas (e como muitos dos gestores e dos empreendedores de hoje), acreditava que o mundo era uma "arena" em que tudo era válido para vencer. Algo muito parecido ocorreu também no governo de Jair Bolsonaro, no Brasil, no de Donald Trump, nos Estados Unidos, e, mais recentemente, no de Javier Milei, na Argentina.

---

[1] CHAPOUTOT, Johann. *Livres para obedecer: a gestão, do nazismo aos nossos dias*. Rio de Janeiro: Da Vinci Livros, 2023.

O caso de Reinhard Höhn (1904-2000) é significativo. Jurista e intelectual tecnocrata à serviço do III *Reich*, Höhn alcançou o posto de general (*Oberführer*) e, após o fim da guerra, fundou o principal instituto de gestão da Alemanha, que acolheu ao longo de décadas a elite econômica e patronal do país. Se é verdade que o conceito de gestão é anterior ao nazismo, não há como negar que, durante os doze anos do III *Reich* (1933-1945), as técnicas de gestão de recursos e de pessoal sofreram profundas modificações que serviram de modelo para as teorias e as práticas no pós-guerra.

Na Alemanha, uma das questões que acompanharam o surgimento do Partido Nazista (e que consta do ponto 19 do programa do NSDAP) foi a da crença de que era preciso resgatar o antigo Direito germânico para afastar os obstáculos criados pelo Direito romano à "grandeza" da Alemanha. Nesse contexto, surge a ideia do "guardião do Direito", em oposição ao "jurista", um intérprete "fraco" atrelado à tradição do Direito romano. Em apertada síntese, o "guardião do Direito" tinha a função de fazer coincidir o direito e a vontade do povo. O Direito, na Alemanha nazista, era apresentado como o "direito" que "atendia à voz das ruas" e "servia ao povo", enquanto o "guardião do Direito" era o responsável tanto por "atender à vontade do povo" (muitas vezes expressa pelo *Führer*) quanto por fazer com que o afeto e o instinto, bem como a cólera popular diante de um crime, tornassem-se vias de acesso à norma.

O ex-ministro da Justiça de Jair Bolsonaro, Sérgio Moro (ex-juiz responsável por uma série de atipicidades e ilegalidades que levou à impossibilidade da candidatura de Luiz Inácio Lula da Silva nas eleições brasileiras de 2018), em suas falas, reafirma a mesma crença dos "guardiões do Direito".

Também é possível perceber nos diversos tribunais brasileiros esse confronto entre os juristas (que aplicam o Direito a partir do reconhecimento da existência de limites legais, éticos, epistemológicos e até semânticos ao exercício do poder) e aqueles que se pretendem os novos "guardiões do Direito", intérpretes privilegiados da "voz das ruas" e que, não raro, buscam legitimidade pela manipulação de ressentimentos e pelas cóleras populares. Não por acaso, juristas alinhados ao nazismo alemão, como Carl Schmitt, voltaram a ser citados com frequência na jurisprudência brasileira para fundamentar o afastamento de direitos e de garantias fundamentais em nome de um "interesse maior" (como o "combate à corrupção", argumento que também era usado nas propagandas nazistas).

Uma das desculpas à inércia diante do agigantamento do Estado nazista era a de que as pessoas desconheciam que aquele projeto político levaria ao Holocausto e à destruição humana em escala industrial. Hoje, essa desculpa não pode mais ser usada para o bolsonarismo e demais movimentos de extrema-direita espalhados pelo mundo. Mais do que um projeto de poder, o nazismo pretendeu instaurar uma espécie de revolução cultural (ou seja, um modo de pensar e de atuar capaz de naturalizar as medidas necessárias ao projeto e à visão de mundo nazista), como demonstra Johann Chapoutot, em *A revolução cultural nazista*.[2] As ameaças cada vez mais próximas de retorno da barbárie parecem indicar que elementos deste modo de pensar e de agir continuam a ser estimulados na sociedade. E identificá-los é necessário para reagir à escalada autoritária. Todavia, os processos de

---

2   CHAPOUTOT, Johann. *A revolução cultural nazista*. Rio de Janeiro: Da Vinci Livros, 2022.

subjetivação neoliberal não só dificultam essa identificação como também estimulam um modo de agir mortífero, isso porque direcionado à ilimitação em um mundo no qual os recursos naturais são limitados.

Após a eleição de Jair Bolsonaro (e mesmo após a derrota na tentativa de reeleição), a marca do bolsonarismo continuou a ser a ilimitação. Para angariar novos simpatizantes, e fidelizar o apoio obtido nas eleições, foi necessário continuar em campanha. Esse "estado de campanha permanente" persistiu mesmo após a derrota eleitoral que impediu a reeleição de Jair Bolsonaro e foi um componente importante na formação do clima mental que levou aos atos antidemocráticos e à tentativa de golpe de Estado contra o presidente Luiz Inácio Lula da Silva em janeiro de 2023.

Um governo sem limites éticos e jurídicos voltado à satisfação da camada mais radicalizada (e, por isso mesmo, mais caricata) de seus eleitores, enquanto negociava com os setores mais fisiológicos do legislativo. Esse "vale tudo" para agradar os apoiadores mais ideológicos de Jair Bolsonaro (fascistas, defensores da ditadura militar, homofóbicos, sexistas etc.) e os agentes estatais mais fisiológicos (interessados na oferta de cargos e verbas) gerou, por um lado, o fortalecimento de personagens do legislativo, que passaram a tomar as decisões de governo que não interessavam diretamente ao presidente Bolsonaro, bem como a ampliação de campanhas relacionadas à exploração do pânico moral e à defesa de valores conservadores e práticas obscurantistas. O incentivo à desinformação e a produção de material de propaganda dos valores do bolsonarismo exerceram papel fundamental à permanência da coesão no grupo bolsonarista (a hipótese de que a melhora da economia seria suficiente para levar o bolsonarismo à impotência política revelou-se equivocada). Cresceu também a ligação do bolsonarismo com a ideologia sionista e com a direita alternativa (*alternative all-right*) estadunidense.

12

CONSIDERAÇÕES SOBRE UM IMAGINÁRIO EMPOBRECIDO

A idiossubjetivação leva não só a uma linguagem empobrecida, como também a um conjunto de imagens e de ideias construídas em um contexto de ódio ao conhecimento, de ressentimento generalizado, de ode à ignorância e de tristeza. A manutenção das múltiplas opressões requer corpos e mentes dóceis e tristes. A ignorância, percebida como uma positividade, mostra-se compatível com imagens e com ideias empobrecidas. Esse imaginário empobrecido (e idiotizado) identifica-se (e serve) ao neoliberalismo. Pode-se afirmar que o neoliberalismo, para manter-se, necessita dos processos de idiossubjetivação. O imaginário neoliberal é o principal produto desses processos de produção de subjetividade.

A racionalidade neoliberal — esse modo de ver e de atuar no mundo que trata tudo e todos como objetos negociáveis a partir de cálculos de interesse que visam exclusivamente o lucro — alimenta um conjunto de imagens hipersimplificadas que se têm do mundo, do Estado, da sociedade, dos indivíduos, das relações sociais, da economia etc. Em certo sentido, pode-se dizer que há uma imagem geral que se faz do mundo que poderia ser chamada de neoliberal.

Esse conjunto de imagens adequadas à racionalidade hegemônica (e, portanto, à satisfação dos interesses dos detentores do poder econômico) é o que se entende por "imaginário neoliberal". Essas imagens neoliberais, ao serem introjetadas pelos indivíduos, reforçam um modo de pensar e de atuar no mundo, a partir de categorias, como "interesse", "lucro", "concorrência", "inimigo" etc.

A imagem que o sujeito neoliberal tem dos outros indivíduos, por exemplo, é a de um objeto potencialmente danoso (ou, mais precisamente, a imagem de uma empresa concorrente que precisa ser derrotada) ou a de um objeto a ser utilizado na busca por lucro ou por vantagens pessoais.

Imaginário, vale lembrar, é um significante polissêmico. Utiliza-se a palavra "imaginário" na filosofia, na psicologia, na psicanálise e nas conversas pautadas pelo senso comum. A ideia de imaginário como o conjunto de representações que pode ou não ser compartilhado por outras pessoas, por exemplo, liga-se ao fato de que, por um lado, "a 'representação' faz as vezes da realidade representada e, portanto, evoca a sua "ausência". Por outro lado, ela "torna visível a realidade representada e, portanto, sugere a presença".[1] No imaginário, há sempre algo que pode ser taxado de "ilusório" ou de "inventado",[2] e, ao mesmo tempo, de uma tentativa de retratar o real.

Ao tratar de imagem e do imaginário, Jean-Paul Sartre advertiu para o risco de enganos pela "ilusão da imanência", fenômeno que integra o senso comum. Ao contrário do que se costuma supor, as coisas não existem fora da linguagem e sem conexão com o sujeito. Essa ilusão, que leva a enganos sobre a imagem e o imaginário, origina-se do hábito de pensar-se em termos de espaço ou, mais precisamente, de fazer uso de metáforas espaciais. Assim, não raro, cometem-se dois erros: pensar que a imagem está dentro da consciência e que o objeto está dentro da imagem ou, em outros termos, assimilar uma imagem ao objeto material que ela representa.[3] Ter uma ideia ou uma imagem de uma cadeira não é ter a cadeira na consciência. É preciso, como anuncia Sartre, "renunciar a essas metáforas espaciais",[4] mas também é necessário abandonar a tendência ao pensamento simplificado que leva à identificação cômoda entre a imagem e o objeto representado na imagem. A idiossubjetivação, pelo contrário, pretende reforçar a ilusão de imanência.

O significante "imaginário" deriva do latim *imago* ("imagem") e é empregado como substantivo para designar aquilo

---

1 GINZBURG, Carlo. *Olhos de madeira: nove reflexões sobre a distância*. São Paulo: Companhia das Letras, 2001, p. 85.
2 CASTORIADIS, Cornelius. *L'Institution imaginaire de la société*. Paris: Seuil, 1975, p. 190.
3 SARTRE, Jean-Paul. *L'Imaginaire*. Paris: Gallimard, 2015, pp. 17-22. [Ed. bras.: *O imaginário: psicologia fenomenológica da imaginação*. Petrópolis: Vozes, 2019.]
4 Ibid., p. 37.

que se refere à imaginação, ou seja, a capacidade mental de representar fenômenos em pensamentos, sejam eles verdadeiros ou não.[5] A ideia de imaginação carrega em si a de criação de imagens: as imagens produzidas são criações que se diferenciam dos objetos retratados. O imaginário designaria, por um lado, esta função criativa (capaz de produzir uma relação dual entre o indivíduo que utiliza a imaginação e o objeto a que se refere a imagem produzida), e, por outro, o conjunto de imagens/representações produzido e retido pelos indivíduos. O imaginário é constitutivo da realidade e, ao mesmo tempo, o resultado de uma tentativa de retratar o mundo, as coisas e as pessoas, reais ou não.

Há também uma relação de condicionamento recíproco entre, de um lado, o imaginário e, de outro, o simbólico. A realidade é construída pelo imaginário em relação com o simbólico. A experiência e as ideias nascem desta trama, mas um indivíduo, ao exercer a ação de imaginar, recorre a elementos já conhecidos e imaginados anteriormente. Nas imagens criadas, há algo de novo que é construído a partir do velho. Importante ter em mente que a imaginação, ao ser exteriorizada, está limitada pelo simbólico (pela linguagem) e pelas experiências de cada um/cada uma.

A imaginação não é ilimitada. Se o marco normativo da racionalidade neoliberal é a ilimitação na busca por lucros ou por vantagens pessoais, o imaginário adequado a esta racionalidade é extremamente empobrecido. A imaginação se submete ao condicionamento daquilo que Lacan chamou de *affaire*, o "estar em relação com" algo, ainda que este algo seja uma ideia,

---

5   Cf. ROUDINESCO, Élisabeth; PLON, Michel. *Dictionnaire de la psychanalyse*. Paris: Fayard, 2017, p. 733. [Ed. bras.: *Dicionário de psicanálise*. Rio de Janeiro: Zahar, 1998.]

ou seja, uma imagem ou um conjunto de imagens submetido ao processo de reflexão. Quanto menor a capacidade de reflexão, mais empobrecido torna-se o imaginário.

É importante ter em conta que o imaginário é um registro que permite constatar a existência de um liame entre o indivíduo que imagina algo sobre alguma coisa e essa coisa que dá origem à imagem produzida. As imagens, por definição, são sempre as imagens que se fazem de algo. Este algo nunca se confunde com a imagem. Em outras palavras, há uma autonomia da imagem, o que faz com que possua valor distinto daquele conferido ao objeto representado. Há, portanto, algo de criativo no ato de imaginar, algo que se liga à história, à pré-compreensão, à tradição e à vivência de cada pessoa que imagina. Experiências e pensamentos empobrecidos levam a imagens empobrecidas. Coisas e ideias valiosas podem tornar-se imagens sem valor.

Diversos destinos podem ser dados a essas imagens. Algumas são exteriorizadas pela linguagem, e outras, não. As ideias são, por exemplo, imagens que se fazem conscientes e que resultam de um processo de reflexão. Quanto menor for a reflexão e mais simplistas forem as imagens, mais empobrecida é a ideia. Não por acaso, em grego antigo, "imagem" corresponde ao termo *eidos*, que é a raiz etimológica das palavras *idea* ou *eidea*. Assim, por exemplo, a imagem de Maria não é o "real" de Maria, mas a partir desta imagem, é possível fazer uma ideia do que seja ou de quem é/tenha sido "Maria". Há uma identificação mental, que é uma forma constitutiva de conhecimento, mas Maria continua a ser diferente da imagem que se faz de Maria. A partir de um determinado imaginário, Maria pode acabar demonizada.

Toda imagem é sempre parcial, porque todo conhecimento e toda tentativa de representação não alcança a totalidade do objeto: é impossível retratar a totalidade de João. A ideia que se tem de Maria, por sua vez, parte da imagem de Maria, mas é "trabalhada" pela reflexão. A idiossubjetivação, ao dificultar a reflexão, repercute diretamente na formação das ideias. Assim, a imagem que faço de Maria pode me dar uma "ideia" a respeito dela, de que Maria é uma boa pessoa (ou não). É, portanto, no registro do imaginário que se dá a produção de imagens e de ideias, bem como o abandono ou o reforço dos preconceitos.

Na capacidade de imaginar, está aberta a possibilidade de o sujeito "fazer-se" a si mesmo e ao mundo. Isto se dá na relação entre o "imaginário" (a imagem que se tem) e o "simbólico" (o registro da linguagem). É pela ordem simbólica (da linguagem, das palavras e dos gestos) que o imaginário pode ser exteriorizado por uma pessoa. Em certo sentido, pode-se afirmar que o imaginário unido à linguagem produz a realidade (e a ficção, como, por exemplo, um romance). Também a fantasia, entendida como uma tentativa de substituir a realidade, liga-se à capacidade de imaginar e, portanto, ao imaginário.

Se a realidade é uma trama simbólico-imaginária, o real é um registro distinto. As palavras e os símbolos nunca dão conta de retratar o real, a totalidade. Há uma falta que é constitutiva da linguagem: sempre há algo que não pode ser representado por palavras. A descrição de Maria sempre é imperfeita. A definição de um fenômeno sempre é imperfeita. O "todo" das coisas nunca é apreensível, a ponto de poder ser descrito perfeitamente por palavras, por gestos ou por símbolos. São esses limites da linguagem que permitem afirmar que a realidade, sempre retratável, não se confunde com o real, irretratável.

O "real" está no todo e, portanto, os sentidos humanos e a linguagem nunca dão conta de percebê-lo e retratá-lo em sua totalidade. Há uma falta estrutural na linguagem que impede a exata representação do real. O real é impossível de simbolizar, como percebeu Lacan. A realidade, por sua vez, é retratável via linguagem, porque ela é sempre parcial. A realidade une "simbólico" e "imaginário", com o objetivo de substituir o "real". A compreensão que cada pessoa tem do mundo não é o "real do mundo", uma vez que se limita às imagens que cada pessoa produz e que podem ser representadas pela linguagem.

Mais do que algo que se mistura ou distorce a realidade, o imaginário (o conjunto de imagens, conscientes e inconscientes, que se faz dos objetos e das pessoas) é constitutivo da realidade. É impossível perceber e compreender a realidade sem o recurso ao registro imaginário. Não por acaso, alguns afirmam que o "imaginário se mistura à realidade exterior e se confronta com ela [...]. Mas, em sua essência, ele constitui uma realidade independente, dispondo de suas próprias estruturas e de sua própria dinâmica".[6]

O "imaginário", como já mencionado, não pode ser confundido com o "real", embora, por vezes, procure substituí-lo.[7] Ao identificar os fenômenos com a imagem dos fenômenos, as pessoas agem como os prisioneiros da alegoria da caverna de Platão:[8] elas têm necessidade de iludir-se com a crença de que cada imagem não pode ser outra coisa que não o "real".

O processo de construção das imagens (e, portanto, dos objetos) é contínuo. Para sustentar-se, cada imagem precisa ser criada e recriada em um movimento dinâmico e

---

6   BOIA, Lucian. *Pour une histoire de l'imaginaire*. Paris: Les Belles Lettres, 1988, p. 16.
7   Cf. CASTORIADIS, 1975, op. cit., p. 190.
8   Ibid., p. 8.

funcional. O imaginário, entendido como conjunto de imagens, é o resultado de um movimento criativo que produz, reproduz, constrói e desconstrói imagens a partir de múltiplos fatores que podem se tornar conscientes ou não.

Assim, pode-se afirmar que o "imaginário" (a imagem que se tem) e o "simbólico" (a linguagem e os limites à representação) formam a "realidade". Como explica Cornelius Castoriadis, o imaginário deve utilizar o simbólico não somente para se exprimir, como também para existir, sair do virtual.[9]

Se percebo uma determinada "realidade", é porque um conjunto de imagens passa a apresentar-se como coerente e a produzir um mínimo sentido a partir da linguagem e de seus limites, mas essa relação entre o imaginário e o simbólico na construção da realidade é sempre dinâmica e sujeita a condicionantes e a variações.

O empobrecimento da linguagem e o correlato enfraquecimento do simbólico promovido pela racionalidade neoliberal via mecanismos de idiossubjetivação levam ao fortalecimento do registro imaginário. A imagem que se faz de algo fica ainda mais distanciada deste algo imaginado. A busca por lucros sem limites que caracteriza a racionalidade neoliberal, por exemplo, é um sintoma desse processo de dessimbolização da realidade que se percebe no desaparecimento dos valores e no enfraquecimento dos limites éticos e jurídicos às ações.

O imaginário neoliberal pode ser descrito, ainda que provisoriamente, como um conjunto de imagens que representa e, em certo sentido, cria a era neoliberal. Uma "era" que exige a ausência de reflexão e a redução da complexidade

---

9   Ibid., p. 190.

social a cálculos direcionados à obtenção de lucros e vantagens pessoais. É justamente em razão da natureza criativa e constitutiva da realidade que emerge a funcionalidade política do imaginário e dos processos de idiossubjetivação. É do registro do imaginário que, por exemplo, surgem as ideologias, as paixões e as racionalidades que disputam a hegemonia. As novas ideias, construídas a partir de imagens, acabam por subsumir-se ou projetar-se na figura de uma ideologia até que sejam aceitas como verdadeiras.

É no campo do imaginário que se disputa a supremacia de uma visão de mundo sobre as demais, bem como se desenvolvem as tentativas de consenso e de dominação ideológica de uns sobre outros. A "realidade neoliberal" foi construída a partir do enfraquecimento do simbólico, mais precisamente do empobrecimento da linguagem e do desaparecimento/da relativização dos limites. Em um mecanismo que a psicanálise costuma identificar como típico de um quadro paranoico, o indivíduo subjetivado a partir do neoliberalismo retira-se do laço social, na medida em que só se relaciona com objetos (pessoas tratadas como empresas concorrentes ou como objetos utilizáveis/descartáveis na busca por vantagens pessoais) e, ao mesmo tempo, passa a desconsiderar a lei simbólica (os limites, a lei imposta por um terceiro, o conhecimento já produzido, a "verdade" etc.) para fabricar a própria lei a partir das imagens que possui: uma lei imaginária, que ele pretende impor aos outros, a partir de seus interesses e da imagem que faz do que é certo, do que é belo ou do que é justo.

Importante ter em mente que mesmo algumas imagens produzidas por um indivíduo podem revelar-se em contradição com outras imagens que formam o imaginário dessa pessoa. Um imaginário democrático, ou seja, formado por um conjunto de imagens compatível com a soberania popular e o respeito aos direitos fundamentais, por exemplo, pode deparar-se com objetos e com percepções tendencialmente autoritários e, mesmo assim, permanecer predominantemente democrático. Por outro lado, nada impede que, com o aumento do número e a naturalização de imagens autoritárias, que passam a ser produzidas por um determinado sujeito, um imaginário predominantemente democrático torne-se progressivamente autoritário. Em um meio idiotizado, as contradições não serão percebidas ou corrigidas pelo exercício da autocrítica. Percebe-se, portanto, que o imaginário é dinâmico, sujeito a múltiplas determinações e a transformações, o que faz dele um campo de disputa ético-política.

A idiossubjetivação faz com que atos administrativos (como, por exemplo, o ato do governo brasileiro de retardar a compra de vacinas em meio a uma pandemia) e decisões judiciais (o caso de um racista que colocou fogo em uma cruz na frente da casa de pessoas negras — e que o Judiciário norte-americano considerou um ato lícito adequado ao "mercado de ideias": R.A.V versus Cidade de Saint Paul, 505 U.S. 377, 1992) que tenderiam a ser considerados inaceitáveis por não se mostrarem adequados às ideias de democracia e de dignidade da pessoa humana, também acabem naturalizados.

Uma racionalidade autoritária só é naturalizada, se suas premissas não se tornarem objeto de reflexão a partir de um imaginário democrático. Imagens autoritárias tendem a perder força, ao serem cotejadas com um conjunto de imagens construído a partir da reflexão à luz de valores democráticos. A racionalidade autoritária, ao deparar-se com um imaginário democrático, enfrenta resistência. Não por acaso, a racionalidade e a normatividade neoliberais buscam colonizar o imaginário dos indivíduos. A idiossubjetivação, com a consequente colonização do imaginário, é a condição de possibilidade para o neoliberalismo impregnar o conteúdo e a significação de tudo com os valores do mercado e, em um segundo momento, tanto excluir os limites à busca por lucros como também "atacar aos princípios, práticas, culturas, sujeitos e instituições da democracia, compreendida como um governo pelo povo".[10]

A ausência de reflexão e o empobrecimento subjetivo reforçam a "ilusão da imanência" e a crença tanto na simplicidade do mundo como na identidade entre os objetos e a imagem que se tem deles. A crença independe, por definição, da demonstração ou da fundamentação em dados concretos. A economia, por exemplo, torna-se a economia neoliberal, sem que se analise a história da economia neoliberal e se imagine qualquer alternativa. A simplicidade e a transparência enunciadas pela normatividade neoliberal buscam reforçar esta ilusão de imanência e tornar desnecessária qualquer reflexão. A ilusão da imanência, o empobrecimento da linguagem e a ausência de reflexão, incentivados pela normatividade neoliberal, são fenômenos que atendem à finalidade de domesticar o imaginário.

Como percebeu Sartre, "é a ação reflexiva que permite o julgamento 'eu tenho uma imagem'",[11] mas não só. É a reflexão e a tomada de consciência da função criativa do imaginário que permitem qualquer ação de transformação da realidade. Para identificar tanto que algo se trata de uma imagem (e, portanto, sujeita a distorções) como as características próprias dessa imagem enquanto imagem

---

10   BROWN, 2018, op. cit., p. 9.
11   SARTRE, 2019, op. cit.

— bem como imaginar alternativas possíveis a ela —, é preciso recorrer à reflexão.[12] Dificultar a reflexão, domesticar e colonizar o imaginário são, portanto, estratégias de idiossubjetivação que visam à conformação da realidade às necessidades do neoliberalismo e do sistema de dominação.

É essa funcionalidade política do imaginário que permite identificar a idiossubjetivação como um dispositivo cultural e ideológico, uma rede estabelecida entre elementos (no caso, imagens e ideias) para cumprir um objetivo. No caso do imaginário atualmente hegemônico, o objetivo visado envolve a potencialização dos lucros dos detentores do poder econômico, a demonização da política, a proliferação do egoísmo, a produção de medo e a generalização da sensação de impotência relacionada com a imagem de que inexiste alternativa ao projeto neoliberal. A colonização do imaginário pela visão neoliberal funciona, portanto, como uma espécie de "reforma da alma" que antecede e explica a reforma do Estado, da sociedade, da família etc.

O neoliberalismo costuma ser apontado por seus críticos como a concepção de mundo típica da atual fase do capitalismo, em que não existem mais adversários à dominação capitalista ou limites à busca de lucros. Essa concepção de mundo ultrapassou o campo econômico e a esfera governamental para estender-se sobre todas as esferas da vida humana — inclusive as mais íntimas. Da nova economia psíquica ao funcionamento das instituições, tudo passou a ser afetado por este modo de ver as coisas e as pessoas, esta concepção que produz efeitos sobre as condutas, as representações, a postura das massas etc.

---

12   Ibid.

Mesmo aqueles que, em princípio, teriam interesse na construção de outro mundo possível são capturados por essas imagens, essas ideias, essas normas de conduta e esses esquemas de pensamento que são forjados pelo neoliberalismo, entendido como um imaginário. A razão crítica, por exemplo, é paralisada pelo modo de ver e de atuar neoliberal no mundo.

A hegemonia da razão neoliberal bloqueia a crítica e a reflexão sobre esse conjunto de imagens, ideias, projeções e normas de conduta neoliberais. Em suma, pode-se afirmar que este imaginário neoliberal, forjado com o auxílio de processos de idiossubjetivação, bloqueia a formação de imagens contrárias ao neoliberalismo, impedindo que se imagine ou se produzam imagens de outro mundo possível. A idiossubjetivação, portanto, é funcional à hegemonia da racionalidade neoliberal.

A este conjunto de imagens ligado à concepção de mundo neoliberal, é possível chamar "imaginário neoliberal". Como percebeu André Tosel,[13] a categoria "imaginário" tem estreita ligação tanto com a noção marxiana de ideologia, tal qual redefinida por Louis Althusser,[14] quanto com a noção de Antonio Gramsci de "concepção de mundo". De fato, o

> neoliberalismo é um conjunto de representações, de esquemas de pensamento e de condutas que tem por efeito a produção de uma visão invertida do mundo sócio-histórico,

---

13   TOSEL, André. "Remarques de méthode sur l'imaginaire neoliberal". In: CUSSET, François; LABICA, Thierry; RAULINE, Véronique (Orgs.). *Imaginaires du néolibéralisme*. Paris: La Dispute, 2016, p. 32.

14   ALTHUSSER, Louis. *Aparelhos ideológicos de Estado*. Rio de Janeiro: Graal, 1985.

gerando práticas e ideias que são o resultado de uma atividade que as tem na função de um pressuposto, de uma posição a *priori*.[15]

Pode-se, portanto, afirmar que esse conjunto de imagens e de ideias funciona como a pré-compreensão que condiciona a produção de normas, as ações e as interpretações. Há, portanto, uma dimensão ideológica do imaginário que remete a um exterior imaginado (uma construção imaginária) que é percebido pelo indivíduo assujeitado como natural — e não como o resultado, sempre provisório, de um processo histórico.

O conjunto de imagens que compõe o imaginário neoliberal impede não só a crítica da inversão ideológica produzida a partir dos pressupostos neoliberais, apresentados como naturais, como também a possibilidade de o sujeito constituir-se como um sujeito da crítica ao sistema, como o sujeito capaz de assumir um compromisso com a mudança — porque o indivíduo idiotizado, perdido no imaginário neoliberal, revela-se incapaz de reconhecer a sua própria condição e de identificar as ilusões a que está submetido.

A dimensão ideológica do imaginário, centrada no efeito de ilusão que pode ter uma imagem, não é a única. O imaginário neoliberal tem também um conteúdo histórico, uma dimensão colonizadora (coloniza culturas, teorias, práticas, religiões etc.) e, em especial, uma dimensão que fornece aos indivíduos um mundo de sentidos e o reconhecimento desejado (naquilo que se identifica como um "egoísmo

---

15   TOSEL; In: CUSSET; LABICA; RAULINE, 2016, op. cit., p. 32.

gregário").[16] De fato, o imaginário não pode ser reduzido a uma concepção economicista ou mesmo à oposição abstrata entre a ilusão e a realidade. Não se pode esquecer que o imaginário, ao lado do simbólico, é o que constitui a realidade.

O imaginário é constitutivo do mundo, razão pela qual faz rede com (e condiciona) concepções filosóficas, religiosas, artísticas e culturais. O imaginário, que precisa da linguagem para ser exteriorizado, também coloniza essa mesma linguagem (servindo, como já se viu, como instrumento de controle da população), bem como organiza as massas, fazendo com que os indivíduos assujeitados e idiotizados aceitem certas condições de vida como naturais e imutáveis, além de naturalizarem determinados horizontes de significação que impedem (ou, ao menos, dificultam extraordinariamente) qualquer reflexão ou produção de imagens e de ideias capazes de levar à superação do imaginário hegemônico.

O imaginário neoliberal pode, então, ser apresentado como um imaginário domesticado que se sustenta na crença de que toda reflexão se faz desnecessária. Não por acaso, o imaginário neoliberal estimula ideias prontas, *slogans* argumentativos, chavões autoritários, discursos de fundamentação prévia, rotulações etc. As imagens e os discursos do mundo neoliberal, apresentadas como naturais e imutáveis, caracterizam-se por ser traduzíveis em dinheiro e servir a cálculos de interesse. Por isso, a imagem do interesse, visto como lucro ou vantagem, atravessa todo este imaginário, em que não existem limites ao desejo de enriquecer. Nele, todas as imagens passam a relacionar-se com ideias, como as de obtenção de vantagens, crescimento econômico,

---

16 DUFOUR, Dany-Robert. *O divino mercado: a revolução cultural liberal.* Rio de Janeiro: Companhia de Freud, 2009

competividade e valorização do capital. A colonização pela economia, em razão da função criativa do imaginário, explica, como percebeu Wendy Brown, a razão pela qual a imagem que se faz da "justiça" passou ser subordinada à competitividade,[17] da mesma maneira que a imagem do "bom governante" e a do "bom governo".

A partir das mesmas imagens e ideias, tomadas como naturais e imutáveis, todas as agências, todos os aparelhos, todas as forças políticas e todos os indivíduos passaram a aderir à racionalidade hegemônica neoliberal. Não raro, mesmo a crítica ao neoliberalismo passa a ser feita a partir do imaginário neoliberal (cálculo de interesse, lógica da concorrência, identificação do outro como inimigo etc.). O Estado, a sociedade civil e o indivíduo passam a atuar articulados (religados) a partir do mesmo conjunto de imagens e de ideias.

Com razão, André Tosel afirma que o imaginário faz de si a "religião da vida cotidiana"[18] e passa a constituir um "mundo de sentidos, um horizonte de práticas" pelas quais se constitui a hegemonia de um determinado grupo — no caso do neoliberalismo, em meio a um horizonte empobrecido, a hegemonia dos detentores do poder econômico, os super-ricos.

O imaginário neoliberal, que tem origem no movimento histórico que procurou realizar a necessidade político-econômica de superar o liberalismo e seus mitos (como o da "mão invisível do mercado"), impôs-se como uma concepção de mundo que produz efeitos normativos, que condiciona as interpretações e as ações humanas, ao mesmo tempo em que

---

17 BROWN, 2018, op. cit., p. 29.
18 TOSEL; In: CUSSET; LABICA; RAULINE, 2016, op. cit., p. 33.

gera uma sociedade sem lei, na qual vigora um "vale-tudo" de sujeitos idiotizados diante da lógica da concorrência, da ilimitação que marca a busca por lucros ou vantagens pessoais e do desfazimento dos laços sociais.

A importância da categoria "imaginário neoliberal" para explicar tanto o funcionamento do Estado e da sociedade como as condutas individuais fica evidente ao perceber-se que às crises geradas pelo neoliberalismo são apresentadas respostas forjadas a partir de imagens e de ideias neoliberais, ainda que disfarçadas. Assim, por exemplo, as críticas aos efeitos destrutivos do neoliberalismo, que ganharam força com a "crise mundial" que começou em 2005 (e radicalizou-se em 2008), levaram à apresentação de respostas neoliberais, ainda que disfarçadas de alternativas. Em outras palavras: apenas a compreensão de que existe um imaginário neoliberal é capaz de explicar como foram apresentadas respostas neoliberais (e, portanto, inofensivas) para uma crise nascida do funcionamento normal do neoliberalismo.

Interessa aos que defendem a manutenção da atual feição do capitalismo e manipulam os meios de idiossubjetivação que a função constitutiva da realidade exercida pelo imaginário neoliberal permaneça desconhecida. O discurso "científico" do neoliberalismo, profundamente ideológico, faz com que ele se apresente como uma racionalidade superior e que dispensa o recurso ao imaginário e à reflexão. As coisas "são como são" e permaneceriam assim, independente da imaginação das pessoas. Afinal, a diretriz neoliberal é no sentido de não imaginar outro mundo possível.

No imaginário neoliberal, a dimensão emancipatória das "luzes", ligada ao Iluminismo e ao início da ordem liberal, é reformada e apresentada em uma versão simplista e empobrecida, reduzida tão somente à liberdade de contratar e de empreender. Desaparece o conteúdo ético-político do valor "liberdade", que estava presente no início do liberalismo (pelo menos no campo discursivo). O imaginário neoliberal permite a aceitação de que tudo aquilo que era destinado à emancipação torne-se um instrumento de sujeição. O indivíduo neoliberal, a partir de imagens e de ideias empobrecidas, passa a sujeitar-se a um novo senhor/mestre, a um ente absoluto: o mercado.

De igual sorte, a socialização imaginada pelo sujeito neoliberal funda-se, exclusivamente, na imagem da concorrência entre as empresas. O indivíduo que se imagina como uma empresa busca vencer os outros indivíduos, que também são percebidos como empresas. Todas as ações "livres" dos indivíduos (que são "iguais" tão somente em relação a essa "liberdade" que atende aos interesses dos detentores do poder econômico), a partir do imaginário neoliberal, dão-se no campo do empreendedorismo — ou, mais precisamente, no espaço de luta por lucros e por vantagens pessoais.

O neoliberalismo se apresenta, em concreto, não como uma fórmula pura, que seria consequência da evolução do capitalismo, mas como um conjunto de imagens e ideias que pode variar para atender às particularidades de seus consumidores, mas que parte das ideias-mestras neoliberais ("Estado-empresa", "indivíduo-empresa", "estado de concorrência" etc.). Ao fluxo e às tecnologias neoliberais tomadas em abstrato, essa colonização de imagens e de ideias fez somar vários elementos que, em princípio, não tinham ligação com o neoliberalismo. Mesmo ideias e imagens potencialmente transformadoras da realidade e anticapitalistas podem (e foram) apropriadas e colonizadas no imaginário neoliberal, como aconteceu com versões empobrecidas dos movimentos feminista, negro e sindical.

Da mesma forma, a ideia de nacionalismo (o imaginário nacionalista) também foi apropriada, colonizada e redefinida a partir da fusão com imagens e com ideias tipicamente neoliberais, o que gerou o fenômeno crescente do "nacional-neoliberalismo".

Também imagens e ideias de um passado pré-moderno, pré-liberal e explicitamente autoritário foram reabilitadas pelo recurso à mixagem com imagens e ideias neoliberais. Mais do que um elemento capaz de reavivar tensões sociais que se imaginavam superadas, o conteúdo pré-moderno apropriado pelo imaginário neoliberal (tais como as práticas inquisitoriais, as tentativas de controle do pensamento, a crença no uso da força para resolver os mais variados problemas sociais, a hierarquização entre as pessoas, o desprezo pela soberania popular e a seletividade que permite afastar os direitos fundamentais de parcela da população) passou a funcionar como uma condição necessária à hegemonia do imaginário neoliberal em determinados contextos.

Como já dizia Marx,[19] uma formação social que não reproduz as condições de produção (ao mesmo tempo em que produz) não sobreviverá. Da mesma maneira, para o imaginário neoliberal manter-se hegemônico, é preciso reproduzir, quando não ampliar, as condições de produção das imagens e das ideias neoliberais. Para tanto, recorre-se a outras imagens e a outras ideias que já são aceitas por ampla parcela da população — ou melhor: mistura-se as imagens e as ideias neoliberais a este conteúdo imaginário que já é hegemônico, ajudando a naturalizar as primeiras. A colonização neoliberal de imagens e de ideias corresponde,

---

19   MARX, Karl. *Lettres à Kugelmann*. Paris: Éditions Sociales, 1971, p. 229.

portanto, à ampliação das condições de produção do imaginário neoliberal.

Em sociedades lançadas em uma tradição autoritária, como é o caso do Brasil (em que fenômenos como a escravidão e a ditadura militar nunca chegaram a ser suficientemente elaborados), o neoliberalismo só pôde tornar-se hegemônico a partir da fusão entre imagens autoritárias e imagens neoliberais. No Brasil, Jair Bolsonaro (eleito presidente em 2018, após a prisão atípica de seu principal adversário — e líder nas pesquisas de intenção de voto — por um juiz suspeito que depois se tornaria ministro da Justiça do seu governo), que apresentava um discurso nacionalista, pré-moderno e autoritário, mas uma prática econômica explicitamente neoliberal e entreguista, é um exemplo do sucesso eleitoral desta mistura entre um imaginário autoritário/pré-moderno e o imaginário neoliberal.

O caráter plástico e a capacidade de adaptação do neoliberalismo a diversas realidades e ideologias fazem com que o conceito de "imaginário neoliberal" se torne incontornável para aqueles que tentam compreender tanto a permanência do fenômeno neoliberal como o atual funcionamento do Estado e da sociedade, bem como as mudanças na economia psíquica dos indivíduos. Identificar o imaginário neoliberal e suas criações torna-se indispensável para compreender e para superar o modo de exercício de poder e as demais manifestações da racionalidade neoliberal.

Da mesma maneira que toda formação social é o resultado de um modo de produção dominante, todo imaginário pode ser apresentado também como o resultado de um determinado modo de produção de imagens e de ideias. O processo de formação de novas imagens e ideias, a partir de imagens anteriores que são redefinidas ou abandonadas, aciona não só novas forças produtivas como altera o funcionamento das forças e das instituições já existentes. Nessa dinâmica do imaginário, as imagens abandonadas precisam ser substituídas para que um imaginário alcance e mantenha a hegemonia.

A produção — ou mesmo o deslocamento — de imagens geradas no ambiente econômico (empresa, concorrência etc.) para domínios, para atividades e para sujeitos não econômicos se dá por meio daquilo que pode ser chamado de "máquinas de produção de subjetivismos" ou "máquinas de subjetivação". Não se trata de um processo simples, em que uma única fonte pode ser considerada a causa de um determinado efeito. Há, na realidade, um conjunto de elementos, de dispositivos, de aparelhos, de instituições, de técnicas e de ações economicamente organizadas que faz com que as figuras do "mercado" e da "empresa" tornem-se o centro e o modelo de todas as atividades de produção e de reprodução na sociedade.

As instituições, que Louis Althusser[20] havia chamado de "aparelhos ideológicos de Estado", localizadas tanto no campo público como no campo privado, constituem algumas dessas máquinas de produção de imagens e de ideias. Assim, os aparelhos religiosos (na era neoliberal, o destaque é das igrejas neopentecostais), os escolares (as escolas e as universidades públicas e privadas, as escolas técnicas e de comércio etc.), os familiares (as diversas formações familiares em que, sob a égide neoliberal, naturaliza-se o enfraquecimento da função de impor limites), os políticos (o sistema político, os diferentes partidos e os movimentos populares, de classe e identitários), os jurídicos (os tribunais, o Ministério Público, as polícias etc.), os sindicais (as centrais de trabalhadores, seções sindicais etc.), de informação (a televisão, a internet, as redes

---

20   ALTHUSSER, 1985, op. cit., p. 68.

sociais, o rádio, a imprensa, os *blogs* etc.) e culturais (a indústria cultural, o cinema, o teatro, as belas-artes, os esportes etc.) são os responsáveis pela produção, pela propagação e pela substituição das imagens neoliberais.

Essas máquinas de produção de imagens, em combinação tácita ou explícita com o poder repressivo do Estado, forjam as subjetividades, atuando pela propagação das ideologias, do recurso à violência simbólica, das mutações da linguagem e da repressão direta. Em síntese, a família, a igreja, a escola, o Direito, a indústria cultural, a propaganda e, sobretudo, as tecnologias ligadas às telas (televisão, *smartphones* etc.) e ao poder numérico/digital (redes sociais, dispositivos virtuais etc.) compõem, hoje, o mosaico dos meios de produção de imagens e de ideias neoliberais, fornecendo informação e desinformação, introjetando normas, reproduzindo e redefinindo valores, submetendo cada pessoa e cada relação à lógica do mercado e da concorrência.

O que caracteriza as máquinas de produção de imagens neoliberais é uma espécie de repetição cínica de imagens e mensagens que funcionam como distrações e tendem à manutenção de um quadro de docilidade política. Repete-se aquilo que aproxima o indivíduo dos interesses dos detentores do poder econômico. Esconde-se aquilo que não interessa. Repete-se o "igual", uma visão sempre materializada e imutável da vida, na qual o sucesso se identifica com a obtenção de vantagens, como forma de manter a hegemonia neoliberal. Nas redes sociais, e em obediência ao poder numérico, a repetição se dá por um simples toque, de um único movimento físico capaz de comprar um objeto ou de compartilhar uma informação, ainda que falsa. Este *touch* (toque) ou *like* (curtida), que não exige qualquer reflexão mais aprofundada, pode ser apresentado como uma espécie de "DNA da ação digital",[21] o ato que se caracteriza pela simplicidade e pelo qual o indivíduo é controlado e, ao mesmo tempo, ajuda a controlar.

A função ideológica e normativa dessa produção de imagens liga-se ao velamento do pensamento e da reflexão via um comando para reproduzir as imagens e as ideias que são apresentadas prontas, estereotipadas, adequadas ao reino do mercado e aos interesses dos detentores do poder econômico. Assim, tem-se a despolitização das pessoas na mesma proporção em que se dá o fortalecimento tanto das rotinas de consumismo como da crença de que não há alternativa ao capitalismo neoliberal.

O imaginário é constitutivo da realidade. Só se é possível falar em realidade porque há uma imagem que as pessoas fazem dos fenômenos, das coisas e das outras pessoas. Nada há fora do registro da imagem e da linguagem, da trama composta na relação entre o imaginário e o simbólico. A desigualdade, por exemplo, não é um dado natural, nem mesmo um fenômeno econômico ou tecnológico, mas um produto que envolve o imaginário. Para Thomas Piketty, a desigualdade é um produto ideológico e político, como concluiu em sua pesquisa publicada na obra *Capital et idéologie* (2019). De fato, a desigualdade, como todo fenômeno presente na realidade, é o resultado político-ideológico de um determinado imaginário. Em outras palavras, a "desigualdade" só existe e persiste em razão de um conjunto de imagens que leva à ideia de que ela é um dado a ser suportado pela população. O imaginário neoliberal faz com que,

---

21 Nesse sentido, cf. TIBURI, Marcia. *Filosofia prática: ética, vida cotidiana, vida virtual*. Rio de Janeiro: Record, 2014.

em pleno século XXI, a desigualdade seja naturalizada, e a responsabilidade pela pobreza acabe atribuída ao pobre.

O mundo é percebido a partir de construções imaginárias. Assim,

> o mercado e a concorrência, o lucro e o salário, o capital e a dívida, o trabalho qualificado e o trabalho não qualificado, os nacionais e os estrangeiros, os paraísos fiscais e a competitividade não existem enquanto tais, isto é, são construções sociais e históricas que dependem inteiramente do sistema legal, fiscal, educativo e político que se escolhe colocar em ação.[22]

Essa escolha do que "colocar em ação" também se dá a partir do imaginário. O imaginário liberal, por exemplo, permitiu o surgimento da *sociedade de consumo* e da *cultura de massa*, que levaram a uma inédita uniformização das imagens produzidas pela sociedade. É o imaginário neoliberal, porém, que permite a extensão a todas as dimensões da vida de um modo de compreensão e de funcionamento econômico: uma espécie de "devir empresa" que passa a atingir domínios, atividades e sujeitos. Os indivíduos, diante desse contexto, passam a figurar, ainda que sem consciência de seu papel, como atores ou como objetos cenográficos do mercado. A partir dos processos neoliberais contemporâneos, que apresentam a vida social e a vida política como fenômenos exclusivamente econômicos, as próprias pessoas passam a ser imaginadas como objetos, como empresas ou como capital humano. Mais precisamente, em razão do imaginário neoliberal, o indivíduo se imagina como um

---

22 PIKETTY, 2019, op. cit., p. 20.

empresário-de-si, enquanto as empresas e as constelações econômicas nacionais e pós-nacionais (como a União Europeia e o Mercosul) tratam-no como um ativo (um capital), um servo ou um objeto a ser descartado.

Também é o conjunto de imagens e de ideias neoliberais que ameaça destruir o imaginário democrático, razão pela qual alguns chegam a dizer que nos encontramos em um novo regime: a "ademocracia".[23] O Direito, também construído a partir do imaginário neoliberal, não só desconsidera os valores democráticos, como também ataca solidariedades e identidades sociais, enfraquecendo organizações e energias democráticas. A perseguição judicial ao Movimento dos Trabalhadores Rurais sem Terra (MST) no Brasil e as limitações ao uso das ações coletivas (*class action*) por trabalhadores nos Estados Unidos são exemplos de que o imaginário neoliberal leva as próprias instituições do Estado a desconsiderar e a atacar os valores democráticos.

No neoliberalismo, o "Estado de exceção", um dispositivo que permite o afastamento das regras do jogo democrático, torna-se a "forma jurídica",[24] enquanto a imagem do empresário-de-si assume a "forma subjetiva"[25] do imaginário neoliberal. Como percebe Wendy Brown,

> o consumo, a educação, o aprendizado, a escolha de um parceiro afetivo ou sexual e outras esferas também se encontram configuradas como práticas de investimento-em-si, nas quais o "si" é uma empresa individual; e o trabalho tanto quanto a cidadania são configurados como modos

---

23   LAVAL; In: CUSSET; LABICA; RAULINE, 2016, op. cit., pp. 85-98.
24   VALIM, Rafael. *Estado de exceção: a forma jurídica do neoliberalismo*. São Paulo: Contracorrente, 2017.
25   LAVAL; In: CUSSET; LABICA; RAULINE, 2016, op. cit., pp. 94-95.

de pertencer à empresa (à "equipe") na qual se trabalha ou à nação da qual se é um membro.[26]

Mas isso não é tudo. O imaginário neoliberal leva a uma espécie de pertencimento à "sorte das empresas". Tanto a lógica da destruição do inimigo ou concorrente como os ataques aos direitos fundamentais, percebidos sempre como obstáculos à liberdade e aos objetivos das empresas, são aceitos sem contestação. Wendy Brown fala, então, em uma "cidadania sacrificial" para dar conta da aceitação do fracasso (sempre atribuído à falta de mérito individual), do desemprego, do subemprego, do emprego infinito (em razão das reformas neoliberais que dificultam ou impedem a aposentadoria) e de outras formas "de sacrifício até a morte".[27]

A perspectiva da ilimitação — ligada inicialmente ao religioso e ao sublime, mas que foi resgatada em meio à sociedade de consumo e potencializada no neoliberalismo, com seus imperativos voltados ao indivíduo ("consuma!") e à sociedade ("cresça sem parar!") — só é possível em razão de mudanças no imaginário que fazem com que a maioria das pessoas desconsidere a contradição entre a crença na ilimitação e a constatação da finitude do planeta. Se não fosse a dimensão ideológica do imaginário, bastaria recorrer a conhecimentos mínimos das bases de cálculo exponencial para se perceber o equívoco que é subordinar o modo de agir na sociedade e o futuro da humanidade à ideia de um crescimento e de um consumo infinito em um planeta finito.[28]

---

26 BROWN; In: CUSSET; LABICA; RAULINE, 2016, op. cit., p. 56.
27 Idem, p. 81.
28 Nesse sentido, cf. MICHÉA, Jean-Claude. *Notre ennemi, le capital*. Paris: Flammarion, 2018.

É no campo do imaginário que se construiu uma visão de mundo hegemônica até o século XVIII, marcada pelas ideias de ilimitação e de infinito, a partir da imagem de Deus (forma-Deus). Foi também a partir de uma mudança no imaginário que surgiu a corrente de pensamento conhecida por "humanismo" (corrente de pensamento que se manteve do século XIX até, no máximo, a segunda metade do século XX), um modo de ver os fenômenos que parte da imagem do homem (forma-homem) como o valor e o fim supremo. O imaginário do humanismo também levou à ideia de finitude, na medida em que o homem passou a ter consciência de que entrava em relação com forças finitas (vida, trabalho e linguagem).

Também é o imaginário que permite falar, atualmente, do inumano (dos campos de concentração, das prisões ilegais, da pobreza, da miséria dos indesejáveis, do tratamento degradante dos imigrantes, da naturalização da destruição dos estrangeiros ou "inimigos" etc.) e do pós-humanismo, que se caracteriza pela percepção da "morte do homem", mais precisamente da constatação de que os fenômenos e as relações de poder não existem "pelo" e "para" o homem. O pós-humanismo, estágio em que o maior símbolo é o silicone, caracteriza-se por uma espécie de "fini-illimitée", em que nem Deus, nem o Homem assumem o protagonismo: uma situação de força em que um número finito de componentes permite uma diversidade praticamente ilimitada de combinações,[29] o que se dá, por exemplo, tanto com a financeirização da economia como no campo do poder numérico/digital.

---

29 Segue-se, em linhas gerais, a lição de Gilles Deleuze (DELEUZE, Gilles. "Sur la mort de l'homme et le surhomme". In: _____. *Foucault*. Paris: Les Éditions de Minuit, 2004, pp. 131-141).

No imaginário neoliberal, as forças finitas com as quais o sujeito entra em contato (vida, trabalho e linguagem) e que serviam de base ao desenvolvimento do humanismo sofrem mutações — ou melhor, passam a ser percebidas de maneira diferente: surgem novas imagens da vida, do trabalho e da linguagem.

Há, diante da evolução tecnológica, um ressurgimento da pretensão de imortalidade. O plástico e o silicone são apresentados como substitutos da imagem de finitude e de fragilidade do corpo. O homem, subjetivado à imagem e semelhança de uma empresa, passa a acreditar que também pode ser infinito. A vida é ressignificada pela racionalidade neoliberal e transformada em algo negociável.

O trabalho perde importância diante do ideal de acumulação infinita. Ganha força a ideia de lucrar sem o esforço de produzir, como ocorre no rentismo. Dá-se também a fragmentação da dimensão coletiva do trabalho, correlata à externalização da produção e à desagregação (inclusive política) da comunidade produtiva, e a precarização das condições do trabalhador, que passa a preferir a autoimagem do empresário-de-si.

A linguagem sofre, por sua vez, um processo de empobrecimento, uma simplificação mistificadora da realidade. Pela linguagem, os valores e os objetivos do projeto neoliberal foram impregnados no mais íntimo do pensamento. Há uma manipulação da linguagem para exercer uma espécie de encantamento sobre os indivíduos, graças à sacralização de determinados termos e à concomitante produção de imagens positivas sobre eles.[30] Aparece o jargão neolibe-

---

30 Nesse sentido, cf. ADORNO, Theodor W. *Jargon de l'authenticité*. Paris: Payot, 2006.

ral ("empreendedorismo", "meritocracia" etc.) para ocultar a precarização do trabalho e o desmonte das políticas sociais.

Pode-se, então, reconhecer a funcionalidade política do empobrecimento dos conceitos e das ideias de "trabalho" e de "linguagem", bem como da nova mistificação da vida (na figura do pós-humano), a partir daquilo que Walter Benjamin chamou de "desenvolvimento monstruoso da técnica",[31] uma das principais causas das novas barbáries. Como também perceberam Adorno e Horkheimer, o poder da técnica é "o poder que os economicamente mais fortes exercem sobre a sociedade".[32] Logo, as regressões civilizatórias em direção às novas formas de barbárie ligadas à racionalidade neoliberal têm responsáveis que podem ser facilmente identificáveis: os detentores do poder econômico que, por exemplo, permitem que plataformas, como o Facebook e o X (ex-Twitter), divulguem mensagens de ódio e mentiras com motivação política.

É o imaginário que constrói a ideia de "sujeito" — na realidade, "um conceito histórico e construído, pertencente a certo regime discursivo, e não uma evidência intertemporal capaz de fundar direitos ou uma ética universal".[33] Portanto, também dependem do imaginário as ideias de "ética" e de "direitos". Não só o nascimento (a construção do conceito), mas também a "morte do sujeito" (a desconstrução da ideia) são obras que não se realizariam sem a contribuição do imaginário.[34] O imaginário neoliberal apropria-se

---

31   BENJAMIN, Walter. *Expérience et pauvrete*. Paris: Payot, 2011, p. 39.
32   ADORNO; HORKHEIMER, 1985, op. cit., p. 114.
33   BADIOU, Alain. *L'Éthique: essai sur la conscience du mal*. Paris: Nous, 2019, p. 24.
34   Sobre a "morte do homem" e o fim do humanismo: HEIDEGGER, Martin. *Lettre sur l'humanisme*. Paris: Aubier, 1992; LACAN, Jacques. *L'Éthique de la psychanalyse*. Paris: Seuil, 1986; FOUCAULT,

da "morte do homem" e da "morte de Deus", substituindo-os pelo mercado (forma-mercado). O mercado torna-se um "Deus anônimo que reduz os homens a escravos",[35] instrumentalizando-os em atenção ao funcionamento do sistema de exploração e aos interesses dos detentores do poder econômico. Para tanto, abandona-se a imagem complexa da "realização pessoal" em favor da imagem positiva e simples do "enriquecimento pessoal".

No imaginário neoliberal, o que seria fundamental ao humano (a verdade, o belo e o justo) é abandonado em razão da ilusão criada pela promessa de ilimitação, do consumo e da acumulação de bens, o que acaba por levar ao enfraquecimento do desejo e, em consequência, da ética (entendida no sentido lacaniano de "não ceder sobre o seu desejo").[36] O desejo só existe em razão de limites: é a "falta" que gera o ato de desejar. Por isso, a "ilimitação", presente no imaginário neoliberal, leva ao enfraquecimento do desejo e, em consequência, da própria razão de viver. Assim, há algo de niilismo nas imagens criadas pelo neoliberalismo, algo que é um efeito do empobrecimento subjetivo e do processo de dessimbolização (desaparecimento progressivo dos valores e dos limites) produzido pela racionalidade neoliberal.

Trata-se ainda de um imaginário que leva à neutralização do imperativo de pensar, o que se dá, por exemplo, por meio tanto da promessa de uma simplificação do mundo como das falsificações da história. A demonização das imagens da política, do comum e do espaço público ligam-se a essa

---

Michel. *As palavras e as coisas*. São Paulo: Martins Fontes — Martins, 2019.
35   HORKHEIMER, Max. "Autorité et familie". In: _____. *Théorie traditionnelle et théorie critique*. Paris: Gallimard, 1996.
36   Nesse sentido, cf. LACAN, 1986, op. cit.

tentativa de construir uma imagem em que o pensamento é desnecessário, a capacidade de reflexão é reduzida e qualquer mudança é impossível.

A equiparação entre o nazismo e o comunismo (em especial, a partir da redução do comunismo ao stalinismo), com a finalidade de construir a imagem de que não há alternativas ao capitalismo, é um bom exemplo dessas tentativas de simplificação, que buscam neutralizar o pensamento, e da correlata técnica de falsificação da história. Mesmo a eventual existência de traços semelhantes (despotismo do "Partido Único", papel da polícia política, imaginário militar, recurso ao terror contra os opositores etc.) não permite equiparar os dois fenômenos históricos, que aparecem como respostas radicalmente diferentes para uma mesma crise (a crise dos parlamentarismos imperiais, da democracia parlamentar etc.): o comunismo e o nazismo em tudo diferem sobre o aspecto dos valores mobilizados, das subjetividades presentes e do significado internacional dos respectivos projetos.

O que caracteriza o imaginário neoliberal é a perspectiva da ilimitação — ou seja, a produção de imagens que permitem a ideia de que não existem limites à ação humana. A imagem-mestra da produção imaginária neoliberal é a do mercado, percebido como o espaço em que tudo é permitido na busca por lucros ou por vantagens. É o mercado que vai servir de modelo para todas as demais imagens. Por outro lado, a grande imagem ausente (ou muito precária) no imaginário neoliberal é a do "comum".

É a imagem do mercado, que muito se aproxima da imagem de um deus da Antiguidade, que vai permitir a ideia da inexistência de limites ligados ao poder, ao mercado, ao consumo e ao enriquecimento. A própria ideia de ilimitação, que, antes, relacionava-se ao sublime, é colonizada pelo neoliberalismo e reduzida ao campo do consumo, em um mundo em que tudo e todos são percebidos como objetos a serem consumidos ou descartados.

13

A NATURALIZAÇÃO DOS ABSURDOS: TUDO É IMPOSSÍVEL DE MUDAR?

O que aconteceu em Auschwitz (1940-1945), em Hiroshima e em Nagasaki (1945) sinaliza do que as pessoas são capazes. Esses episódios da história seriam suficientes para abalar a crença em Deus (como a imagem da perfeição e da bondade), no mundo (como uma ordem acabada) e no homem (como uma essência a-histórica). Diante de tais acontecimentos, como viver em um mundo em que, aparentemente, não há sentido, nem esperança de sentido? A naturalização do absurdo aparece, então, como uma estratégia de sobrevivência em meio ao niilismo que se generaliza?

Os processos de idiossubjetivação favorecem a aceitação acrítica daquilo que deveria ser percebido como absurdo. De início, inviabilizam a resistência ao que deveria ser percebido como inaceitável ou contraditório de um ponto de vista ético. Se a pessoa é fechada ao outro, não há reflexão ética possível. Passa-se a ignorar que a vida é potência de afirmação do que vale e do que não vale a pena ser vivido. Mais do que isso, a mutação da subjetividade nega que o valor mais alto é o do pensamento e, ao mesmo tempo, busca ocultar que todos são capazes da verdade, ou seja, de refletir e de agir a partir do valor verdade (e não da mentira), de identificar o que é certo e o que é errado, o que prejudica e o que não prejudica o outro.

Viver é fazer escolhas, e essas escolhas podem ser refletidas ou não, levar à emancipação ou à absurdez. As escolhas políticas, da mesma maneira que os julgamentos pelo sistema de justiça, fazem-se a partir das imagens que cada sociedade e cada indivíduo que exerce poder fazem do que seria "justiça social" ou "economia justa". Por evidente, a relativização do valor "justiça" e a coisificação da vida, imagens típicas do neoliberalismo, repercutem sobre tais escolhas. As escolhas políticas e econômicas sempre partem das imagens e das ideias que se têm sobre o Estado, a sociedade, as coisas e as pessoas. As ideias de justiça, desigualdade e mérito são construções que se dão no imaginário. São mudanças no imaginário que explicam, por exemplo, a perda do prestígio de ideologias que justificavam a injustiça e a desigualdade a partir de hierarquias naturais ou de escolhas divinas, bem como a atual adesão à ideologia neoliberal que as justificam a partir da ideia de mérito. A meritocracia, a crença de que qualquer pessoa pode enriquecer em razão de suas atitudes, é fundamental para o imaginário neoliberal.

Existem também imagens que naturalizam as opressões e o processo de dominação de uns pelos outros. A China imperial, a Europa do *Ancien Régime* e a Índia pré-colonial, por exemplo, foram sedimentadas a partir das imagens de classes de pessoas que detinham papéis específicos na sociedade. Em linhas gerais, existia uma classe de guerreiros, que garantiria o respeito à ordem e à segurança (dominação pela força); uma classe de religiosos ou de intelectuais, que define o que é digno dos deuses ou da "razão" (dominação pelas ideias); uma classe de trabalhadores, que assume a função de produzir para a sociedade (alimentação, roupas, armas etc.); e uma classe de pessoas indesejáveis, sem uma função útil ao corpo social. Essa divisão da sociedade a partir de imagens de pessoas divididas em "classes" (no neoliberalismo, há também a classe dos gerentes/*managers*),[1] com funções bem definidas, esbarrava na dificuldade de encontrar um equilíbrio entre as classes dominantes (guerreiros e religiosos/intelectuais) que pretendiam impor-se sobre as classes dominadas (trabalhadores e indesejáveis). Buscava-se, com essa imagem de "classes" hierarquicamente superiores às demais (pela própria natureza ou por escolha divina), criar um modelo de estabilidade e de proteção dos interesses de parcela da sociedade suficientemente convincente para que a dominação fosse aceita e naturalizada por aqueles que não são diretamente favorecidos pelo arranjo social.

Todavia, a partir da modernidade — ou, mais precisamente, da Revolução Francesa —, há uma substituição dessas imagens e desse modelo de sociedade, hierarquizada por vontade divina ou pela própria natureza das coisas, pelo

---

[1] Sobre o tema, por todos, cf. DUMÉNIL, Gérard; LÉVY, Dominique. *A crise do neoliberalismo*. São Paulo: Boitempo, 2014, p. 22.

que se convencionou chamar de "sociedade de proprietários". Há uma nova ideia do que deve ser uma sociedade e do que pode aspirar um indivíduo. Em outras palavras, cria-se a imagem do "proprietário" como aquele que, por "ter", merece um tratamento diferenciado dentro da sociedade. Muda-se o imaginário e, com ele, a ideologia. Não mais a imagem de uma estabilidade nascida de uma complementaridade de papéis sociais a serem exercidos por classes distintas, que produziria uma espécie de "hierarquia harmônica", mas a imagem de que a propriedade era algo, uma posição ou vantagem, a que todos podiam aspirar, cabendo ao Estado a proteção desse direito. Por isso, no século XIX, dá-se uma espécie de sacralização do "direito de propriedade", o que serviu para regularizar e justificar os quadros de injustiça e de desigualdade. A partir da ideia de que a propriedade é um elemento diferenciador entre as pessoas, tem-se todo um novo imaginário funcional aos fenômenos da expansão colonial e da concorrência entre as nações.

O imaginário neoliberal também pode ser apontado como constitutivo de uma realidade fundada em imagens que levam tanto a uma espécie de "neoproprietarismo" como à ideia de que é necessário reduzir o tamanho do Estado para melhorar a economia. Com ele, surge a crença de que o desenvolvimento do Estado providência (Estado de bem-estar social) prejudica o empreendedorismo, o livre desenvolvimento das forças do mercado e, portanto, a economia e a vida dos cidadãos. Mas, como se viu, as imagens não se identificam com as coisas que buscam retratar. O neoliberalismo, aliás, serve de exemplo para demonstrar a diferença entre a "imagem que se tem" (no caso, a imagem do neoliberalismo econômico) e a "coisa em si" (o funcionamento do neoliberalismo econômico em concreto) a partir da qual a imagem é produzida: diversas pesquisas[2] apontam o crescimento da desigualdade no período de 1990-2020 (hegemonia do neoliberalismo econômico) em relação ao período de 1950-1980 (período em que se prestigiavam intervenções estatais voltadas à área social). Da mesma forma, na França, é fácil demonstrar a queda do crescimento econômico no período de 1990-2020 (1,1%) em relação ao período de 1950-1990 (2,2%). Portanto, percebe-se que, durante a hegemonia da racionalidade neoliberal, os efeitos das medidas econômicas colocadas em prática não correspondem aos efeitos prometidos no respectivo discurso, muito embora o imaginário neoliberal tenha continuado a produzir imagens positivas desse modelo econômico.

Como o poder de escolher uma determinada política econômica ou de decidir um *hard case* no exercício da função jurisdicional, também as crises têm uma dimensão imaginária. A crise, entendida como um momento em que o velho perde potência enquanto o novo ainda não se mostra capaz de substituí-lo, é sempre uma disputa pelo imaginário. A crise de uma racionalidade é uma espécie de interregno de imagens hegemônicas que gera uma espécie de mal-estar.

Uma mesma coisa que se mostre complexa (um evento histórico, por exemplo), algo que não pode ser resumido em uma só palavra mestra ou reduzido a uma única ideia, pode servir à construção de imagens variadas, das mais simples às mais sofisticadas, de imagens favoráveis ao evento às mais desfavoráveis, imagens conservadoras e imagens revolucionárias. Por exemplo, os eventos de "Maio de 1968" permitem, ainda hoje, a criação e a divulgação de múltiplas imagens e de ideias contraditórias e com funcionalidades políticas bem diversas.

---

2   Por todos, cf. PIKETTY, 2020, op. cit.

Como reconheceu Alain Badiou sobre o fenômeno social que ficou conhecido como "Maio de 1968", "é impossível fornecer uma imagem unificada e cômoda".[3] Uma primeira imagem, que poderia ser chamada de fúnebre, seria a de que os valores de 1968, que levaram às manifestações de rua em várias partes do planeta, desapareceram. Outra imagem, menos trágica, mas ainda mais ideológica, que ganhou força a partir da onda anticomunista na França, é a de que é possível representar Maio de 1968 como a vitória do capitalismo liberal, porque os valores libertários, a transformação dos costumes, o individualismo, a busca pelo prazer sem limites encontrariam sua plena realização dentro do capitalismo e de seu universo marcado por uma autorização ilimitada para consumir. É possível, porém, identificar imagens desse mesmo evento histórico que se encontram em outro campo ideológico. Uma imagem utópica de 1968, por exemplo, permite ver nos acontecimentos e na potência revelada durante aquele período uma autorização para sonhar com outro mundo possível.

Da mesma maneira, é no campo do imaginário, responsável pela criação das imagens dominantes tanto na sociedade como na economia psíquica de cada um, que se desenvolvem as disputas político-ideológicas que, depois, irão exteriorizar-se em manifestações de força e em discursos. Como já se viu, as relações de força não são apenas materiais, mas sobretudo ideológicas;[4] ou seja, não é necessário recorrer à violência contra o corpo de uma pessoa para poder exercer a dominação sobre ela. Ao contrário, os atos

---

3   Segue-se aqui, em linhas gerais, as leituras produzidas por Alain Badiou em BADIOU, Alain. *L'Hypothese communiste*. Paris: Lignes, 2009, pp. 39-57. [Ed. bras.: *A hipótese comunista*. São Paulo: Boitempo, 2012.]
4   Nesse sentido, cf. PIKETTY, 2020, op. cit.

de força não passam de exceções, até porque constituem os meios menos eficazes de exercer-se poder sobre o outro. Há imagens com potencial de manipular vontades, imagens capazes de dominar e imagens direcionadas à naturalização de diferentes formas de opressão. O que hoje entende-se por psicopoder, por exemplo, exerce-se pela construção e pela propagação de imagens e, em consequência, pela produção de ideias que irão direcionar (e, por vezes, condicionar) a vontade e o corpo dos indivíduos.

Se as pessoas esquecem ou ignoram que muito do que hoje é percebido como natural, antes era considerado impossível (a Terra girar em volta do Sol, o homem descender de outros primatas etc.), haverá uma tendência ao conformismo. Se uma pessoa acredita na ideia neoliberal de que "não há alternativa", ou de que "outro mundo não é possível", resta a ela a inércia.

Pense-se ainda na ideia de "liberdade", que, redefinida pelo neoliberalismo, é o ponto de partida do imaginário neoliberal:[5] uma liberdade, quase pré-reflexiva, que se dá em um quadro no qual as pessoas acreditam ter consciência de suas ações, mas ignoram as causas que as determinam. A liberdade neoliberal, em concreto, limita-se à possibilidade de contratar e de empreender, mas serve sobretudo ao controle psicopolítico da população.

Tanto as ideologias como a percepção das relações materiais são produções imaginárias. É graças ao imaginário que se torna possível pensar em um mundo novo ou em uma sociedade diferente, isso porque a afirmação e a negação de uma perspectiva transformadora são pensamentos construídos pelas imagens que se têm do Estado, da sociedade e

---

5   LORDON, 2013, op. cit., p. 270.

do indivíduo. O imaginário controla o possível e o impossível. O neoliberalismo, em sua dimensão de governo, por exemplo, utiliza-se de técnicas para organizar o possível, enquanto o imaginário neoliberal apresenta-se como o detentor do monopólio do possível.

O abandono da hipótese revolucionária, que desde a Revolução Francesa animava as políticas de emancipação (um abandono que é um imperativo do projeto de manutenção do *status quo*), é o resultado de um imaginário conformista e conservador — ou seja, de imagens negativas relacionadas às tentativas históricas de construir um mundo melhor. As crenças, por exemplo, de que a utopia comunista é um fracasso, de que o comunismo e o socialismo são demoníacos, de que a busca por um "comum" sempre resulta em totalitarismos, ou mesmo a representação de que o "bem" se reduz à luta contra o "mal" (o bem como vítima do mal), são efeitos de um imaginário "positivo" do capitalismo e da ideia de que não há alternativas (uma imagem que, na era Thatcher, eternizou-se no acrônimo TINA — "There Is No Alternative").

Tanto o fatalismo (a ideia de que não há o que fazer) como a imagem que se tem das derrotas e dos fracassos dependem do imaginário. Uma derrota pode ter uma imagem exclusivamente negativa e levar à ideia de que há nada o que aprender, nem o que se fazer diante dela. Em um imaginário conservador, a sucessão de imagens de fracasso — por vezes, sangrentas e terríveis — que são produzidas sobre um determinado evento ou movimento histórico tende a levar ao abandono de princípios e teses provisoriamente derrotados, mas que ainda poderiam servir como instrumentos à transformação social. Dito de outra forma: uma derrota no campo do imaginário, com o desaparecimento das imagens positivas ligadas aos fenômenos alternativos ao capitalismo e a correlata formação de imagens fatalistas (de que não há outro mundo possível), leva ao abandono radical de qualquer esperança relacionada às imagens que foram derrotadas, como aconteceu, por exemplo, com a hipótese comunista.[6]

O imaginário conservador (e o imaginário neoliberal faz uso do conservadorismo para se manter hegemônico) produz imagens simplistas das derrotas dos movimentos emancipatórios. Essa simplificação da realidade, típica de todo movimento autoritário, leva à ideia de que não há escolha ou opção ao mundo em que se vive. Todavia, o real não é conservador, e a realidade pode ser alterada a partir de mudanças no simbólico e no imaginário. É possível construir imagens e significações positivas das derrotas e mesmo dos eventos mais abomináveis. Imagens de derrotas e do horror podem servir de lições. Uma derrota pode significar apenas um "ainda não", ou um "melhor de outra forma". O exemplo do Teorema de Fermat, trazido por Alain Badiou,[7] é esclarecedor: entre Pierre de Fermat, que formulou a hipótese matemática, e Andrew Wiles, que, finalmente, conseguiu demonstrá-la, passaram-se muitos anos e várias tentativas fracassadas (inclusive a do próprio Fermat). Cada fracasso produzia novas imagens favoráveis ao desenvolvimento da matemática e, diante da fecundidade das derrotas, também servia de estímulo aos matemáticos.

Há uma dimensão dialética (e uma imagem positiva) no fracasso (por vezes, apenas aparente ou provisório). Um imaginário conservador ou reacionário transforma as ideias de

---

6 Sobre o tema, cf. BADIOU, 2009, op. cit.
7 BADIOU, 2009, op. cit.

fracasso ou de derrota em sinônimos de "ruína" e de "impossibilidade", enquanto um imaginário progressista ou dialético aprende com os fracassos e não se deixa paralisar diante das derrotas. Uma imagem simplista de uma derrota, como o "fim do jogo", típica do imaginário conservador, mostra-se adequada a um determinado regime de verdade, no qual a complexidade dos fenômenos é esvaziada. Não há neutralidade na simplificação do mundo. Imagens simplificadas das coisas levam ao empobrecimento subjetivo e atendem a determinados interesses político-econômicos. O empobrecimento subjetivo é político: é sempre uma opção. Esse empobrecimento caracteriza-se pelo esquecimento e velamento de pontos importantes à compreensão dos fenômenos.

Um ponto, por definição, é o momento de um procedimento de busca da verdade ou de um processo histórico em que ocorre uma escolha (fazer "isto" ou "aquilo") que decide o futuro do processo como um todo.[8] Como percebeu Badiou, "todo fracasso é localizado em um ponto" e, portanto, em uma opção por uma imagem, uma ideia e um caminho que definem o resultado e afastam-se de maneira irreconciliável da "verdade". Omitir o ponto e as imagens em disputa no momento da opção equivocada significa produzir o esquecimento e o velamento da existência de outras imagens e de outros caminhos que deveriam ter sido seguidos para alcançar-se a vitória ou a verdade.

Não se pode, por exemplo, descartar a hipótese de que o fracasso da experiência instaurada em 1917 na Rússia pode ter tido o seu início com o enfraquecimento e posterior desconsideração dos "sovietes" e dos "conselhos" que corporificavam o movimento de auto-organização dos operários,

---

8   Ibid., p. 33.

dos camponeses e dos soldados. A redução dos sovietes a uma "existência puramente espectral" (uma "ficção jurídico-política"),[9] — que inviabilizou a efetiva construção popular do comum e do autogoverno democrático, enquanto o poder era exercido, de fato, pelos órgãos centrais do Partido Bolchevique — pode ser o ponto que precisa ser analisado, compreendido e, a partir do qual, a hipótese comunista merece ser retomada por novas vias, por um novo imaginário e pela invenção de novas práticas de emancipação.[10]

Tanto a ideia de que o comunismo é forçosamente um totalitarismo quanto a de que o "bem" não é algo que se deve buscar construir (bastando apostar em mecanismos que impeçam o "mal") são produções do imaginário capitalista. A criação de uma imagem exclusivamente negativa do socialismo e do comunismo — no sentido de que "a norma de todo empreendimento coletivo é o número de mortos"[11] — leva ao apagamento dos genocídios e dos assassinatos em massa coloniais, bem como dos milhões de mortos das guerras civis, dos golpes de Estado e das grandes guerras pelos quais o Ocidente capitalista e os seus grupos dirigentes (econômicos e políticos) adquiriram poder e enriqueceram. O imaginário, como se vê, é sempre político. As construções imaginárias têm uma funcionalidade política. O imaginário neoliberal, em particular, desde que se tornou hegemônico, produz imagens conservadoras: imagens ligadas a um passado idealizado e a um futuro terrível, imagens positivas da inércia e imagens negativas de tudo aquilo que possa representar uma tentativa de superação da racionalidade neoliberal.

---

9   Cf. DARDOT, Pierre; LAVAL, Christian. *A sombra de outubro: a Revolução Russa e o espectro dos sovietes*. São Paulo: Perspectiva, 2018.
10   Ibid., p. XXVII.
11   BADIOU, 2009, op. cit., p. 9.

A oposição construída, no campo do imaginário, entre a "bondade" (imagem positiva) da democracia ocidental e a "maldade" (imagem negativa) do comunismo no século XX, parte de imagens que tinham, e ainda têm, uma determinada funcionalidade político-econômica — a saber, defender o capitalismo, ou seja, justificar o livre mercado, a concorrência, a propriedade privada, a desigualdade e, em especial, a acumulação tendencialmente ilimitada do capital. É esta funcionalidade político-econômica que explica a importância que os detentores do poder político e do poder econômico dão às tentativas de influenciar a formação das imagens que as pessoas têm dos fenômenos, das coisas e das pessoas.

Não por acaso, o imaginário neoliberal produziu uma mudança na imagem historicamente construída do mundo ocidental e de seus valores. A ideia de uma sociedade que se caracterizava pelo autocontrole e pela busca de consenso entre as diferenças deu lugar à imagem de uma sociedade em constante disputa, em que pessoas que se percebem como empresas estão em concorrência com outras pessoas que também se percebem como empresas e na qual se instaura um "vale-tudo" para obter lucros, alcançar vantagens ou manter privilégios sociais. Essa "imagem-de-si", que tende ao conflito, passa a autorizar as manifestações de ódio, as desconfianças sociais, o crescimento do ressentimento e a tensão colérica na esfera pública. As tentativas de autocontrole dos afetos também cedem, o que pode ser percebido a partir das imagens, das ideias e das opiniões que acabam exteriorizadas, sem maiores reflexões, nas redes sociais da internet, nas ruas e mesmo dentro do ambiente familiar.

Pode-se, então, reconhecer uma nova imagem da civilização, que, para muitos, é, na verdade, um sintoma do processo de "de-civilização"[12] em curso. O processo civilizatório costuma ser definido como uma tendência de longo prazo feita da interdependência e do entrelaçamento social que conduziria, progressivamente, ao controle dos afetos e ao controle-de-si.[13] O imaginário neoliberal, em que ganha destaque a imagem da concorrência entre empresas, dificulta o entrelaçamento social e a consciência da interdependência. Isso porque esse imaginário faz surgir uma tendência à desagregação e ao descontrole dos afetos. A vocação neoliberal à ilimitação, por exemplo, permite um movimento deliberadamente descontrolado, ou seja, em sentido contrário ao do autocontrole. O sujeito neurótico, pensado por Freud para dar conta do homem médio da sociedade moderna, acaba, na sociedade neoliberal, substituído pelo sujeito perverso (aquele que conhece os limites, mas goza ao violá-los) e pelo sujeito psicótico (aquele que sequer introjetou a existência de limites).[14]

O imaginário neoliberal, em especial o conjunto de imagens ligadas à concorrência, faz com que a redução das desigualdades seja percebida como a causa de novas desigualdades ou de potenciais prejuízos. Em outras palavras, uma imagem negativa é construída a partir de um fenômeno que, em termos civilizatórios, tenderia a ser considerado algo positivo. Essa distorção produzida no registro imaginário, mais precisamente na "imagem que se tem da

---

12   NACHTWEY, Oliver. "La dé-civilisation". In: GEISELBERGER, Heinrich (Org.). *L'Age de la régression*. Paris: Gallimard, 2017, pp. 217-236. [Ed. bras.: *A grande regressão: um debate internacional sobre os novos populismos — e como enfrentá-los*. São Paulo: Estação Liberdade, 2020.]
13   Por todos, cf. ELIAS, Norbert. *La Dynamique de l'Occident*. Paris: Pocket, 2003; *A sociedade de corte*. Rio de Janeiro: Zahar, 2001.
14   Nesse sentido, cf. DUFOUR, 2005, op. cit.

vida", foi demonstrada em pesquisa realizada nos Estados Unidos: a esperança de vida dos norte-americanos cresceu em seu conjunto, mas, paradoxalmente, reduziu substancialmente a "esperança de vida" dos operários brancos.[15] A redução da desigualdade racial e a diminuição da invisibilidade social de pessoas negras — em especial, o fato de negros e negras passarem a ocupar lugares e alcançarem prestígio antes reservados a pessoas brancas — produz, a partir do imaginário neoliberal do operário branco, a ideia de uma vitória do concorrente/inimigo, com a diminuição de uma posição de vantagem (o "privilégio branco"). A imagem da perda desse privilégio é percebida por muitos como uma declaração de guerra, na medida em que essa posição de vantagem era imaginada como o patrimônio que restou diante das várias precarizações a que esses indivíduos (homens brancos pobres) foram submetidos.

Não por acaso, uma das causas que costuma ser apontada para o enfraquecimento dos laços sociais é o conflito e a concorrência entre grupos dominantes (ou que se acreditam superiores) e seus potenciais rivais, ainda que imaginários. Não se trata apenas de um grupo suportar perdas econômicas em razão do sucesso alheio, mas, principalmente, do fato de que a ascensão do "outro" é percebida como uma ameaça à imagem que esses grupos têm de si, o que leva à nostalgia e ao desejo de restaurar a antiga ordem. Os movimentos de de-civilização, que se direcionam ao abandono dos limites democráticos, ligam-se à ideia de que são esses limites (valores, regras e princípios) os responsáveis tanto

---

15   THERBORN, Göran. "An age of progress?". *New Left Review*, Londres, II/99, 2016, p. 35.

pelo sucesso do concorrente/inimigo como pelo sentimento de ser rebaixado ou humilhado.

A imagem que as pessoas têm de si torna-se negativa diante do aumento da concorrência, da perda de segurança e da sensação de rebaixamento, que são os efeitos das políticas e da racionalidade neoliberal. Para alterar esse quadro de negatividade, essas pessoas passam a acreditar na necessidade de romper o pacto civilizatório que favoreceu os concorrentes/inimigos. No imaginário desses grupos que ainda se percebem como superiores, e mesmo para os detentores de poucos privilégios (como, por exemplo, o privilégio de ser "homem" ou de ser "branco"), os valores, os princípios, as regras e os critérios de comportamentos civilizados perdem frequentemente seu significado e tornam-se disfuncionais, porque também passam a ser percebidos como fontes de risco aos seus poderes ou aos seus privilégios.

Portanto, em certo sentido, a de-civilização pode ser tida como a expressão de um combate por determinadas posições de superioridade, de valores ou de privilégios. Em nome de vantagens e de lucros — da vitória na luta concorrencial entre pessoas que se acreditam "empresas" — os antigos "defensores da civilização" (inclusive, aqueles que se tornaram dominantes em razão das regras civilizatórias) revelam-se bárbaros. O "devir bárbaro", portanto, liga-se intimamente à lógica da concorrência e ao imaginário neoliberal. O neobárbaro é a pessoa que tem de si a imagem de uma pessoa ameaçada, depreciada e explorada pelo outro (por exemplo, pelo beneficiário de um programa social, por uma pessoa negra que ascendeu socialmente etc.).

Nos processos de-civilizatórios, a distorção produzida pelo imaginário construído a partir de técnicas de idiossubjetivação fica evidente quando se percebe, por exemplo, que a imagem da assimilação neoliberal de pessoas negras e de mulheres (e inclusive de parte da pauta feminista) não passa de um simulacro, de mais uma construção ideológica. O encarceramento em massa da população negra[16] em países, como o Brasil e os Estados Unidos, a dominação patriarcal, o número de feminicídios e a permanência da estigmatização tanto de negros como de mulheres são sintomas de que a ameaça à "hegemonia do homem branco" não passa de uma ilusão. Na realidade, o imaginário neoliberal produz um velamento sobre a responsabilidade das políticas neoliberais na precarização da vida de todos, brancos e negros, homens e mulheres, produzindo imagens que levam os segundos (pessoas negras e mulheres) a serem tidos como "culpados" da queda da qualidade de vida dos primeiros (homens e pessoas brancas).

O imaginário neoliberal e os processos de idiossubjetivação produzem esse esquecimento (a ausência de imagens) tanto das consequências das políticas neoliberais como do fato de que a regressão civilizatória é uma consequência necessária de um projeto comprometido com a ilimitação na busca por lucros e por outras vantagens. O "progresso" neoliberal carrega em si o abandono de valores e de princípios caros à civilização. Cria-se uma espécie de "modernização regressiva",[17] que se mostra compatível com a assimilação de pautas identitárias, mas que necessita da manutenção da desigualdade para ampliar as margens de lucro. Dá-se, então, a apropriação neoliberal das igualdades cultural e jurídica das minorias sexuais e étnico-raciais, reduzindo a

---

16 Sobre o tema, cf. ALEXANDER, Michelle. *A nova segregação: racismo e encarceramento em massa*. São Paulo: Boitempo, 2018.
17 NACHTWEY; In: GEISELBERGER, 2017, op. cit., p. 220.

maioria dos militantes dessas causas a meros consumidores "satisfeitos" com os novos produtos que lhes são oferecidos, enquanto os direitos sociais são fragmentados, as relações de trabalho são precarizadas e o mercado é desregulamentado. Como explica Oliver Nachtwey, essa modernização regressiva se traduz, normalmente, pela imagem de "uma igualdade horizontal de grupos com traços característicos diferentes (pertencimento sexual ou étnico-racial, por exemplo) e, simultaneamente, por novas desigualdades e por novas discriminações verticais",[18] com repercussões no campo da normatividade neoliberal.

Tem-se, então, de reconhecer o imaginário neoliberal como condição de possibilidade para compreender a mutação da ideia moderna de civilização para a imagem neoliberal de civilização (que, em realidade, poderia ser chamada de de-civilização). A imagem da sociedade como "uma empresa constituída de empresas"[19] deu ensejo a uma nova normatividade e levou a uma nova ideia de "civilização", uma vez que a ideia hegemônica até meados do século XX não interessava ao projeto de acumulação ilimitada e de exploração a que aderiram os detentores do poder econômico. Se a ideia de civilização foi construída em razão de uma mutação do conjunto das estruturas sociais e de uma nova imagem-de-si de cada indivíduo, com a constatação de que a existência de limites eram importantes para a vida em sociedade (uma vida em "comum") e o estabelecimento de um *habitus* psíquico que exigia a renúncia da satisfação imediata dos desejos e dos interesses de cada um, o imaginário

---

18 Ibid., p. 220.
19 DARDOT, Pierre; LAVAL, Christian. *A nova razão do mundo: ensaio sobre a sociedade neoliberal*. São Paulo: Boitempo, 2019, p. 321.

neoliberal (a imagem da sociedade como "um empresa formada por outras empresas") fez desaparecer essa autorregulamentação individual. O "não" como o significante do limite, por ser um obstáculo ao lucro, perde potência em meio aos cálculos de interesse.

Do ponto de vista de um olhar direcionado ao Estado, o processo civilizatório pode ser descrito como um movimento em direção a um poder centralizado que detém o monopólio da violência e da solução de determinados conflitos. Cabe ao Estado "civilizado", e apenas a ele, exercer o "poder de polícia", sancionar as pessoas que violam as normas jurídicas e solucionar os conflitos de interesse que os próprios envolvidos não conseguiram resolver. A ideia de "lide" (entendida como um conflito de interesses qualificado por uma pretensão resistida) como conteúdo do processo judicial e a consagração do princípio da "reserva de jurisdição" (que enuncia caber apenas ao Poder Judiciário a solução de determinados conflitos ou a declaração da norma aplicável a determinados casos) liga-se a esse processo de centralização do poder.

A ideia de "civilização" também é o resultado do aparecimento de grupos sociais bem definidos, bem como da disputa do poder social entre estes grupos (em especial, diante do crescimento da média burguesia entre os séculos XVIII e XX). Os limites civilizatórios apareciam, então, para assegurar a patilha do poder social, que, em um momento de otimismo, chegou a ser almejado também por frações da classe operária industrial.

Não é difícil perceber que o movimento em direção à ideia de "civilização" (e, com ela, à construção de uma cultura democrática) está sempre acompanhado da sublimação das pulsões: uma espécie de autoconstrangimento que constitui uma forma de dominação mais efetiva do que os constrangimentos impostos do exterior (a ameaça de uma pena privativa de liberdade, por exemplo). A sublimação das pulsões não impede, porém, que imagens ligadas às pulsões reprimidas e sublimadas continuem a ser produzidas, o que torna a ideia de civilização sempre provisória, sempre ameaçada. É o imaginário que constrói a civilização, mas também é o imaginário que produz as tensões que colocam em risco essa ideia.

Em razão dos limites civilizatórios, certos grupos perderam parte de seus privilégios e os detentores do poder econômico passaram a encontrar novos obstáculos ao aumento da margem de lucros. A partir do imaginário neoliberal, contudo, surge uma autorização para afastar qualquer limite. Os constrangimentos sistêmicos neoliberais passam a substituir os constrangimentos civilizatórios: instaura-se um verdadeiro processo de destruição da cultura em favor da realização dos interesses. O egoísmo passa progressivamente a substituir a solidariedade no campo social. A imagem positiva do "individualismo" ligada à autonomia do sujeito, gerada no curso do processo civilizatório, dá lugar ao egoísmo (agora, transformado em virtude), que é um dos efeitos da desconstrução tanto da imagem positiva do Estado Social como das reservas de solidariedade. Com isso, o medo — ligado ao risco de decadência social — e o ressentimento — relacionado à perda concreta de privilégios que, antes, eram relativizados diante da imagem positiva dos avanços civilizatórios — passaram a pautar as ações individuais e as opções políticas. Crescem, assim, as versões hiperautoritárias do neoliberalismo e intensifica-se o processo de de-civilização, porque o indivíduo neoliberal que se percebe abandonado não encontra compensações a esses riscos de perdas materiais e simbólicas em seus cálculos de interesse.

A de-civilização, que muitos vão retratar como "a grande regressão", intensifica-se nos anos 1970, na medida em que os detentores do poder econômico começaram a emancipar-se do papel de "animal útil" da reconstrução do pacto civilizatório após a Segunda Guerra Mundial.[20] Restaura-se, então, a imagem da economia como "força coercitiva social", ou seja, a lei do economicamente "mais forte" como condicionante social voltada ao atendimento prioritário dos interesses dos detentores do poder econômico em detrimento da ideia de progresso social coletivo. As políticas sociais, pensadas a partir de um imaginário em que a solidariedade era uma virtude, passaram a ser substituídas por medidas adequadas a um modelo de mercado privado, a partir da transformação da imagem da solidariedade em uma fraqueza (uma "negatividade"). Em realidade, como já se viu, a de-civilização é o resultado de um "conflito distributivo entre classes",[21] nas quais o imaginário positivo das políticas sociais distributivas (que gerava a imagem dos "dependentes de salários" e dos "dependentes de políticas públicas") foi substituído por um imaginário positivo das empresas privadas (que gera a imagem dos "dependentes de lucro").[22]

Apesar dos efeitos perversos do neoliberalismo, essa mudança do imaginário, com a aceitação do mundo e das categorias neoliberais como dados incontestáveis, só foi possível a partir da promessa de um mundo de bem-estar que seria construído pela inciativa privada a partir das virtudes do mercado e das empresas, além da construção de imagens positivas da desregulamentação, de uma economia global

---

20   Nesse sentido, cf. STREECK, Wolfgang. *Tempo comprado: a crise adiada do capitalismo democrático*. São Paulo: Boitempo, 2018.
21   Ibid., p. 16.
22   Ibid., p. 16

ilimitada e dos Estados colonizados pelos mercados — que, por sua vez, seriam os responsáveis por levar a felicidade aos cidadãos transformados em consumidores. Ainda dentro da imagem de um "grande mercado feliz" (uma *big happy family* empresarial), existiria uma *governança global*, que substituiria com vantagens os governos nacionais e as paixões ideológicas, da mesma maneira que o exame tecnocrático das possibilidades econômicas substituiria as lutas políticas, tudo em nome da felicidade dos indivíduos "livres". Uma felicidade que, como se percebe, nunca veio (a não ser para os super-ricos). A época da hegemonia do imaginário neoliberal é, em concreto, o período da redução do crescimento e do aumento tanto das desigualdades como do endividamento. O endividamento torna-se, aliás, uma peça fundamental ao controle da população e às normas técnicas de governo,[23] pautadas nos imperativos do mercado e das finanças.

A situação de países como a Grécia é um exemplo que serve para demonstrar que a imagem da *global governance* está ligada a uma tentativa de controlar os Estados e a sociedade, direcionando-os à realização dos interesses dos detentores do poder econômico, ao mesmo tempo em que esse verniz modernizante oculta a desdemocratização inerente à radicalização neoliberal. Pode-se, então, falar de uma "governabilidade autoritária pela dívida"[24] (uma "dividocracia"), na qual a dívida de um país é utilizada como uma "arma de guerra e de coação" capaz de afastar a soberania popular. Isso fica evidente no caso da Grécia, em que a vontade dos eleitores, externada pelos votos em

---

23 Sobre o tema, cf. LAZZARATO, Maurizio. *O governo do homem endividado*. São Paulo: n-1 Edições, 2017.
24 Sobre o tema, cf. DARDOT, Pierre; LAVAL, Christian. *Ce cauchemer qui n'en finit pas*. Paris: La Découverte, 2016, pp. 143-175.

um partido (Syriza) que prometia o fim das políticas de austeridade exigidas por instituições internacionais "apolíticas", foi desconsiderada após uma guerra econômica e ideológica que fez os novos eleitos recuarem no projeto de realizar mudanças político-econômicas. Em apertada síntese, o exemplo da Grécia permite afirmar que o imaginário de uma "democracia liberal do tipo clássico não está mais na ordem do dia em um mundo em guerra econômica e militar generalizada",[25] uma vez que chantagens econômicas e ameaças de intervenções militares passaram a ser "normais" para assegurar a confiança do mercado e a submissão dos interesses sociais aos interesses dos credores da dívida, o que inviabiliza qualquer margem de manobra dos governantes para atenderem aos interesses da população.

Enquanto isso, o processo de de-civilização torna-se atraente do ponto de vista de quem lucra com o neoliberalismo. Mesmo as crises financeiras geradas pela adoção de políticas econômicas neoliberais tornam-se fonte de lucros para os detentores do poder econômico. Mesmo as perdas financeiras e as precarizações vivenciadas pela maioria dos indivíduos são incapazes de modificar a racionalidade neoliberal ou de alterar o respectivo imaginário. Em meio ao ressentimento, à cólera, ao medo e às perdas materiais, o mercado continua a ser a imagem de referência para todos os domínios da vida, enquanto os indivíduos são constrangidos a performar como empresas, a participar do jogo da concorrência/competição, a superar os concorrentes/inimigos, a "otimizar suas competências" etc. O imaginário neoliberal potencializa os efeitos perversos dos constrangimentos sistêmicos ao produzir a imagem de que as perdas,

---

25 Ibid., p. 149.

os aviltamentos, as humilhações e os fracassos devem ser imputados, exclusivamente, à própria pessoa (a uma "falha da gestão" do "empresário-de-si").

Em razão do imaginário neoliberal, a autonomia do indivíduo desaparece, porque a crença na ideia de que não há alternativas (TINA) ao neoliberalismo obriga a pessoa a submeter-se às regras do jogo neoliberal. Como percebeu Oliver Nachtwey, se a promessa iluminista era de que o sujeito poderia, pela razão, dominar o mundo, o neoliberalismo, um modelo de razão instrumental total, fez com que "o controle exercido pelo indivíduo sobre o mundo se tornasse, todavia, controle total exercido pelo mundo sobre a pessoa".[26] O mercado passa, então, a dominar o funcionamento do indivíduo. O sujeito torna-se um instrumento do mercado. Tem-se um individualismo não autônomo, pois condicionado pelo mercado. Desaparecem também os laços sociais na construção da imagem do "cidadão do mercado".

Também a imagem de uma vida segura, a ideia de segurança antes relacionada à realização dos direitos ("segurança dos direitos"), altera-se no ambiente neoliberal, a ponto de a "segurança" (o "direito à segurança") passar a ser pensada como uma mercadoria que seria capaz de conferir ao cidadão que a adquire um imaginário tanto de tranquilidade como de controle do seu destino. A insegurança, reforçada por imagens produzidas pelos meios de comunicação de massa, torna-se um sentimento manipulado pelos detentores do poder político. O desaparecimento da solidariedade coletiva, o medo da perda do prestígio social, o enfraquecimento da relação familiar, a desterritorialização da produção, a precarização dos empregos e a sensação de impotência em relação ao

---

26   NACHTWEY; In: GEISELBERGER, 2017, op. cit., p. 226.

presente e ao futuro reforçam tanto o imaginário de insegurança como o potencial lucrativo das empresas que exploram este sentimento. Paradoxalmente, tal imaginário faz crescer também o medo da liberdade e o desejo de um controle sobre si imposto do exterior (aquilo que, em termos psicanalíticos, poderia ser chamado de "nostalgia do Pai'). Busca-se, então, uma força capaz de tranquilizar, desresponsabilizar o sujeito pelo seu destino e restabelecer a paz social, o que reforça imagens autoritárias do significante "segurança".

É a possibilidade de manipulação político-econômica do imaginário que explica as "novas" imagens negativas que passaram a ser produzidas em torno da ideia de democracia. Imagens que atendem aos detentores do poder econômico ao apresentarem os valores, as regras, os princípios e as formas democráticas como as causas de vários dos problemas presentes na sociedade. No imaginário neoliberal, os valores, as regras e os princípios democráticos deixam de representar limites ao arbítrio e à opressão no exercício do poder para darem lugar à ideia de que devem ser afastados por representarem obstáculos à eficiência do Estado e/ou do mercado. O imaginário neoliberal passa a produzir imagens negativas da "democracia" para poder justificar um "novo" neoliberalismo, desta vez explicitamente autoritário, que será apresentado como a resposta aos problemas criados pelo neoliberalismo "clássico", de verniz democrático. A democracia, que antes era a representação do que é "bom" (no Ocidente, a defesa contra o "mal" comunista), hoje, torna-se uma imagem suficientemente negativa, a ponto de poder ser descartada em atenção à conveniência dos detentores do poder. Com o fim da "ameaça comunista", a democracia perdeu parcela considerável do seu valor de uso e pode ser dada em sacrifício em nome da necessidade de manter a hegemonia neoliberal.

Percebe-se, então, que a imagem de uma sociedade como uma "empresa constituída de empresas"[27] necessita de um novo imaginário e leva a novas ideias que, pouco a pouco, se tornam hegemônicas. O sujeito, que o liberalismo já havia transformado em uma pessoa que realizava cálculos de interesse no mercado para alcançar a felicidade (aumentar o prazer e reduzir a dor e o desprazer), em razão do imaginário neoliberal, torna-se uma empresa que realiza cálculos de interesse para lucrar em meio à concorrência com outras empresas. Desaparece o homem liberal, pensado como um animal produtivo e consumidor, para dar lugar ao homem que se imagina como uma empresa, como uma coisa: um capital.

As democracias liberais eram imaginadas como espaços de tensões, de alteridades e de impulsos disjuntivos, compondo uma realidade que era dialética (Hegel), mas que contava com a existência de limites que permitiam o funcionamento heterogêneo do sujeito, assegurando tanto o respeito como a articulação entre as diversas esferas da vida e o respeito à diferença inscrita no "outro", o que permitiu o desenvolvimento de "dois impulsos paralelos: a democracia política e o capitalismo".[28] Assim, o sujeito moderno liberal cindiu-se: de um lado, o cidadão dotado de direitos e de garantias inegociáveis; do outro, o homem econômico guiado por seus interesses materiais (o indivíduo como meio para a obtenção de lucro). No neoliberalismo, este quadro muda: dá-se a primazia do homem empresarial, com o apagamento dos direitos e as garantias fundamentais, em favor da ilimitação do lucro. Tem-se, então, "o desenvolvimento

---

27   DARDOT; LAVAL, 2016, op. cit., p. 321.
28   Ibid., p. 323.

de uma lógica geral das relações humanas submetida à regra do lucro máximo".[29]

A idiossubjetivação, em atenção ao modelo neoliberal, procura ocultar ou eliminar as negatividades. Buscar a eliminação das negatividades não é uma estratégia recente: vale lembrar que, para os nazistas, os judeus não eram apenas uma minoria, mas "a antirraça, o princípio negativo enquanto tal".[30] As coisas tendem, portanto, a serem vistas exclusivamente como positividades ("simples", "felizes" etc.), e a positividade é o registro das mercadorias. Desaparece, dessa forma, a possibilidade da dialética, em que o positivo e o negativo se atraem e, mesmo assim, também se excluem — uma dialética em que afirmação e negação coexistem enquanto se articulam, o que é típico do pensamento complexo e contraproducente à visão neoliberal de mundo.

O caráter plástico, plural e adaptável do neoliberalismo antes mencionado deve-se às imagens neoliberais que se caracterizam pela fluidez e pela volatilidade, embora sempre voltadas ao objetivo de satisfazer os interesses dos detentores do poder econômico. Neste mundo neoliberal, a estabilidade dá lugar à agilidade necessária aos negócios, enquanto a substância cede primazia à aparência.

O capitalismo deve sua permanência ao imaginário e, mais precisamente, às imagens relacionadas às ideias de "necessidade" e "felicidade" que foram associadas a essa criação histórica. Pense-se na imagem positiva associada ao "fordismo" (forma de racionalização da produção em massa) iniciada em 1913. Para alguns, a imagem que se fez do "fordismo" permitiu, pela primeira vez, "um imaginário

---

29 Ibid., p. 323.
30 ADORNO; HORKHEIMER, 1985, op. cit., p. 157.

positivo do capitalismo em torno dos valores sociais da mercadoria e do consumo".[31] Da mesma forma, o *New Deal* (1933-1937) atualizou as imagens positivas e de esperança relacionadas ao capitalismo.

Foi no plano do imaginário que se deu o rearranjo que introduziu o consumo, os cálculos de interesse, o egoísmo, a concorrência e o mercado como elementos estruturantes da forma como se atua na sociedade contemporânea. Assim, tem razão Frédéric Lordon ao afirmar que o "consumo de massa produziu um dos rearranjos mais profundos e mais estruturantes do imaginário coletivo contemporâneo, o desejo de aquisição [...] pôde ser instituído como uma norma de vida".[32] Instaurou-se, então, a partir do desejo de adquirir bens de consumo, todo um imaginário positivo em torno do consumo de massa, da cultura de massa, da indústria cultural, do mercado etc.

Em síntese, é no registro imaginário que surgem, a partir das imagens e das ideias, os afetos, os desejos e a dimensão imaginária/subjetiva da verdade. Apenas a colonização neoliberal do imaginário permite explicar, diante do atual quadro de desenvolvimento tecnológico, por exemplo, a aceitação de discursos que justificam a desigualdade, a violência e a injustiça como dados naturais. Dito de outra forma, a imagem que se tem da desigualdade, da violência, da injustiça e, enfim, da própria civilização depende do imaginário. A manutenção do neoliberalismo também. Compreender a autonomia do imaginário — entendido como um dispositivo ideológico e cultural que produz imagens e ideias — e sua natureza constitutiva da realidade permite, por exemplo,

---

31   LORDON, 2013, op. cit., p. 87.
32   Ibid., p. 87.

desvelar o equívoco de teorias segundo as quais o estado das forças econômicas e das relações de produção determinariam mecanicamente a superestrutura ideológica da sociedade, pois "para um mesmo estado de desenvolvimento da economia e das forças produtivas [...] sempre existe uma multiplicidade de regimes ideológicos, políticos e de desigualdades possíveis".[33] O modo como vai ser estruturado um determinado sistema econômico ou jurídico, bem como as vias escolhidas para organizar uma sociedade e controlar o exercício do poder, depende mais do imaginário (da imagem que se tem dos sistemas econômico e jurídico, da sociedade e do exercício do poder) do que das forças econômicas e das relações de produção existentes. É o imaginário que permite que a desigualdade extrema ou a morte de um indivíduo acabem naturalizadas ou não. É ele que autoriza a inércia ou a reação diante de um fenômeno.

É importante levar em conta que várias opções políticas e caminhos não foram seguidos por terem sido inviabilizados e/ou invisibilizados a partir do registro do imaginário. O imaginário cria a presença e, também, o vazio — o que está "dentro" e, igualmente, o que fica de "fora" da realidade. É no campo do imaginário que se desenvolveu a era do humanismo, que tem início na Itália, no período de transição da Idade Média para a Idade Moderna, e que se caracteriza pela superação do teocentrismo e sua substituição pela imagem antropocêntrica, em que o homem aparece como o centro dos interesses, das reflexões e das formulações, com a valorização de categorias, como a razão, o pensamento e o conhecimento. Todavia, como já se viu, também foram mudanças no imaginário que levaram ao

---

33   PIKETTY, 2019, op. cit., p. 21.

fim do humanismo, com a percepção de que a tecnologia e o desenvolvimento não eram direcionados à humanidade e que, ao contrário, o desenvolvimento e a técnica levaram à desumanização, como ficou evidente na história a partir do que aconteceu em Auschwitz.

Foi o imaginário que tornou possível o nazismo e o stalinismo, mas também permitiu superá-los. É no imaginário neoliberal, por exemplo, que se constrói uma visão de democracia que se encontra em oposição à ideia de cidadania. Também é esse imaginário que forja o movimento de "deserção cívica", que pode ser percebido tanto nos discursos de rejeição da política e dos políticos como nos altos índices de abstenção eleitoral observados em todo o mundo condicionado pelo neoliberalismo. Também se deve a esse imaginário tanto o esfacelamento da perspectiva revolucionária, que estimulava mudanças radicais, como a correlata implosão das faculdades mais elementares de crítica. Em breve resumo, o imaginário neoliberal criou uma realidade de impotência por meio de imagens que funcionavam como matéria-prima e, ao mesmo tempo, como sintomas dessa incapacidade de ação. Para atestar isso, basta pensar nas imagens conservadoras, relacionadas com um passado mítico de abundância, de privilégios e de pureza, bem como com o medo de qualquer mudança, em um típico imaginário propício tanto à "regressão do espírito público a um moralismo *new look*, ainda mais inepto e artificial que suas versões anteriores",[34] como ao crescimento do racismo (em suas diversas formas e manifestações), da homofobia, do sexismo e do ultranacionalismo.

---

34   GAUCHET, Marcel. *La Démocratie contre elle-même*. Paris: Gallimard, 2002, p. 177.

O imaginário neoliberal pode ser descrito como uma imensa máquina de produção de imagens, ideias, desejos, sentimentos, afetos, bens e serviços. Na medida em que o imaginário é constitutivo da realidade, tudo que existe e pode ser representado tem uma dimensão imaginária. O que caracteriza o imaginário neoliberal é a configuração econômica do conjunto de imagens que é produzido a partir das imagens que se têm de "empresa" e de "concorrência". Em outras palavras, todas as imagens neoliberais são construídas e percebidas a partir de ideias como "interesse", "utilidade" e "concorrência entre empresas".

Como já se viu, o "momento neoliberal caracteriza-se por uma homogeneização do discurso do homem em torno da figura da empresa"[35] — ou seja, uma identidade construída a partir de imagens que fazem de cada sujeito uma "empresa em concorrência" com outros sujeitos "empresariais". O sujeito neoliberal é o sujeito empresarial, e a lógica da concorrência condiciona a sua vida. Empresa é também o "nome que se deve dar ao governo de si na era neoliberal".[36] Desenvolve-se, então, um imaginário voltado à produção de uma subjetividade comprometida com uma atividade que deve gerar lucro.

O sujeito neoliberal é o sujeito do desempenho, que deve ter uma performance plenamente engajada com a sua atividade. O sujeito passa, a partir desse imaginário, a trabalhar a serviço dos detentores do poder econômico como se trabalhasse para si mesmo: o indivíduo trabalha feliz, acreditando que o resultado do seu trabalho (ou mesmo, de seu lazer, como no caso de empresas como o Facebook e o

---

35 DARDOT; LAVAL, 2016, op. cit., p. 326.
36 DARDOT; LAVAL, 2016, op. cit., p. 328.

Instagram), que serve para que terceiros lucrem ainda mais, atende, exclusivamente, a ele. O ideal neoliberal é explorar o trabalho, de quem não sabe que está sendo explorado, 24 horas por dia, 7 dias por semana. Como perceberam Dardot e Laval, estas "novas técnicas de 'empresa pessoal' chegam ao cúmulo da alienação ao pretenderem suprimir qualquer sentimento de alienação".[37]

No imaginário idiossubjetivado que permite o neoliberalismo, a imagem que se tem do mundo é a de um conjunto de bens voltado ao crescimento econômico; a imagem que se tem do Estado é a de um ente comprometido com o desenvolvimento do mercado e a proteção dos interesses econômicos; a imagem idiossubjetivada que se tem da sociedade é a de um agrupamento plenamente econômico (ou, ao menos, a de uma sociedade de alta densidade econômica); e, por fim, a imagem que se tem do indivíduo é a de um "objeto", de um "capital humano" ou um de "empresário-de-si". A ilimitação, vale insistir, acabou naturalizada. O egoísmo aparece como uma virtude, ao passo que a imagem da solidariedade é apresentada como uma fraqueza. Em suma, pode-se afirmar que, no Ocidente, a imagem que se tem é aquela que "faz do mercado o modelo único das relações humanas"[38] em um mundo cada vez menos humanizado.

Vale, porém, lembrar e refletir: nem sempre foi assim. Existiu um tempo em que as ideias de liberdade absoluta para produzir, para comercializar e para lucrar não eram aceitas, enquanto nem naturalizada era a imagem do "homem econômico", que começou a ser construída apenas

---

37 Ibid., p. 327.
38 LAVAL, Christian. *L'Homme économique*. Paris: Gallimard, 2007, p. 9.

no século XVIII. Também a acumulação de bens materiais não era percebida como o único objetivo dos seres humanos, e as pessoas não eram tratadas como máquinas destinadas a obter vantagens em cada momento de sua existência. Enfim, na realidade anterior à hegemonia do imaginário neoliberal, não causaria surpresa a percepção da existência para além da maximização da satisfação dos interesses pessoais.

Para entender a hegemonia do imaginário neoliberal, é importante entender as mutações das ideias de *interesse*, *utilidade* e *necessidade*. A essas mudanças corresponde uma verdadeira mutação antropológica. Da mesma maneira que se alteraram os sentidos dados às categorias "interesse" e "utilidade", também o rol dos fenômenos e dos objetos tidos como "necessários" sofreu alterações a partir de imagens construídas sobre coisas que, antes, eram consideradas dispensáveis e que passaram a ser percebidas como indispensáveis ("necessidades artificiais"). Tais alterações, na maioria das vezes, ligam-se a mudanças de contexto, em especial no campo econômico. Também mudanças nos campos da religião, do Direito e da moral podem alterar a imagem que se faz do que é interessante, útil ou necessário. Assim, por exemplo, diante de uma tendência eudemonista, típica da racionalidade liberal, a imagem e a ideia de felicidade passam a condicionar o significado de "interesse" em substituição a outros significados possíveis que foram forjados a partir de considerações teológicas ou mesmo ontológicas.

Como anuncia Christian Laval, influenciado pela leitura de Hegel, Marx e Lacan, a "história do interesse é a história de uma representação do laço que existe em relação aos outros, às instituições, à língua como um efeito ou uma projeção em que eu me reconheço: é a história do 'eu' no Ocidente".[39] Tem-se, então, o interesse como uma construção imaginária que acaba por definir o modo de uma pessoa ver e agir em relação aos outros, às instituições e à imagem que ela tem de si mesma. O conceito de interesse liga-se intimamente aos de utilidade e de necessidade. Aliás, a utilidade, essa capacidade que os objetos ou os serviços (e, no imaginário neoliberal, também as pessoas) têm de satisfazer uma necessidade, hoje, passa a ser percebida quase como um sinônimo de "interesse". Christian Laval aponta que o "interesse e a utilidade são conceitos estratégicos através dos quais se opera uma grande mutação mental e intelectual no Ocidente, que promoveu o 'Eu' para o centro do mundo humano".[40] De fato, essa extensão da racionalidade econômica, baseada no cálculo de interesse, para todas as formas de relação (e que leva à compreensão, à classificação e à normatização das condutas humanas como se fossem atos de gestão empresarial), não poderia dar-se sem a transformação dos significados hegemônicos de "interesse" e de "utilidade".

Com a racionalidade liberal, dá-se a passagem de um imaginário e de uma normatividade baseados na caridade cristã e na nobreza da generosidade em relação ao outro para um novo ideal de atuação em que o interesse individual se torna o único guia para os comportamentos. Esta marca liberal, depois, acaba apropriada pelo neoliberalismo. A mudança não foi brusca. Se, a partir do século XVI, já é possível encontrar alguns sinais que aproximavam as ideias de "bem comum" e de "interesse pessoal", até o início do século XVIII, ainda era hegemônica a crença na superioridade da utilidade pública sobre a utilidade privada.

---

39   Ibid., p. 22.
40   Ibid., p. 27.

Em outras palavras, até o século XVIII, havia certo consenso de que o interesse individual deveria permanecer subordinado ao interesse público por força de princípios e por valores transcendentais. Na Antiguidade e na Idade Média ocidentais, portanto, prevalecia um imaginário em que os deveres perante a comunidade eram mais valorizados do que a satisfação de um interesse pessoal. A imagem do "herói", por exemplo, era a do guerreiro que sacrificava seus interesses pessoais em nome do "bem comum" e do interesse da coletividade.[41]

Essa mutação de sentido, ocorrida com a hegemonia da racionalidade liberal e potencializada no neoliberalismo, pode ser resumida como: a) uma progressiva confusão entre o público e o privado; b) o descolamento dos "interesses individuais" em direção aos "deveres públicos"; c) a perda de abstração do conceito de utilidade (a utilidade torna-se uma materialidade: a riqueza do Estado, por exemplo); e d) a extensão da questão do interesse para todos os ramos da vida. As tendências ao patrimonialismo, à individualização e à extensão da ideia de interesse — somadas à perda da abstração do conceito de "utilidade" (percebido cada vez mais como sinônimo de "interesse") — levam a um imaginário em que o "interesse" torna-se o operador mental por excelência, uma vez que esta categoria se apresenta como "o objeto, o meio e o fim da ação humana".[42] O interesse passa a ser buscado em toda parte e em todas as imagens: no Estado, na sociedade, no indivíduo, na linguagem, nos discursos, no Direito, na moral etc.

---

41   Ibid.
42   Ibid., p. 28.

A NATURALIZAÇÃO DOS ABSURDOS: TUDO É IMPOSSÍVEL DE MUDAR?

É também a mutação de sentido do significante "interesse" que permite o nascimento da corrente de pensamento utilitarista. A busca pela maior vantagem e pelo menor sofrimento torna-se um discurso crível a partir da introdução do elemento econômico e dos cálculos de interesse às atividades humanas. Note que o aprofundamento dessa nova concepção de "interesse" não se trata apenas de uma forma de dar concretude à ideia tradicional de atividade econômica — que tenderia a gerar condutas marcadas pela estabilidade e pela reciprocidade em relação a outras pessoas —, mas também de uma nova maneira de perceber e de agir no mundo que se caracteriza pelo objetivo de sempre obter a maior vantagem possível.

Esta nova concepção de interesse aparece em oposição às morais econômicas religiosas e à ética da generosidade. Ela vai servir de alavanca à transformação dos fundamentos políticos, morais, religiosos e jurídicos da sociedade. Trata-se de uma modificação que se dá de dentro para fora: tem-se, portanto, uma mutação endógena, com a progressiva modificação tanto do sentido das palavras "utilidade" e "interesse" como dos valores hegemônicos entre os indivíduos, até sedimentar-se como um novo imaginário e um novo conjunto normativo. Pode-se, em meio a esse movimento, perceber uma espécie de colonização do conceito de "interesse público" (interesse geral, interesse comum etc.) pela ideia de "interesse individual". Cada vez mais, com o objetivo de satisfazer interesses privados de poucos, passou-se a manipular o conceito de "interesse público".

A história da polissemia do significante "interesse" pode ser contada desde a sua raiz latina até o sentido neoliberal do termo. Em sua origem, o interesse tinha uma dimensão temporal: literalmente, a palavra significa "estar entre" (*inter*

= entre; *esse* = ser/estar). A palavra, por um deslocamento de sentido, passou a ser empregada para significar a diferença entre dois lugares, dois momentos, dois objetos ou dois eventos. A ideia de "diferença", pouco a pouco, foi substituída pela de "importância". Interesse, então, passou a ser o significante que revelava uma importância distinta de algo em relação a outros fenômenos. A expressão "ter um interesse" correspondia, portanto, à ideia de reconhecer a importância de alguma coisa ou de alguma pessoa. O Direito romano fez uso do significante "interesse" para dar conta do valor de um dano sofrido e, em consequência, do valor a ser pago pelo causador do dano. A palavra "interesse" passou a ocupar, no campo jurídico, o lugar da razão entre uma "pessoa" e um "bem" ou, mais precisamente, aquilo que a pessoa deseja ou precisa para satisfazer uma necessidade. O interesse, desde que legítimo, passou também a identificar-se com a própria *actio* romana (o instrumento para a obtenção de um bem ou a satisfação de uma necessidade) e, em seguida, com a posição favorável à satisfação de uma necessidade. Percebe-se, pois, que a palavra "interesse", desde a sua origem, adquiriu tanto sentidos positivos (aquilo que importa e se quer; um desejo de comodidade etc.) como sentidos negativos (aquilo de valor que se perde, por exemplo). A palavra também passou por disjunções internas, a partir do reconhecimento de diferentes tipos de interesse (interesse público versus interesse privado, interesse produtivo versus interesse improdutivo, interesse material versus interesse espiritual etc.). Aos poucos, porém, os sentidos negativos caíram em desuso, e as diferenças entre os diversos tipos de interesse perderam importância, isso em consonância com os fenômenos da "simplificação da linguagem" e do "empobrecimento subjetivo", até a palavra passar a identificar-se, em tempos neoliberais, exclusivamente, com as ideias de "lucro" e de "vantagem pessoal".

Também é fácil perceber que o valor atribuído às ideias de lucro, ganhos e vantagens sofreu profundas mutações.[43] Essas mudanças não foram lineares ou bruscas, mas retratam o que pode ser chamado de uma reabilitação do interesse pessoal e do desejo de enriquecimento a partir de deslizamentos de sentido produzidos em termos utilizados no Direito romano, na teologia e na filosofia. Tais modificações de sentido, que se identificam com as mudanças produzidas no imaginário, foram fundamentais para o abandono da normatividade clássica herdada da Antiguidade e construída a partir de concepções já superadas de religião, de moral e de política. O desejo de enriquecimento tendencialmente infinito, por exemplo, interditado por considerações morais e religiosas, pouco a pouco foi perdendo as conotações negativas até transformar-se em pura positividade à luz da racionalidade neoliberal. Princípios morais — como aqueles associados à justiça e que levavam ao reconhecimento do pecado da usura — desaparecem. A Bíblia, para tanto, precisou ser relida para admitir-se que o dinheiro possa ser tratado como um fim em si mesmo e que uma pessoa possa receber mais do que tenha dado.

De igual sorte, a partir de mutações no pensamento medieval, a primazia do interesse público e da utilidade comum sobre o interesse privado cedeu lugar (i) à crença de que o interesse privado integra a ideia de interesse público e (ii) à identificação do interesse privado com a imagem do interesse público e a demonização do "comum". Dá-se uma inversão de valores entre a "utilidade coletiva" e o "interesse

---

43   Ibid., pp. 27-56.

particular" (fenômeno que, para muitos, acaba por fundar a modernidade capitalista no campo social). O imaginário econômico, ao tornar-se hegemônico, fez com que valores, regras, princípios, teorias e figuras ligados ao antigo imaginário (como, por exemplo, Santo Ambrósio, que condenava de maneira irrecorrível a usura) acabassem desconsiderados.

O imaginário econômico, vale lembrar, parte da ideia de que a economia pode fornecer os elementos necessários para os cálculos que estariam na base de uma nova normatividade com pretensão científica. Isso produz uma moral particular, na qual a preferência de cada um por si acaba afirmada como um dado incontestável e passa a ser considerada a única base das relações morais e políticas que os homens são capazes de travar. A moral, nos imaginários econômicos, é construída a partir da *self-preference* e de cálculos sobre as consequências dos próprios atos. O interesse individual torna-se, então, a matéria e o fundamento normativo que leva às ações "morais". O egoísmo e o narcisismo (entendido como um modo de funcionamento intelectual) não só passam a ser autorizados como também se tornam imperativos.

O narcisismo, incentivado tanto pela racionalidade liberal como pela racionalidade neoliberal, faz com que o indivíduo (no caso do sujeito neoliberal, o indivíduo que se percebe como uma "empresa") sofra uma espécie de introversão da libido, com a substituição dos objetos e dos sujeitos reais do mundo exterior por construções imaginárias[44] que se esgotam na realização do próprio interesse individual. Este fenômeno mostra-se adequado ao projeto

---

44   Sobre o tema, cf. FREUD, Sigmund. *Pour introduire le narcissisme*. Paris: In Press, 2013.

da modernidade capitalista, que constrói indivíduos a partir do reconhecimento dado pelo olhar daqueles com quem querem identificar-se (os super-ricos). O objetivo individual de satisfazer seus próprios interesses torna-se a razão de ser do mundo, e para alcançá-lo (e vencer a luta concorrencial) o que, antes, estava interditado passa a ser permitido.

Marx já havia identificado o papel da representação dos laços e das relações humanas como relações de "utilidade" na ascensão da burguesia ao comando da sociedade. Para ele, teria ocorrido a "subordinação completa de todas as relações existentes à relação de utilidade", com a elevação absoluta da utilidade como a "única substância de todas as outras relações".[45] Ainda segundo Marx, o laço social das sociedades capitalistas podia ser caracterizado sempre como uma pura relação de utilidade, a partir da metamorfose social produzida pela transformação da "mercadoria" em protagonista do mundo social. Em certo sentido, pode-se reconhecer que todas as representações da sociedade, desde as formuladas pelos grandes teóricos do contrato (por todos, Hobbes) às descritas pelos defensores do direito natural, partiram das ideias de interesse e de utilidade.

Importante compreender que a imagem que os indivíduos foram levados a construir do Estado, da sociedade e deles próprios a partir da Revolução Francesa está condicionada pelo fato de essas pessoas estarem lançadas em relações sociais do tipo mercantil, ou melhor, relações construídas a partir da imagem hegemônica do mercado e dos burgueses como um modelo vitorioso a ser copiado. Uma imagem de si produzida a partir da imagem dos "vitoriosos" do mercado, não por acaso, leva à aceitação dos fins do mercado como

---

45   MARX, Karl. *Œuvres, Tome III*. Paris: Gallimard, 1982, p. 1301.

próprios e, em consequência, à mercantilização de todas as relações sociais. Com o liberalismo, surge o sujeito do cálculo como modo de relacionar-se com as coisas e com as outras pessoas. Procura-se, desde então, incentivar a construção da imagem do homem útil ao mercado, à semelhança do "homem econômico" (a idealização liberal do homem para o mercado), que agiria conduzido exclusivamente por seu interesse pessoal na busca pela maximização da satisfação e na redução dos esforços e gastos. Os indivíduos, ao buscarem se comportar como se comportaria o "homem econômico", servem à padronização do comportamento humano e à estabilidade do mercado.

A utilidade, entendida quase como sinônimo de realização do interesse pessoal, tornou-se o operador político. As decisões políticas passaram, por exemplo, a serem tomadas a partir de escolhas condicionadas à utilidade da ação estatal para a realização de interesses privados. Tem-se, a partir da emergência do imaginário econômico, uma ruptura com o ideal de utilidade hegemônico na Antiguidade e na Idade Média. Muda-se também a racionalidade estatal, instaura-se, pouco a pouco, a "governança pelos números",[46] na qual as opções (ou a falta de opções) políticas são feitas a partir de cálculos — isso porque, no imaginário econômico, o interesse público passou a identificar-se com o interesse privado, assim como a ideia de bem público passou a ser entendida como a soma dos bens privados.

A própria ideia de potência estatal tornou-se cada vez mais ligada aos fundamentos econômicos. Desde o século XVI, o "interesse", associado ao operador político "utilidade", tornou-se "a categoria explicativa privilegiada da

---

46   SUPIOT, Alain. *La Gouvernance par les nombres*. Paris: Fayard, 2015.

conduta humana, o termo designando igualmente a matéria, o motivo e o princípio efetivo dos governos".[47] A "utilidade", por sua vez, deslocou-se da ideia de comunidade para a ideia de indivíduo, com a perda do valor do coletivo e do comum, mesmo nos discursos que recorriam à imagem de "utilidade pública".

Ainda no registro do imaginário, "as antigas representações da utilidade, nas quais dava-se a prevalência do todo sobre as partes e a preeminência do plano espiritual sobre o plano temporal,"[48] foram abandonadas; a negatividade das imagens da vaidade e do egoísmo foi superada; as críticas morais e religiosas sobre o "eu" individualista foram abandonadas etc. A própria ideia de "trabalho" como o principal operador social e um sinal de realização pessoal perdeu espaço para a ideia de "lucro". Um novo edifício normativo é sedimentado a partir do binômio interesse-utilidade, redefinido por um imaginário econômico.

O imaginário neoliberal apropria-se dessa imagem de "interesse" já modelada durante a hegemonia da racionalidade liberal, alterando-a em certa medida para reforçá-la como o único fundamento normativo do indivíduo e, a partir dela, produzir novas imagens e novas representações que permitam a busca ilimitada por lucros, a concorrência generalizada entre as pessoas, a mercantilização de todas as relações, o apagamento da política, a utilização do capital humano e a autoimagem de cada um como um "empresário-de-si". No imaginário neoliberal, mais do que nunca, toda ação humana passou a ser marcada pela exigência de satisfação pessoal e pela obtenção de lucro, a partir da imagem da

---

47   LAVAL, 2007, op. cit., p. 51.
48   Ibid., p. 55.

pessoa como um empresário-de-si. A utilidade, então, estaria nesta satisfação pessoal. Ou seja, na era neoliberal, reforça-se a ideia de "interesse" que se identifica com a satisfação pessoal, que serviu de base à ideologia liberal como princípio de toda ação e de todos os pensamentos. Mais do que isso, o interesse torna-se, bem de acordo com o absolutismo neoliberal, o único motor de toda ação individual ou estatal.

14

O IMAGINÁRIO NEOLIBERAL E AS MASSAS

O imaginário neoliberal tem uma dimensão individual e uma dimensão coletiva. A dimensão individual engloba as imagens que cada pessoa passa a fazer das coisas e das outras pessoas em razão de vários condicionantes — em especial, das agências e dos instrumentos que trabalham na produção de subjetivismos. As telas (televisões, *tablets*, *smartphones* etc.), por exemplo, são as próteses de pensamento e as fontes de imagens (e, em consequência, de ideias) para as pessoas. Tem-se, com esta nova economia psíquica neoliberal, em que a lei simbólica (identificada com um limite externo à ação) acaba substituída pela lei imaginária (pela imagem que se faz da Lei), um novo sujeito em substituição ao sujeito neurótico pensado por Freud como o modelo explicativo do homem moderno. Mas há também a dimensão coletiva do imaginário, o que alguns chamam de "imaginário coletivo" para significar o conjunto de imagens, de representações, de ideias, de símbolos, de conceitos e de memórias que são compartilhados em um determinado contexto ou em uma comunidade específica.

Há um entrelaçamento entre os processos sociais, a estrutura socioeconômica e as características dos indivíduos marcado por imagens. O real é cada vez mais ignorado e substituído por abstrações típicas do capitalismo, como a moeda ou as criptomoedas, como a *bitcoin*. Hoje, cada homem pode ser representado "por uma cifra"[1] ou "por uma imagem",[2] em um processo que se caracteriza pela substituição das qualidades concretas por entidades abstratas representativas de um ideal econômico. O mundo sensível é, como percebeu Guy Debord, substituído por uma seleção de imagens.[3]

Para entender a relação do imaginário com a comunidade ou com um grupo de pessoas, é preciso analisar a relação (ou a falta de relação) do indivíduo com o "outro". Ao longo da história, o indivíduo teve o "outro" como modelo, como aliado, como objeto ou como adversário. O indivíduo que atua a partir do imaginário neoliberal tende a negar o laço social, pois está subjetivado como um empresário-de-si que compreende o outro como uma empresa concorrente.

---

[1] FROMM, Erich. *Psicanálise da sociedade contemporânea*. Rio de Janeiro: Zahar, 1970, p. 116.
[2] ZACARIAS, Gabriel Ferreira. *No espelho do terror: Jihad e espetáculo*. São Paulo: Elefante, 2018, p. 13.
[3] Cf. DEBORD, Guy. *A sociedade do espetáculo*. Rio de Janeiro: Contraponto, 2007.

Em outras palavras, ao relacionar-se com outras pessoas, o sujeito neoliberal produz imagens desses "outros" como adversários ou mesmo como inimigos. Isso se dá em razão de dois mecanismos típicos do neoliberalismo: a lógica da concorrência e o processo de coisificação das pessoas. A imagem-mestra do "outro" é, então, a da "empresa concorrente", que passa a ser compartilhada entre os indivíduos sob a égide da racionalidade neoliberal.

É a existência dessa dimensão coletiva do imaginário — deste conjunto de representações sociais que é compartilhado por grupos de pessoas em razão de determinadas circunstâncias históricas, culturais, educacionais etc. — que permite fazer da produção de imagens neoliberais um meio de controle e de manipulação das pessoas. Em síntese, os coletivos são levados a compartilhar das mesmas imagens e ideias, o que gera o fenômeno, que pode ser tido como um aparente paradoxo, de uma espécie de "egoísmo gregário":[4] pessoas que marcham no mesmo sentido, mas sem reflexão ou sem verdadeira autonomia, no que muitos chamam de "lógica do gado". Pessoas egoístas que acabam recrutadas para conjuntos massificados, os "rebanhos", tais como o "rebanho dos consumidores", o "rebanho neofascista" etc.

Essas imagens produzidas e naturalizadas servem à manutenção e à reprodução de preconceitos, bem como de estímulos a determinadas reações do indivíduo,[5] inclusive sua adesão ao "rebanho". Em outras palavras, as imagens neoliberais condicionam a realidade social e, portanto, o contexto a partir do qual os indivíduos devem tomar

---

4   DUFOUR, 2009, op. cit., pp. 23-25.
5   Sobre a relação entre os preconceitos e a situação social, por todos, cf. MASSING, Paul. *Rehearsal for Destruction*. Nova York: Harper & Brothers, 1949.

decisões e atuar. Essas imagens, não raro, também são utilizadas por agitadores políticos que fazem a mediação entre as imagens, os preconceitos e os sentimentos confusos compartilhados em um coletivo, de um lado, e as doutrinas que se tornarão hegemônicas, os posicionamentos políticos e as ações concretas, do outro.[6]

Curiosamente, o traço distintivo da massa neoliberal é a circunstância de as pessoas terem sido arrebanhadas pelo egoísmo. As imagens neoliberais, que fazem uma espécie de mixagem entre alguns dados retirados da realidade social (em especial, os preconceitos sedimentados na sociedade e as condutas exibicionistas, paranoicas ou perversas), levam ao egoísmo que, paradoxalmente, irá "unir" as pessoas. As pessoas procuram vantagens pessoais na massa. Há uma identificação na massa pela vontade de lucrar e de ver prevalecer o seu desejo pessoal, mesmo que, para isso, o desejo do "outro", que também pode estar na mesma massa, deva ser aniquilado. Como a formação da massa neoliberal não está sujeita a qualquer reflexão em razão do empobrecimento subjetivo neoliberal, as contradições entre os interesses dos membros da massa não são percebidas.

Na massa neoliberal, as pessoas também não compartilham o desejo por um bem coletivo; não há qualquer perspectiva de renúncia individual em nome do "comum", pois cada pessoa só se preocupa com a realização dos próprios interesses e das próprias necessidades. Portanto, as pessoas estão unidas na massa unicamente por desejos de abundância, pertencimento e vantagens pessoais. As pessoas

---

6 Sobre os "agitadores políticos", cf. LÖWENTHAL, Leo; GUTERMAN, Norbert. *Les Prophètes du mensonge: étude sur l'agitation fasciste aux États-Unis*. Paris: La Découverte, 2019.

que formam a massa se imaginam livres, e mais seguras em meio à massa, enquanto são feitas de objetos à manutenção da hegemonia neoliberal.

A função da indústria cultural — da televisão, das demais telas e dos meios de comunicação de massa — na formação da massa neoliberal é evidente. As imagens — produzidas com uma funcionalidade que, na maioria das vezes, escapa à compreensão do indivíduo — levam às ideias e, em consequência, à colonização da liberdade do sujeito. A pessoa é "livre" para agir de acordo com a normatividade neoliberal (e apenas nesse sentido). Como percebeu Bernard Stiegler, a imagem (mais precisamente, o audiovisual) "engendra comportamentos gregários e não, ao contrário de uma lenda, comportamentos individuais [...]. Vivemos numa sociedade-rebanho, como compreendeu e antecipou Nietzsche",[7] uma "sociedade-rebanho" que se acredita livre e autônoma, enquanto se mantém cega à condução que lhe é dada.

Se em sua dimensão individual o imaginário neoliberal faz com que uma pessoa passe a atuar no "mundo-da-vida" à imagem e semelhança do ideal neoliberal representado pelo "homem econômico" (consumindo acriticamente e fazendo cálculos de interesse), em sua dimensão coletiva ele tende à formação de massas. Aqui, adere-se à distinção proposta por Antonio Negri e Michael Hardt entre os conceitos de "multidão", tendencialmente democrática, e "massa", potencialmente autoritária.[8]

As "massas" são compostas por todos os tipos e todas as espécies de indivíduos, mas, nelas, todas as diferenças são

---

[7] STIEGLER, Bernard. *Aimer, s'aimer, nous aimer: du 11 septembre au 21 avril*. Paris: Galilée, 2003, p. 30.

[8] NEGRI, Antonio; HARDT, Michael. *Multidão: guerra e democracia na era do império*. Rio de Janeiro: Record, 2005.

submersas. A essência das "massas" é a indiferença: "todas as cores da população reduzem-se ao cinza",[9] o que permite reconhecer neste fenômeno uma tendência à intolerância, ao egoísmo e ao autoritarismo. Na "multidão", ao contrário, as diferenças são mantidas, são explícitas e funcionam como condições para a troca constitutiva da multidão. Por isso, pode-se afirmar que a multidão é "multicolorida".[10]

Por "massa", entende-se um grupo de pessoas que passa a formar uma unidade e a reproduzir comportamentos homogêneos, sem que exista um processo reflexivo sobre a funcionalidade do conjunto ou dos atos que cada um produz em meio ao coletivo. A imagem produzida a partir do imaginário neoliberal leva à criação de identidades entre as pessoas, que, por sua vez, formam grupos e passam a agir coletivamente — ou melhor: diante da identidade de interesses entre seres marcados pelo egoísmo reunidos em um grupo, dá-se a homogeneização das condutas.

Na mesma linha desenvolvida por Gustave Le Bon[11] e Sigmund Freud,[12] em que pese a divergência ideológica entre os autores, pode-se constatar que o indivíduo em meio à massa passa a sentir, a pensar e a agir de maneira diferente da maneira que sentiria, pensaria e agiria se estivesse sozinho. Há uma espécie de autorização para agir que se opõe à interdição imposta pela cultura (valores, regras e princípios civilizatórios, democráticos, republicanos etc.) ao indivíduo

---

9   Ibid., p. 13.
10 Ibid., p. 13.
11 LE BON, Gustave. *Psicologia das multidões*. São Paulo: WMF Martins Fontes, 2019.
12 FREUD, Sigmund. *Psychologie de masse et analyse du moi*. Paris: Points, 2014. [Ed. bras.: *Psicologia de massas e análise do eu*. Porto Alegre: L&PM, 2013.]

tomado isoladamente. Como constatou Freud, "certas ideias, certos sentimentos não surgiriam ou não se transformariam em atos a não ser em razão do fato do indivíduo ter aderido a uma massa".[13] Há uma espécie de extrapolação das pulsões: o indivíduo, que se sente seguro e acobertado em meio à massa, age por desconsiderar os limites externos à ação. Pode-se falar em um enfraquecimento do simbólico em tudo semelhante à mutação simbólica a que foi submetido o sujeito neoliberal. Também se percebe, tanto no sujeito neoliberal como no indivíduo lançado em uma massa, que neles se dá a intensificação da afetividade e o correlato empobrecimento subjetivo, em um processo de homogeneização dos indivíduos somado à eliminação dos limites externos à ação ("suspensão das inibições pulsionais").[14]

Outro ponto em comum entre o imaginário neoliberal e o que Freud chamou de "psicologia das massas" é o papel do narcisismo na formatação do sujeito. O narcisismo[15] é um dos fatores que leva à identificação com a massa e à adesão a um líder tomado como modelo (como "ideal de Eu"). Pode-se afirmar que tanto o comportamento do indivíduo na massa como o modo de atuar do sujeito neoliberal têm em comum a busca de uma satisfação pessoal, uma espécie de regressão psíquica (aquilo que Freud chamava de

---

13   Ibid., p. 54.
14   Ibid., p. 79.
15   É importante, porém, registrar a polissemia da palavra "narcisismo", que é empregada tanto para nomear uma perversão consistente no trato do próprio corpo como um objeto sexual quanto para designar um complemento libidinal ao egoísmo da pulsão de autoconservação; ou, ainda, para designar tanto um tipo de escolha de objeto, quanto um modo de funcionamento intelectual.

"narcisismo primário")[16] a um estado anterior, semelhante ao das crianças, que não reconhecem ainda a existência de limites e acreditam que o mundo e as pessoas existem para lhes servir.

As massas, cada vez mais idiotizadas, representam um perigo para os valores, princípios e regras que buscam normatizar a vida em comum. Não só pelo caráter alienante e irracional, que faz com que as pessoas que integram esses coletivos passem a ignorar alguns de seus interesses e compromissos (éticos, jurídicos etc.) mais diretos, como também em razão de uma característica do movimento das massas: o bloqueio da capacidade de reflexão e análise que poderiam frear as ações ou pôr em dúvida os objetivos e a estrutura desses grupos a que aderiram. Também é importante considerar que as técnicas de idiossubjetivação podem focar nesses grupos de pessoas com o objetivo de potencializar o ódio, os ressentimentos e a intolerância que servem de combustível à ação violenta das massas.

---

16   Cf. FREUD, 2013, op. cit., pp. 21-68.

15

ESFERA PÚBLICA IDIOSSUBJETIVADA

A derrocada do pensamento, com a negativização da reflexão, é um fenômeno correlato às mudanças na sociedade em razão da radicalização do capitalismo promovida pelo neoliberalismo. Não por acaso, a idiossubjetivação potencializa, no ambiente neoliberal, o papel que Marx atribuía à alienação como condição de possibilidade à manutenção da opressão.

Na tradição inaugurada por Descartes, o pensamento definia o ser humano. Essa valorização do conhecimento foi uma das condições para a produção dos discursos científicos e a emergência das Revoluções Científicas. Aos poucos, passou-se também a valorizar a imaginação. Do fim do século XVIII até o início do século XIX, há uma mudança teórica decisiva: a imaginação deixa de ser uma negatividade, associada à distorção da realidade, e passa a ser uma positividade, mais precisamente, uma condição de possibilidade para melhor compreender o pensamento e permitir a crítica.

É a imaginação que permite pensar, por exemplo, a problemática da finitude humana ("somos todos seres para a morte") e da política como meio de transformação da sociedade. De uma maneira bastante simplificada, pode-se afirmar que se abandonou a ideia de episteme centrada na mera representação, com suas generalidades epistemológicas, em direção de uma espisteme centrada na história, no conflito entre perspectivas diferentes, condicionada pelo contexto e pela perspectiva de um futuro diferente. É também a partir da mediação da imaginação, do imaginário, que a afetividade e as emoções passam a incidir sobre os pensamentos e as ações. Como percebeu Joel Birman, o "pensamento, enfim, perdeu a autonomia absoluta que desfrutava na Idade Clássica, ficando agora numa relação de dependência dos registos da imaginação e da afetividade".[1]

Progressivamente, portanto, os registros da imaginação e do afeto (emoção) ganharam destaque. O pensamento passou a se inserir em um quadro mais complexo no qual a razão e o entendimento ocupavam espaço ao lado dos afetos e das emoções, sempre mediados pelo imaginário. Isso, contudo, não significou a perda da importância do pensamento na relação entre a subjetividade e a vida em sociedade, isso porque é através do pensamento que o sujeito consegue identificar questões, analisar as circunstâncias de um caso concreto e encontrar soluções que possam ser efetivas.

---

1 BIRMAN, Joel. *O sujeito na contemporaneidade*. Rio de Janeiro: Civilização Brasileira, 2012, p. 129.

Com o desenvolvimento do projeto capitalista, o pensamento acabou colonizado, o que deu origem à chamada racionalidade instrumental que permitiu a barbárie nazista. A indústria cultural, por exemplo, desenvolveu-se a partir da captura da sensibilidade e da produção artística pela lógica capitalista, voltada à acumulação do capital e à normalização da opressão de classe. Também os preconceitos de gênero e raça foram colonizados e utilizados para a manutenção do capitalismo. Com a radicalização neoliberal, deu-se uma mutação na subjetividade, em razão do processo de dessimbolização e do empobrecimento subjetivo, que aprofundou a derrocada do pensamento. A utopia iluminista foi substituída, primeiro, pela barbárie e, em seguida, por uma distopia apocalíptica. Com isso, a preocupação deixa de ser com o futuro e a grande questão passa a ser: até quando será possível sobreviver?[2]

Paradoxalmente, ao lado da sensação de ausência de perspectivas, nasce o que Vera Malaguti Batista chamou de "adesão subjetiva à barbárie",[3] o que só é possível através das técnicas de idiossubjetivação que levam à dissonância cognitiva. Articulam-se, então, as políticas econômicas e o controle dos indesejáveis com o apoio popular das próprias vítimas em potencial (o devir indesejável) das ações repressivas e destrutivas do Estado e do mercado. Ao mesmo tempo, ao associar a filosofia disciplinar do behaviorismo com o moralismo mais rasteiro e o incentivo à ignorância, busca-se produzir apenas condutas adequadas aos interesses dos detentores do poder econômico. Os indivíduos inadequados,

---

2   Nesse sentido: GARCÉS, Marina. *Novo esclarecimento radical*. Belo Horizonte: Âyiné, 2019.
3   BATISTA, Vera Malaguti. *Ensaios brasileiros de criminologia*. Rio de Janeiro: Revan, 2023, pp. 37-52.

por sua vez, devem ser excluídos ou neutralizados através da ação do Estado ou com a sua conivência.

Com a adesão subjetiva à barbárie, ou seja, com a crescente obsessão pela segurança individual somada à demanda coletiva por castigo e punição (a fé nas penas), busca-se a produção de assujeitamentos, a naturalização da restrição da liberdade e o apoio à expansão do poder penal como dispositivo de governo, com a produção de apoio popular a fenômenos correlatos, tais como a expansão da prisão, a vigilância em tempo integral, o controle a céu aberto, a fascistização das políticas públicas e a transformação de determinados espaços (de Gaza às periferias brasileiras) em campos de concentração da pobreza.

As técnicas de idiossubjetivação fazem com que o "crime", uma construção social relacionada às relações de força presentes em um determinado modo de produção, torne-se um fetiche capaz de nublar a compreensão dos efeitos concretos no neoliberalismo. As pessoas são incentivadas (e formatadas) para não pensar. Desaparecem (ou, pelo menos, ficam suspensas) as referências ao pensamento no mal-estar neoliberal: reclama-se abstratamente de tudo, com destaque para os registros do corpo e das ações, mas de maneira passiva, como se os sujeitos não estivessem implicados no que acontece a eles.

O pensamento "se paralisa pela própria impotência e pelo vazio".[4] Esse vazio do pensamento, que caracteriza a banalidade do mal, mas também a naturalização do absurdo, faz com que tudo se passe como se fosse uma sequência de acontecimentos inevitáveis e alheios ao sujeito. A imaginação fica empobrecida, não se levanta qualquer questão e é

---

4   BIRMAN, 2012, op. cit., p. 132.

justamente essa incapacidade de formular uma indagação, de perceber algo fora do lugar, de parar para refletir, que demonstra não só a ausência do pensamento como também impede ações concretas voltadas à transformação da sociedade. Se pensar pode reduzir o desempenho ou representar uma diminuição da margem de lucro do detentor do poder econômico, o mandamento neoliberal é: suspenda-se o pensamento, empobreça-se a imaginação.

Os indivíduos que não pensam esperam que um outro pense e decida por eles. Esse "outro" pode ser um líder religioso ou um político populista. A ausência do pensamento torna impossível identificar e solucionar problemas ou superar conflitos. A anulação do pensamento leva à primazia da ação. A regra se torna agir sem pensar. Ao mesmo tempo, o empobrecimento do imaginário, o enfraquecimento da imaginação, impede a indagação sobre o possível, sobre as estratégias para transformar a sociedade, bem como deixa os afetos e as emoções sem mediação: não se pensa, autoanalisa ou se avalia as causas e as consequências do ódio e do ressentimento, por exemplo.

O excesso de informação lançado ininterruptamente na arena pública é uma das formas de impedir a compreensão e a reação reflexiva aos eventos. O excesso, inerente ao neoliberalismo e às técnicas de idiossubjetivação, é uma medida fora dos padrões de normalidade que leva à desestabilização. Ocorre uma espécie de hiperatividade irrefletida que facilita a agressividade e a violência.

O indivíduo, sob pena de ficar paralisado pela angústia e incapaz de pensar, busca na ação uma válvula de escape. Essa prevalência da ação sobre a reflexão parece ligar-se à economia psíquica do narcisismo, à volta do indivíduo para a própria imagem, como modo de existir sem preocupação com o espaço público, sem projeto coletivo e, principalmente, sem limites externos à ação. A pessoa, então, prefere explodir do que se sentir impotente, agindo sem reflexão com o objetivo de autoconservação e redução das tensões. Tem-se a passagem ao ato, de forma brutal e sem mediações: o ataque, o xingamento, a agressão, o crime.

Essa mutação subjetiva, perda do simbólico e empobrecimento do imaginário, fica evidente também em fenômenos coletivos, como as "Jornadas de Junho", no Brasil, ou os Gilets Jaunes, na França: movimentos sem uma pauta ou um objeto definido ("contra tudo o que está por aí") e que rejeitavam a mediação de sindicatos ou de partidos políticos. Nesses movimentos, que procuravam externalizar o puro descontentamento e a raiva de seus participantes, tem-se a pura passagem ao ato coletivo, escapando dos objetivos e da sequência tradicional dos movimentos sociais (reivindicação — greve/manifestação — enfrentamento — denunciação das violências — negociação entre os agentes sociais, sob o controle de autoridades públicas — intervenção direta do governo — acordos em torno das pautas do movimento).[5]

Na modernidade, o pensamento levou à ideia de progresso, de um caminhar em direção a um futuro melhor a partir de conquistas científicas, civilizacionais etc. Mas, com as grandes guerras, crises econômicas, derrocada do comunismo soviético e o aprofundamento das desigualdades, essa ideia caiu em descrédito. Com os pós-modernos, o sonho de progresso foi substituído pela crença em um presente eterno. Hoje, a partir da radicalização do neoliberalismo, fala-se

---

5   Nesse sentido, em linhas gerais: MILNER, Jean-Claude. *La Destitution du people*. Paris: Verdier, 2022.

em um "tempo póstumo",[6] no qual o futuro e o presente tornaram-se fantasmas.

As ações, sem filtros, ligadas ao pensamento, buscam a satisfação de um prazer imediato, a exaltação de uma crença ou o adiamento do fim do mundo, que todos sentem estar próximo. Não existe mais espaço para aquilo que Althusser chamava de "prática teórica": o que há é uma ação avessa à teorização. O conhecimento é demonizado, as ações partem de crenças e preconceitos ou de cálculos de interesse que visam apenas o lucro ou a obtenção de vantagens pessoais. Abre-se espaço para fundamentalismos, ou seja, para a adesão à crença de que existe uma verdade incontestável a ser revelada por uma autoridade religiosa ou uma liderança política que anula qualquer possibilidade de dúvida ou debate.

A ilimitação neoliberal, introjetada pelos indivíduos, não se mostra compatível com o diálogo democrata. A vida em uma sociedade democrática, além da compreensão de que é necessário respeitar limites jurídicos e éticos às ações humanas, exige uma série de pressupostos, pré-compreensões e interesses compartilhados pela maioria das pessoas. É esse conjunto de fenômenos, identificações e sentidos compartilhados que leva a um modo de pensar e agir que dá estabilidade e previsibilidade a um determinado modelo de sociedade.

Pode-se, em decorrência desses elementos, dessas condições compartilhadas (materiais e simbólicas), reconhecer a legitimidade de instituições e de procedimentos comuns, bem como a possibilidade do uso público da razão, ou seja, de ações e decisões adotadas em decorrência de discussões coletivas ou reflexões a partir de razões expostas. As técnicas de idiossubjetivação ao mudarem esses pressupostos,

---

6   GARCÉS, 2019, op. cit.

pré-compreensões, visões de mundo, expectativas e interesses produziram mudanças tanto na razão, que pauta os comportamentos, quanto no funcionamento concreto da sociedade.

O modo de produção econômico regido por premissas neoliberais levou à produção de uma subjetividade de novo tipo: um modo de pensar e agir que facilita os negócios e naturaliza os efeitos do capitalismo sem disfarces, no momento neoliberal. O capitalismo precisa de sujeitos produtivos, rentáveis; no neoliberalismo, que na busca por lucro aposta no fenômeno do capitalismo improdutivo (o rentismo), a necessidade é de sujeitos acríticos, distraídos e conformados. As técnicas de idiossubjetivação criam obstáculos que impedem a racionalização dos problemas criados pelo funcionamento normal do modelo. Mais do que isso: buscam desmontar o instrumental teórico de transformação da sociedade (pense-se no apagamento das ideias de revolução ou luta de classes) que já estava inscrito nas sociedades modernas. Isso se alcança por meio de uma nova linguagem, de novos desejos, de novas necessidades artificiais de consumo, do abandono de marcos conceituais, da manipulação das emoções e de incentivos à preguiça, ao cinismo e à ignorância. Esta impede a reflexão séria sobre as causas dos problemas que atingem a população. O cinismo, com a recusa de uma vida marcada pela complexidade de regras e valores sociais, leva à crença de que não existem alternativas possíveis ao neoliberalismo. A política, da direita à esquerda, parece contaminada pela crença na TINA ("There Is No Alternative"), discurso ideológico popularizado por Margaret Thatcher. A preguiça, por sua vez, impede a busca de novas soluções para os problemas gerados pelo funcionamento do capitalismo.

A idiossubjetivação, ao levar ao empobrecimento do imaginário, faz com que as pessoas deixem de pensar e sentir a possibilidade de um outro mundo. Ausente a mediação do imaginário, em meio ao rebaixamento do pensamento, são as emoções e os afetos que passam a gerir, de maneira quase exclusiva, as ações. Aumenta a importância das imagens em detrimento das palavras. Como na obra de George Orwell (*1984*), interessa aos dominantes que não existam apalavras para ajudar na compreensão do processo de dominação.

A manipulação das imagens é facilitada porque, para além dos elementos denotativos (o que consta da imagem), elas podem ter significados diversos (e, portanto, manipuláveis politicamente) a depender do repertório de cada pessoa e da cultura do local do intérprete (sentido conotativo). Culturas autoritárias e repertórios empobrecidos levam a interpretações autoritárias e empobrecidas de imagens. Interpretações, diga-se, sempre imediatistas, naquilo que Vilém Flusser chamou de "pensamento-mágico-imagético-circular".[7]

No lugar de interpretar, agir e sentir condicionado por uma reflexão direcionada em sentido emancipatório, o indivíduo idiossubjetivado atua como se estivesse em uma espécie de piloto automático. De modo geral, a expectativa fomentada pela racionalidade neoliberal é de que as pessoas forneçam respostas automáticas a partir de soluções previamente definidas.

Na tentativa de produzir esse sujeito ideal ao projeto neoliberal, os detentores do poder econômico passam a patrocinar um complexo de estímulos que levam a inteligências fragmentárias, à incapacidade de reflexão e à distração, e investem na manipulação de afetos e pulsões.

---

7 FLUSSER, Vilém. *O universo das imagens técnicas*: elogio da superficialidade. São Paulo: Annablume, 2008, p. 8.

A idiossubjetivação, como já se viu, é esse método de fabricar os sujeitos neoliberais (seres submetidos ao neoliberalismo), indivíduos "educados" para estarem à serviço, ainda que inconscientemente, dos detentores do poder econômico. Ao mesmo tempo, as técnicas de idiossubjetivação operam de maneira destrutiva, excluindo não só o imaginário de transformação da sociedade como também o teor racional das normas e práticas que adquiriam validade positiva no Estado Democrático de Direito (tipo-ideal surgido após a Segunda Guerra Mundial e que se caracterizava tanto pela existência de limites rígidos ao exercício do poder como pela separação entre poder político e poder econômico).

Em razão da hegemonia do modo de pensar e atuar típico do neoliberalismo, não há como negar uma profunda transformação também da esfera pública, do espaço de mediação entre o Estado e a sociedade, que envolve o debate sobre temas como o "bem comum" e os "interesses individuais". Em um primeiro momento, o capitalismo fez da esfera pública o espaço da transfiguração do cidadão em consumidor; depois, transformou o consumidor em um sujeito idiotizado, alguém incapaz de dialogar, reconhecer a existência de dúvidas ou aceitar a diferença.

A racionalidade neoliberal dificulta e, por vezes, impede o confronto respeitoso em torno de ideias, a discussão pública pautada tanto no reconhecimento da razão como também na qualidade dos argumentos e opiniões expostos. Mesmo em concepções idealistas sobre a chamada "democracia deliberativa", pensadas para circunstâncias inexistentes ou distantes da maioria da população mundial, a necessidade de repensá-las a partir dos efeitos da racionalidade, da normatividade e do imaginário neoliberal é evidente.

Para que exista uma esfera pública democrática e aberta à diferença é preciso um mínimo consenso sobre algumas questões e procedimentos que devem ser pressupostos para permitir o debate e a discussão por atores privados e públicos, bem como possibilitar práticas de autodeterminação política entre pessoas livres e iguais. A lógica da concorrência, o empobrecimento da linguagem e a ilimitação na busca por lucros dificultam a formação de consensos, a existência de respeito nos debates e a adesão a procedimentos que funcionariam como condições de possibilidade da chamada democracia deliberativa; o neoliberalismo mostra-se um obstáculo na busca por decisões a partir de argumentos racionais que digam respeito a questões seriamente debatidas na sociedade.

A racionalidade neoliberal modifica a percepção e o sentido visado nas ações dos indivíduos, tornando-se um dos principais reguladores das relações intersubjetivas. Em outras palavras, o neoliberalismo torna-se uma normatividade que busca regular comportamentos recíprocos, fazendo com que cada comportamento acabe integrado a um projeto, no qual diversas condutas se revelam coordenadas e atuam segundo regras e valores internalizados. A simplificação excessiva dos fenômenos, por exemplo, é uma dessas regras; a necessidade de ações sem reflexão e a destruição dos inimigos/concorrentes, também o são. Pode-se, portanto, reconhecer que o neoliberalismo, através das técnicas de idiossubjetivação, ao produzir um tipo de subjetividade própria e funcional ao respectivo projeto, modifica a esfera pública ao produzir uma estrutura complexa de designação, de integração significante, de redes de sentidos, de valores (por vezes, inversos ao de outras subjetividades), de emoções, de códigos de comportamento internalizados etc.

Essa modificação estrutural potencializa-se com as mudanças no padrão de comunicação, com a digitalização da vida e as novas técnicas de divulgação das informações. Impossível pensar o auge do neoliberalismo sem o fenômeno da internet, através do qual a desinformação se torna uma consequência do excesso de informação disponível, enquanto o narcisismo é incentivado em meio à luta concorrencial.

Se o neoliberalismo é o estágio do capitalismo sem máscaras, ou seja, uma forma de exploração em que não há mais a preocupação de performar uma "essência" democrática, a informação acabou reduzida ao registro das mercadorias, tornando-se uma mera "positividade" (apenas aquele dado incorpóreo, verdadeiro ou não, que interessa ao detentor do poder econômico e pode gerar alguma espécie de lucro) e, portanto, distanciada da complexidade do valor "verdade" (sempre, ao mesmo tempo, positividade e negatividade).

De igual sorte, a digitalização da comunicação permitiu a fragmentação das interações comunicativas e, em consequência, da formação política da opinião. Com isso, as promessas de emancipação se perdem em meio aos "ruídos selvagens em câmeras de eco fragmentadas e que giram em torno de si mesmas",[8] bem como diante das rotinas *online* que produzem efeitos entorpecedores, levando à inercia e ao empobrecimento do imaginário.

Essas mudanças na comunicação e na produção das informações estão ligadas à reorganização dos fluxos de capital e às mudanças produzidas no Estado, na sociedade e no indivíduo em decorrência da hegemonia da

---

8   HABERMAS, Jürgen. *Uma nova mudança estrutural da esfera pública e a política deliberativa*. São Paulo: Editora Unesp, 2023, p. 61.

racionalidade neoliberal. Esferas do social, de regionalismos ao jornalismo independente, com suas particularidades e originalidade, desapareceram ou foram drasticamente reduzidas em nome da busca por lucros fáceis. Percebe-se, então, que as ferramentas digitais, com destaque para as plataformas de comunicação, estão subordinadas ao "poder numérico" (digital), o que, para Jonathan Crary, significa estar à serviço "das corporações transnacionais, das agências de inteligência, do crime organizado e de uma elite de sociopatas bilionários".[9]

No lugar de uma esfera pública idealizada e compatível com a democracia, na qual se realizam debates direcionados ao bem comum a partir de argumentos racionais, concretizam-se esferas "semipúblicas" (a plataformização da esfera pública),[10] em que se destacam bolhas sociais para pessoas de mentalidades semelhantes, nas quais os usuários buscam capital simbólico e/ou financeiro a partir da crença de que são empresários-de-si.

Pode-se reconhecer um novo imaginário (centrado nas imagens da empresa, da concorrência e do lucro), um conjunto coordenado de representações que, levado à arena pública, dificulta (e, por vezes, inviabiliza) o respeito a procedimentos deliberativos, a formação de consensos democráticos e a adoção de comportamentos direcionadas ao "bem público". A solidariedade passa a ser percebida como uma fraqueza na dinâmica concorrencial da sociedade, enquanto o egoísmo torna-se uma virtude que permite acesso mais rápido a vantagens pessoais e à acumulação de capital. O imaginário neoliberal interfere no campo simbólico, na criação

---

9   CRARY, 2023, op. cit., p. 14.
10   HABERMAS, 2023, op. cit.

de normas e na fixação dos novos valores sociais. Agentes narcísicos e ressentidos, incapazes de se relacionar com a diferença e com as próprias deficiências, apontam o outro (o estrangeiro, o negro, a mulher, o cônjuge, o colega de trabalho etc.) como o único responsável por seus fracassos e, portanto, como o concorrente ou inimigo a ser neutralizado.

A nova subjetividade faz crer, amar (coisas), agir e educar. Não só tratar a educação como uma mercadoria, mas também forjar as capacidades e as competências adequadas aos interesses dos detentores do poder econômico. A idiossubjetivação aceita e reforça a normatividade neoliberal como parte do instrumental de controle de todas as instâncias sociais, impedindo o debate com base em informações confiáveis e a formação de consensos direcionados à transformação do modo de produção e à superação das diversas opressões. O neoliberalismo, ao interditar a democracia deliberativa e as vias da emancipação social, produz e reforça a violência estrutural, os danos causados em razão do funcionamento "normal" do neoliberalismo.

Como já se viu, o "vale tudo" instaurado em razão da hegemonia neoliberal dificulta o uso público da razão, ou seja, a realização de debates pautados por fatos, princípios e argumentos que constituem razões capazes de modificar a opinião de terceiros e, ao mesmo tempo, pressionar o poder político. Uma das principais funções da esfera pública é preservar a própria crença na democracia. A tese de Habermas parece correta: quanto maior o uso da razão, quanto maior o número de discussões racionais, inclusivas e reflexivas em torno de razões compreensíveis, maior será o nível de democratização de uma sociedade.

Existem pré-requisitos à vida em uma democracia: as "regras do jogo", uma dimensão normativa que condiciona as ações, os debates, ou seja, o uso público da razão. Existe um mandamento de conduta esperada à realização dos debates, aos comportamentos e à aceitação das decisões na arena pública. É preciso que exista respeito em uma arena inclusiva, na qual os participantes reconheçam o "outro" como alguém igual em direitos e em importância à tomada de decisões. No mínimo, é necessário que os participantes da arena democrática reconheçam que existem a linguagem e os corpos, condições de possibilidade do materialismo democrático.[11] Todavia, as técnicas de idiossubjetivação levam ao empobrecimento da linguagem, o que dificulta o diálogo em um mundo complexo apresentado como simples, e à negociabilidade dos corpos, que, como todas as mercadorias, ao perder o valor, tendem a ser descartados.

O empobrecimento subjetivo, a lógica da concorrência, a ideologia do inimigo, a relativização do valor "verdade" e os diversos fundamentalismos, com suas certezas incontrastáveis, dificultam a formação de dimensões teórico-explicativas acerca da realidade e, em consequência, a existência de acordos racionais sobre a realidade e de diagnósticos adequados do tempo presente, necessários aos debates inerentes às democracias. Há um neo-obscurantismo que interessa aos detentores do poder econômico. O consenso obscurantista inviabiliza a emancipação e a própria democracia, entendida, para além do princípio majoritário, como a efetiva participação na tomada de decisões políticas somada ao respeito inegociável aos direitos fundamentais, inclusive das minorias.

---

11   Nesse sentido: BADIOU, Alain. *Logiques des mondes: l'être et lévénement*, 2. Paris: Seuil, 2006.

No que se refere à esfera pública, se o capitalismo transformou os cidadãos em consumidores acríticos, a hegemonia da racionalidade neoliberal, em um quadro de digitalização da comunicação, produziu uma ilimitação incompatível com a formação de consensos minimamente democráticos. Também a existência de quadros narcísicos dificulta a inclusão da diferença enquanto uma radical fragmentação afasta a possibilidade de inimigos passarem a ser percebidos como adversários. Com isso, como percebeu Habermas, formam-se "circuitos de comunicação que se isolam dogmaticamente uns dos outros",[12] ou seja, bolhas de interesse que não se comunicam, que possuem valores e linguagem diversos que dificultam a compreensão recíproca. Pense-se, por exemplo, no discurso de uma senadora conservadora que anunciou "ter conversado com Jesus Cristo em uma goiabeira": para alguns, uma fala que revela como o ridículo tornou-se um capital político; para outros, uma demonstração inspiradora de fé e digna de admiração.

Torna-se difícil (e extremamente trabalhoso) a formação de um núcleo compartilhado de pré-compreensão (e, portanto, de interpretação) sobre fenômenos e temas por pessoas que, a partir da manipulação política das emoções, se odeiam. Desaparece a mediação necessária (uma vez que a mídia tradicional também passa a agir a partir da normatividade neoliberal) à aproximação de pessoas que já são marcadas por diferenças de classe, etárias, culturais, raciais, dentre outras que se relacionam com os marcadores sociais.

Com a dificuldade de acordos baseados em argumentos racionais, em razão tanto da ausência de um núcleo de pré-compreensão compartilhado como do empobrecimento do

---

12   HABERMAS, 2023, op. cit., p. 62.

imaginário, a relação das emoções e dos afetos com as ações e projetos políticos se torna ainda mais importante. Não que seja possível a existência de comportamentos e políticas desvinculados das emoções. As emoções afetam o pensamento. Os afetos e a emoção, desde que pensados como vivência ou sofrimento pelos gregos, sempre influenciaram a política e as ações individuais.

Não há pensamento sem a influência das emoções. A separação rígida entre o pensamento e a emoção é artificial. Em princípio, as pessoas acabam pensando o que sentem: as reflexões começam a partir dos afetos; a origem da reflexão está naquilo que nos afeta. Contudo, as emoções costumavam aparecer mediadas pela linguagem e pelo imaginário. Com o empobrecimento da linguagem e do imaginário, as emoções passaram a jogar outro papel. No lugar de limites impostos pela linguagem, pela lei ou por um imaginário democrático, os afetos passaram a determinar as condutas em uma espécie de "linha direta": da explosão da emoção, passa-se ao ato. Aumentam, assim, as ações irrefletidas. Hoje, mais do que nunca, é possível concordar com a hipótese de Vladimir Safatle de que as sociedades são circuitos de afetos e que são esses afetos que produzem a coesão social, que são eles que

> nos permitirão compreender tanto a natureza de comportamentos sociais quanto a incidência de regressões políticas, desvelando também como normatividades sociais fundamentam-se em fantasias capazes de reatualizar continuamente os mesmos afetos em situações materialmente distintas umas das outras.[13]

---

13   SAFATLE, Vladimir. *O circuito dos afetos: corpos políticos, desamparo e o fim do indivíduo*. Belo Horizonte: Autêntica, 2021, p. 16.

Na medida em que diminui a capacidade de autocontrole e de convencimento racional das pessoas, aumenta a facilidade com que as emoções e os afetos são manipulados. Quanto menor a mediação da linguagem ou do imaginário, quanto menor a necessidade de fundamentar racionalmente os comportamentos, maior a importância da gestão das emoções na vida em sociedade e na política. O medo sempre foi considerado um fator de inibição da violação das normas, como já enunciava Hobbes,[14] mas, hoje, esse sentimento é um dos principais afetos utilizados para justificar o controle dos indesejáveis e a manutenção dos sistemas de opressão. O ressentimento, por sua vez, essa experiência afetiva que consiste em uma espécie de ruminação de certo pensamento ou reação dirigida contra um outro (e que produz o aumento desse sentimento, fazendo com que a pessoa perca a capacidade de reflexão e se coloque na condição de vítima, sem qualquer responsabilidade ou implicação subjetiva na situação em que se encontra), passa a ser utilizado como o motor de manifestações contra os inimigos (ainda que imaginários), que, a depender do momento político, podem ser os imigrantes, os negros, as mulheres ou qualquer grupo que possa ser apontado como o responsável pelos fracassos do ressentido.

Também a nostalgia passa a ser determinante no jogo político. Cada vez mais pessoas são levadas a sentir nostalgia de um mundo anterior, muitas vezes um mundo idealizado que nunca chegou a existir, o que representa um risco de movimentos tipicamente reacionários. Nesses casos, a nostalgia se relaciona com o medo e a ansiedade, sentimentos incentivados pela racionalidade neoliberal e pela política da proximidade,

---

14　HOBBES, Thomas. *Leviatã*. São Paulo: Martins Fontes, 2003, p. 253.

que apelam ao indivíduo e ao egoísmo, em um contexto que se caracteriza pela força e o protagonismo das emoções, dos sentimentos e dos valores individuais na dinâmica política.

As emoções do indivíduo não guardam relação necessária com a vontade das maiorias, razão pela qual, em uma sociedade idiotizada, os sentimentos passam a contar mais do que a razão como elemento central da comunicação política, gerando o que Niall Ferguson chamou de "emocracia". Esse contexto ajuda a explicar o motivo pelo qual políticos que apresentam as melhores razões, argumentos e projetos políticos, por vezes, acabam derrotados diante de adversários que priorizam o terreno emocional (afetos, sentimentos, valores) e a manipulação dos preconceitos, com propostas que se caracterizam pela excessiva simplicidade tranquilizante.

As técnicas de idiossubjetivação fazem com que a imagem do candidato se torne, aos olhos de parte do eleitorado, mais importante do que suas propostas ou sua posição diante de temas controvertidos. Os votos do eleitor idiotizado nem sempre são dados em razão dos interesses concretos do eleitor. Por vezes, é mais importante que o eleitor se identifique com o candidato do que entenda quais são as propostas que o atendem. Em sociedades idiossubjetivadas, as pessoas subestimam a importância das informações e dos dados em uma quadra histórica em que a informação e os danos não só viraram mercadorias como também direcionam a busca por lucros. Ao mesmo tempo, as pessoas são levadas a não dar crédito à verdade, sempre que os fatos contrariam seus preconceitos e opiniões, e passam a recorrer às convicções e às emoções como a melhor estrutura para a tomada de decisões. A idiossubjetivação favorece o bloqueio de informações e raciocínios que poderiam produzir a mudança de opinião. Assim, as pessoas passam a preferir as convicções emocionais ou morais em detrimento das confirmações racionais ou epistemológicas.

Em tempo de hegemonia da racionalidade neoliberal, também ganham destaque quadros de hipocondria ou exibicionismo moral que ajudam a inviabilizar uma esfera pública democrática. Da combinação das "melhores intenções" com o narcisismo, típico da classe média progressista, surge a hipocondria moral, a ideia de que se a pessoa se sente mal pelas injustiças e enfermidades do mundo é porque, de fato, a culpa é dela; a culpa transforma o indivíduo em culpado e faz com que ele passe a agir como tal.[15] O exibicionismo moral, por sua vez, é a exteriorização de uma espécie de virtuosismo moral (*Grandstanding*). Discursos morais, que não precisam encontrar respaldo na realidade, encontram público e geram capital. Pode-se, portanto, definir o exibicionismo moral como o "uso do discurso moral para a autopromoção",[16] o que leva ao assédio e ao monitoramento das pessoas identificadas como inimigos por serem "moralmente diferentes".

Como romper com a idiotização da esfera pública? Para além de atuar no sentido de superar a hegemonia da racionalidade neoliberal, com suas técnicas de idiossubjetivação e suas identidades ofensivas e defensivas, o que é possível fazer? Parece que a proposta de um novo esclarecimento radical,[17] na linha defendida por Marina Garcés, fornece boas pistas. Se o debate está interditado, em meio ao desejo autoritário, que favorece a manipulação do medo, da nostalgia e do ressentimento, parece correto apostar em medidas

---

15 Nesse sentido: CARRILLO, Natalia; LUQUE, Pau. *Hipocondria moral*. Barcelona: Anagrama, 2022.
16 TOSI, Justin; WARMKE, Brandon. *Virtuosismo moral*. Barueri: Faro, 2021.
17 GARCÉS, 2019, op. cit.

que rompam com esse ciclo de antiesclarecimento. Se a guerra cultural, que aposta no antiesclarecimento, impede uma esfera pública democrática e favorece um regime social, político e cultural baseado na credulidade (e na servidão) voluntária, impõem-se ações direcionadas contra o sistema de credulidades do nosso tempo.

O esclarecimento radical é o combate à credulidade, o que, hoje, significa combater os efeitos do processo de idiossubjetivação que estimulam a ignorância, o egoísmo e a impotência dos cidadãos. Mais do que isso, apostar no esclarecimento radical é resgatar o desejo de emancipar-se e superar as próprias deficiências. O esclarecimento não se confunde, portanto, com o projeto de civilização europeu, que levou à expansão do capitalismo, ao colonialismo e à expropriação tendencialmente ilimitada do mais-valor. O excesso de civilização capitalista levou à barbárie.

A falta de esclarecimento leva à alienação e à manutenção das estruturas de exploração e, hoje, ao vale tudo neoliberal. Apostar em um novo esclarecimento significa insistir em um instrumento: a crítica. A busca por diagnósticos precisos da realidade e o direcionamento desse saber, construído a partir do reconhecimento do conflito e da diferença, em um sentido emancipatório. Do ponto de vista do poder, das possibilidades de atuação tanto individual quanto coletiva, a crítica leva à transformação a partir do reconhecimento da diferença, enquanto o poder à serviço da dominação busca esconder o conflito e eliminar a diferença.

Como chegar, então, a um saber emancipatório? Como superar um modelo no qual a ignorância é uma das condições de possibilidade para a manutenção de diversas formas de opressão? Como será possível construir um saber que leve a uma revolução ao mesmo tempo política, econômica, social e ecológica? Diante da irracionalidade da governança neoliberal, que leva ao colapso das relações sociais, da biodiversidade e do clima, como promover um novo e amplo esclarecimento capaz de reduzir as desigualdades, criar novas formas de participação democrática e de autogoverno, bem como melhorar as condições de existência e habitabilidade do mundo para o maior número possível de pessoas sem desconsiderar os direitos fundamentais das minorias? As respostas exigem reflexão e, portanto, o incentivo ao pensamento crítico capaz de criar algo novo a partir das experiências do passado. É preciso superar as ilusões e crenças que fazem o edifício capitalista permanecer em pé, substituindo as ideias de empresa, concorrência e capital humano pela de senso crítico; as de cultura corporativa e lucro pelas de formação democrática e comum.

Construir uma cultura verdadeiramente democrática e eliminar o sistema de crenças que mantém a exploração e alienação capitalista não é um objetivo que se consiga exclusivamente através da educação. O ensino sempre é solidário a uma determinada formação social, portanto, é preciso democratizar o sistema social e institucional como um todo, exigindo efetiva participação popular nas decisões e o respeito aos direitos fundamentais de todos: o resultado individual dessa democratização radical da sociedade é o que Paulo Freire chamava de "mentalidade democrática", compromisso com o bem comum.

Se não há fórmula mágica para se chegar a um saber emancipatório, pode-se, ao menos, identificar alguns princípios[18] que miram na superação das crendices autoritárias

---

18 Nesse sentido: LAVAL, Christian; VERGNE, Francis. *Educação democrática: a revolução escolar iminente*. Petrópolis: Vozes, 2021.

e ajudariam no projeto de um novo esclarecimento direcionado em sentido emancipatório.

O primeiro deles diz respeito à liberdade de pensamento: contra a demonização do pensamento e as ações irrefletidas, o saber deve ser emancipado dos poderes comprometidos com a manutenção das múltiplas formas de opressão que buscam subjugá-lo e instrumentalizá-lo. O saber emancipatório não pode ser submetido ao Estado, à Igreja ou a grupos econômicos. A liberdade plena de pensamento é condição de possibilidade para todo reconhecimento racional.

O segundo princípio refere-se à necessidade de uma cultura comum, um conjunto de saberes e práticas compartilhados; uma cultura construída a partir do reconhecimento de uma esfera de valores, princípios e bens inegociáveis. Uma cultura que atua na construção e, ao mesmo tempo, seja responsável pela manutenção de valores que dizem respeito a cada pessoa pelo simples fato de ter nascido com vida.

Intimamente ligado à ideia de uma cultura comum, está o princípio que enuncia a igualdade no acesso à educação, ao conhecimento e à cultura. A igualização do saber é inerente ao projeto de superar os sistemas de opressão, de melhorar os jogos de linguagem, de construir novas formas de autogoverno e de repartir democraticamente o poder.

O quarto princípio refere-se ao incentivo do autogoverno da formação esclarecida. Não só as instituições voltadas ao esclarecimento devem ser governadas pelo coletivo, através de uma estrutura colegiada que envolva funcionários, usuários e cidadãos interessados na atividade desenvolvida, como também os indivíduos devem ter informações de qualidade que permitam a tomada de decisões adequadas não só ao desejo como também à razão: decisões esclarecidas.

O quinto princípio é o da adoção de uma pedagogia instituinte e interseccional, ou seja, um programa de produção do saber que permita a conexão entre a autonomia individual e a atividade coletiva, atento aos objetivos de ressignificação do comum, redução da desigualdade, superação dos vários sistemas de preconceito (raça, gênero, idade, plasticidade etc.) e autogoverno popular.

O último princípio voltado ao esclarecimento racional é o do resgate da importância da razão, da necessidade de fundamentação racional dos atos da vida. É preciso recusar os dogmas e, ao mesmo tempo, colocar em questão as crenças, os preconceitos e as opiniões dominantes em um determinado contexto, inclusive o próprio mito da razão. A isso se chega mediante a popularização da razão, fazendo cessar a renúncia à argumentação racional. Essa renúncia, incentivada pelas técnicas de idiossubjetivação, ocorre sob diferentes pretextos, desde o respeito às identidades e à diversidade cultural até as convicções religiosas. Algumas boas causas são utilizadas como desculpa para se distanciar de uma razão com pretensão universal. Todavia, essas desculpas não passam de sofismas, porque a pluralidade cultural e étnica é integrável a uma abordagem racional que respeite as diferenças, que resulte do diálogo entre sujeitos em conflito. O princípio do resgate da razão indica a necessidade de abandonar a ode às evidências e o primado das hipóteses sobre os fatos, bem como reconhecer a importância das diferenças, dos conflitos e das contradições. As pessoas, desde o ensino fundamental, devem ser treinadas para problematizar e teorizar as questões postas. Pensar antes de agir deve voltar a ser algo positivo e incentivado.

As técnicas de subjetivação neoliberal levam, em última análise, ao pós-humano. Isso porque produzem um novo sujeito, um ser pós-humano, que não pensa, mas que existe para que outros pensem por ele; o sujeito neoliberal é formatado para agir sem refletir. Trata-se de uma programação transnacional intimamente ligada ao crescimento orquestrado dos movimentos de extrema-direita em diversas partes do planeta, que unem neoliberalismo e neoconservadorismo, sempre no interesse de poucos em detrimento da maioria da população.

16

AS TÉCNICAS DE IDIOSSUBJETIVAÇÃO

Umberto Eco dizia que, para os iluministas, as pessoas têm cinco necessidades fundamentais: a alimentação (assimilar os alimentos que permitam realizar suas atividades vitais), o sono (estar em um estado fisiológico complexo que permita descansar, recuperar-se fisicamente e repor as energias necessárias às atividades físicas e cerebrais), o afeto (sentir-se ligado a outro, o "que compreende o sexo, mas também a necessidade de se ligar pelo menos a um animal doméstico"), o jogar (entendido como a atividade de fazer alguma coisa pelo simples prazer de fazê-la) e o perguntar-se "por quê". Dessas atividades, apenas a última "é tipicamente humana e requer o exercício da linguagem".[1] As técnicas de idiossubjetivação levam à renúncia do que é "tipicamente humano": a capacidade de reflexão e de crítica (a descoberta do "por quê?", bem como da capacidade de usar a informação — a resposta ao "por quê?" — em uma direção emancipatória e transformadora).

A idiossubjetivação é, portanto, um processo que engloba um conjunto de técnicas que se insere em um movimento anti-iluminista. A tentativa de superar o Iluminismo, com seus valores e seus limites, não é algo recente. Foram anti-iluministas, por exemplo, movimentos políticos concretos, como o fascismo italiano e o nazismo alemão, que contaram com a impotência da inteligência diante do absurdo. Nem mesmo a sofisticação de algumas análises e a audácia teórica de outras impediram o crescimento do nazismo e do fascismo em sociedades modernas, revelando-se, portanto, politicamente estéreis.

Como explicam Zeev Sternhell e Federico Finchelstein, a crítica do Iluminismo concentra-se na refutação tanto do universalismo como da igualdade,[2] com ataques à "maligna trindade" composta pelo parlamentarismo, pela democracia liberal e pelo racionalismo. Com as técnicas de subjetivação voltadas à desconstrução da herança iluminista, busca-se uma nova teologia política e uma nova prática cotidiana nas quais a ação substitua a reflexão, o pensamento rápido e intuitivo ganhe ainda mais espaço nos processos de decisão, os comandos passem a ser obedecidos sem questionamento

---

1   ECO, Umberto. *A passo de caranguejo: guerras quentes e o populismo da mídia*. Rio de Janeiro: Record, 2022, pp. 88-89.
2   Nesse sentido, cf. STERNHELL, Zeev. *Contro l'illuminismo: dal XVIII secolo alla guerra fredda*. Milão: Baldino Castoldi Dalai, 2007; e FINCHELSTEIN, Federico. *Mitologie fasciste*. Roma: Donzelli, 2022, p. 20.

("comportamento de manada"), a soberania desloque-se da razão laica para a fé do povo (crer se torna mais importante do que compreender ou concordar) e o mito, o elemento discursivo utilizado para substituir aquilo que não pode ser dito, passe a identificar-se com a história.

Pode-se definir as técnicas de idiossubjetivação como o conjunto de ações de qualquer natureza destinado a influir na visão de mundo, nas emoções, nas atitudes e nas opiniões de um grupo social, com a finalidade de obter comportamentos adequados à racionalidade neoliberal. Tais ações compreendem desde as mais simples e aparentemente banais até as mais complexas voltadas à criação de uma normatividade, de um imaginário e de um simbólico que sejam compatíveis com a compreensão de que tudo e todos sejam negociáveis a partir de cálculos de interesses que miram, exclusivamente e sem condicionantes, o lucro e a obtenção de vantagens pessoais.

As técnicas de idiossubjetivação buscam, portanto, apoiar a realização do projeto neoliberal, em atenção à respectiva normatividade (que se caracteriza pela "ilimitação"). Para tanto, favorecem ações que têm por objetivo fortalecer a percepção de que cada indivíduo é uma empresa enquanto o "outro" passa a ser tratado como um concorrente ou um inimigo, ao mesmo tempo em que tentam enfraquecer a vontade de grupos opositores do neoliberalismo, destruindo a imagem das pessoas identificadas como perigosas à hegemonia da racionalidade neoliberal.

Há dois níveis de atuação idiossubjetivante: o estratégico e o tático. A atuação estratégica destina-se a apoiar as ações favoráveis aos detentores do poder econômico nos diversos campos do poder e do saber nacionais, facilitando a busca tendencialmente ilimitada por lucros ou vantagens pessoais. Essa atuação é permanente, objetivando resultados duradouros, em médio e em longo prazo. As táticas de idiossubjetivação, por sua vez, voltam-se ao apoio à execução das operações neoliberais diante de circunstâncias específicas (como, por exemplo, a necessidade de sustentar um líder autoritário para aumentar a margem de lucro em um determinado contexto). Essas táticas são, portanto, planejadas e executadas para cada operação política, cultural, econômica ou militar e têm por objetivo alcançar resultados em curto e em médio prazos.

A escolha do público-alvo é determinante para o sucesso, ou não, do emprego das técnicas de idiossubjetivação. Nem todo mundo sofre os efeitos da idiossubjetivação da mesma maneira. Escolhe-se, assim, um grupo social ou um conjunto de pessoas (por exemplo, homens brancos incomodados com as políticas afirmativas ou militares saudosistas de uma ditadura em que tinham protagonismo político) que têm interesses comuns e que podem tanto influenciar as atividades de uma organização ou de uma instituição como por elas serem influenciados. Depois dessa escolha, busca-se apresentar a opinião do grupo ou do conjunto de pessoas — por vezes, construída por meio de diversas técnicas — como a opinião pública capaz de condicionar a adoção de políticas públicas ou o funcionamento de instituições. Mais do que isso, apresenta-se como a realidade aquilo que é compatível com a visão de mundo do público-alvo manipulado pelas técnicas de idiossubjetivação.

As ações de idiossubjetivação de qualquer natureza se valem de diferentes espaços comunicacionais para atingir o público-alvo selecionado. O sucesso dessas ações dependerá sempre da transmissão de uma mensagem que produza efeitos comportamentais nas pessoas selecionadas. Esses efeitos relacionam-se à modificação da percepção e do quadro emocional do público-alvo. O destinatário (o receptor) reage à mensagem recebida, atuando no "mundo-da-vida", divulgando e reproduzindo uma nova realidade, se aderir ao seu conteúdo. A idiossubjetivação busca, por exemplo, criar as condições para a naturalização do que seria absurdo à luz dos valores, dos princípios e das regras iluministas. Inicia-se um esforço de "fazer de conta" que a visão de mundo neoliberal é a única possível e que o pensamento dos detentores do poder econômico (que se escondem no significante "mercado") é o mais adequado para todos. Assim, para além de reforçar a crença na inevitabilidade do neoliberalismo, as técnicas de idiossubjetivação buscam enfraquecer os valores, os princípios e as regras que, ao longo da história, serviram de obstáculos à busca ilimitada por lucro ou por vantagens pessoais. Como já dito, no mundo neoliberal ideal, todos devem portar-se como "empresários-de-si" ou como "capitais humanos", tratar os outros como "empresas concorrentes" e agir, exclusivamente, a partir de cálculos de interesse que visem à potencialização dos lucros e à obtenção de vantagens pessoais. Busca-se, em suma, a criação de "novos" homens e de "novas" mulheres para uma nova realidade.

Há, neste processo de criação do sujeito adequado ao neoliberalismo, uma modificação dos elementos que compõem o círculo hermenêutico: altera-se a pré-compreensão, a capacidade de reconhecimento, a identificação do contexto, a aptidão para levar o texto e os respectivos limites semânticos em consideração, a consideração dos sentidos possíveis de um texto e o juízo crítico sobre o processo hermenêutico de compreensão dos eventos. Se interpretar é compreender, a partir da transformação da subjetividade tem-se o empobrecimento da interpretação e a respectiva alteração na compreensão do mundo. Desaparece a capacidade de interrogar-se ou, na melhor das hipóteses, de fazer as perguntas necessárias.

Primo Levi deixou escrito que a falta de sentido (a ausência de respostas ao "por quê?") foi o que caracterizou a postura nazista, e que esse vazio tenderia a nunca ser preenchido. O vazio do pensamento (da reflexão e do sentido), aliás, caracteriza todos os movimentos autoritários. Alguns eventos só acontecem, ou só são naturalizados, porque as pessoas são levadas a não refletir sobre eles. Pode-se, novamente com Eco, apostar que há na idiossubjetivação um movimento de "caranguejo", um andar em direção ao tempo em que o "por quê?" não era colocado e as respostas, então, não eram dadas ou descobertas.

Exemplos desse "andar para trás" não faltam: o reaparecimento do fundamentalismo cristão, o reforço da ideia religiosa de destino como algo que condiciona a vida das pessoas, a retomada da polêmica antidarwinista, o negacionismo da ciência e da história, a islamofobia, o retorno do antissemitismo, o reforço dos outros vários racismos (antinegro, anti-indígena, anti-amarelo, contra árabes semitas etc.) e do machismo, a presença de fascistas (*neo*, pós ou os mesmos fascistas de sempre) em cargos de poder etc. Tem-se também a constatação, um tanto paradoxal, de que alguns desenvolvimentos tecnológicos acabaram por representar regressões na realidade (as redes sociais como espaços para práticas antissociais que se encontravam em desuso no mundo analógico, por exemplo).

É importante lembrar que a *realidade* não se confunde com o *real*, com o "todo" em relação ao qual nem mesmo as palavras conseguem representar. O real, como a verdade, está no todo, e esse todo é inapreensível diante das limitações humanas, uma vez que o conhecimento é sempre parcial e a linguagem tem limites. Pode-se, assim, reconhecer que a realidade é uma trama complexa entre o simbólico (a linguagem e, em especial, os limites que decorrem dela) e o imaginário (o conjunto de imagens e de ideias — construídas a partir destas imagens — que as pessoas são capazes de formular). O "movimento do caranguejo" pode, portanto, ser descrito como uma tentativa de transformar a realidade, ou seja, de alterar o simbólico e produzir um novo imaginário. Em outras palavras, busca-se a criação de outra realidade (o que, em certa medida, explica a impressão de que algumas pessoas vivem uma realidade paralela): a partir do processo de idiossubjetivação, algumas pessoas passaram a viver em uma realidade alternativa em relação às pessoas que ainda vislumbram o mundo a partir de um imaginário e de um simbólico construído a partir de valores, princípios e regras iluministas.

Afirmar que a idiossubjetivação é um fenômeno anti-iluminista, uma vez que reforça a ilimitação como o marco normativo adequado ao neoliberalismo ("vale tudo", mesmo o afastamento dos valores liberais, na busca por "mais valia" e por vantagens pessoais), não impede reconhecer que a gênese do neoliberalismo está nas contradições do próprio processo iluminista. A civilização iluminista levou à barbárie.[3] Mesmo a crítica iluminista (eurocêntrica e alheia a diversos outros saberes) não foi capaz de produzir a resistência adequada à ilimitação neoliberal. Não por acaso, as técnicas de idiossubjetivação impedem o reconhecimento das epistemologias do Sul e o diálogo entre conhecimentos e saberes diversos, o que acaba por criar obstáculos à transformação "de sujeitos ausentes em sujeitos presentes como condição imprescindível para identificar e validar conhecimentos que podem

---

3   Nesse sentido, cf. FREUD, SIGMUND. *O futuro de uma ilusão, O mal-estar na civilização e outros trabalhos (1927-1931)*. Rio de Janeiro: Imago, 2006; e ADORNO; HORKHEIMER, 1985, op. cit.

contribuir para reinventar a emancipação e a libertação sociais".[4] Se, por um lado, não se pode abrir mão do passado e do conhecimento produzido no Norte global nem renegar o seu respectivo histórico de lutas na busca pela emancipação, por outro, impõe-se reconhecer a importância de outros conhecimentos, igualmente válidos, que o neoliberalismo quer esconder: não ser capaz de olhar para outras experiências é uma característica típica do idiota construído a partir da hegemonia da racionalidade neoliberal.

O recurso à persuasão e a outros mecanismos para influenciar e para modificar emoções, opiniões, atitudes e comportamentos de grupos ou de pessoas tem acompanhado a história dos seres lançados na linguagem. De modo geral, as pessoas esperam que, dentro de certos limites, a sua vontade acabe realizada, se possível, com a concordância dos demais. O desacordo extremo de vontades leva ao conflito e, nos casos mais graves, à guerra. Para evitar os conflitos, busca-se o convencimento, que, obtido por meio da persuasão, da concordância de visões de mundo e da fabricação de consensos, provou ser mais eficaz do que a dominação pela força. As técnicas de idiossubjetivação constituem uma parte essencial na luta pela fabricação de consensos, do convencimento e da naturalização da dominação.

Sobre as características das técnicas de idiossubjetivação, é importante destacar que elas seguem a plasticidade do neoliberalismo, sua capacidade de adequar-se aos mais variados contextos (existem neoliberalismos progressistas, ultra-autoritários, fundamentalistas religiosos etc.) e de cooptar diversos dispositivos e crenças — inclusive fenômenos como

---

4   SANTOS, 2022, op. cit., p. 19.

o machismo e o racismo, que antecedem, mas são instrumentais à hegemonia da racionalidade neoliberal.

Parte-se da constatação de que fenômenos como o racismo e o machismo não mais exigem a elaboração de teses com aparência racional para que sejam fortalecidos. Ao contrário: para tanto, basta a circulação das ideias racistas ou machistas e a manipulação de emoções fundadas nesses preconceitos. O simples fato de divulgar acriticamente atos e falas racistas e machistas já é suficiente para que as ideias que elas carregam se imponham para parcela da sociedade. Pode-se afirmar que esses preconceitos são acionados a partir das técnicas de idiossubjetivação. Tem-se, então, o reforço do racismo e do machismo a partir de uma construção intelectual comprometida com o projeto neoliberal.

É importante registrar que essa utilização do racismo e do machismo na construção do que seria o "novo homem" possui duas funções essenciais: (i), uma função ideológica ligada ao imaginário, a de fornecer a imagem do sujeito inferior, incapaz ou ameaçador, ligada tanto ao mito da meritocracia como à gestão dos "indesejáveis" via sistema penal; e (ii), uma função de ordem prática, qual seja, a de delimitar a fronteira entre o sujeito "desejável" e o "indesejável", criando identidades flutuantes para gerar uma espécie de devir indesejável e naturalizar ações direcionadas contra determinados atores sociais. Pode-se afirmar também que o racismo e o machismo tornaram-se uma lógica estatal[5] — em outras palavras, uma lógica de funcionamento das agências estatais empregada, sempre que necessário, à satisfação dos interesses dos detentores do poder econômico.

---

5   Cf. RANCIÈRE, Jacques. *Les Trente inglorieuses: scènes politiques.* Paris: La Fabrique, 2022, p. 60.

Em resumo: se a democracia liberal (ou mesmo uma guerra) é uma oportunidade para bons negócios, as técnicas de idiossubjetivação devem levar as pessoas a apoiar este modelo de democracia (ou qualquer guerra); se o fascismo se mostra funcional para manter ou para aumentar os lucros, substitui-se a democracia por um modelo autoritário em atenção à racionalidade neoliberal. Como já se viu, decide-se por cálculos de interesse, sem considerações éticas, jurídicas ou mesmo lógicas.

O neoliberalismo também coopta sistemas de dominação, como o racismo e o machismo, anteriores à racionalidade neoliberal, direcionando-os à produção de efeitos favoráveis aos detentores do poder econômico. Não se estranha, portanto, que as técnicas de idiossubjetivação recorram à manipulação dos preconceitos, dos ressentimentos e dos fundamentalismos como matéria-prima à formatação do "novo homem" neoliberal. As técnicas de idiossubjetivação buscam, portanto, uma mutação do simbólico (o que alguns chamam de "processo de dessimbolização"), com o empobrecimento da linguagem e a relativização (e, por vezes, o desaparecimento) dos limites (democráticos, éticos, lógicos, legais etc.), e a formatação de um novo imaginário, ambos comprometidos com o projeto neoliberal que exige tanto a ilimitação na busca pela acumulação de capital como o reforço das ideias-chave de "empresa" (cada pessoa passa a ver-se como um "empresário-de-si" ou um "capital humano") e de "concorrência" (a lógica de relacionamento que percebe o outro sempre como um concorrente a ser vencido ou, em casos extremos, como um inimigo a ser destruído).[6]

---

6   Sobre o tema, cf. CASARA, Rubens. *Contra a miséria neoliberal*. São Paulo: Autonomia Literária, 2021.

A importância das técnicas de idiossubjetivação tem aumentado em função tanto da evolução dos métodos científicos de intervenção sobre a motivação humana como do desenvolvimento dos meios de comunicação social. Pode-se, hoje, reconhecer, para além das fronteiras físicas, também as fronteiras psicológicas. Diante deste quadro, a opinião pública e, mais precisamente, a manipulação da opinião pública tornam-se relevantes à tomada das decisões políticas e econômicas. As técnicas de idiossubjetivação atuam diretamente sobre a opinião pública e servem para continuamente realimentar crenças e opiniões a partir de constantes análises e avaliações sobre o seu alcance e a sua efetividade.

As técnicas de idiossubjetivação, quando empregadas em proveito direto dos detentores do poder econômico ou no interesse de dirigentes políticos comprometidos com o projeto neoliberal, facilitam a dominação de oprimidos (que não se percebem enquanto tais), por potencializar divisões na sociedade, reforçar mitos (como o da meritocracia) e velar fenômenos históricos (como a luta de classes). Trata-se de um conjunto de mecanismos que coloca em atuação o psicopoder. Em síntese, pode-se afirmar que a propaganda, em sentido lato, é a grande ferramenta de idiossubjetivação, atuando desde a fabricação de necessidades artificiais de consumo até a produção de crenças e de convicções mais profundas, tais como a decisão de abandonar lutas políticas e render-se ao capitalismo e à normatividade neoliberal.

Com frequência, a propaganda idiossubjetivante deve ser empregada em associação com outras medidas de caráter econômico, político e, por vezes, militar. Por exemplo: as políticas de segurança pública atuais, que relativizam os direitos fundamentais, só são percebidas como positivas (inclusive por parte de suas vítimas) em razão do sucesso de técnicas de idiossubjetivação que se somam à opção por uma política autoritária. Técnicas de produção de subjetividades são permanentemente empregadas e patrocinadas pelos mais variados interesses. O avanço tecnológico e a facilidade de acesso aos meios de comunicação de massa permitiram a grupos de pessoas, a sociedades empresariais e até mesmo a indivíduos isolados patrocinar campanhas de manipulação psicológica por diversas motivações: políticas, econômicas, militares, comerciais, religiosas, ideológicas, humanitárias etc.

As técnicas de idiossubjetivação destacam-se, porém, por levarem à instauração de uma espécie de "vale-tudo" por lucros ou por um resultado político, desejado pelos detentores do poder econômico, no campo do pensamento. Elas são empregadas por diversos atores sociais, sem que exista necessariamente uma coordenação ou um acordo prévio entre eles, de forma incontrolável, a partir de ações que são condicionadas pela racionalidade neoliberal, o que acaba por resultar em peças de propaganda, em matérias habilmente editadas, em músicas, em vídeos, em filmes, em programas político-partidários, em aulas, em histórias em quadrinhos, em *blogs*, em páginas na internet, que, em conjunto, produzem o efeito de criar uma nova visão de mundo, uma nova realidade que serve ao poder econômico.

Esse conjunto de técnicas, com especial destaque para aquelas empregadas no ambiente virtual (*online*), modificam o modo como as pessoas apreendem os acontecimentos. Forja-se uma representação da realidade que atende aos interesses dos super-ricos, mesmo que isso exija o reforço de preconceitos, a demonização do comum e a ampliação de dramas sociais, e isso é fundamental para a manutenção de um sistema de exploração e de dominação que é responsável pela fome de grande parcela da população mundial.

A racionalidade neoliberal, que precisa afirmar-se como a única possível, impõe uma espécie de dissolução antiética da realidade[7] e a reconstrução de um mundo sem limites ao poder econômico. É a negação do ser (da verdade) pela primazia do ente neoliberal — um ente, diga-se, que se quer absoluto e incontrastável. Com isso, a verdade, como valor ou como limite, perde importância.

A mentira, por sua vez, torna-se um instrumento válido na busca por hegemonia. Instaura-se um circuito no qual, após a criação do falso, este é divulgado de maneira viral e acrítica até que se torne "natural", na mesma linha do que, antes, afirmava Joseph Goebbels: uma mentira dita mil vezes passa a ser percebida como verdade. A formação de uma espécie de ecossistema baseado na mentira e na distorção das informações vai ao encontro e reforça a realidade alternativa desejada pelos detentores do poder econômico. Por vezes, esse ecossistema da desinformação, voltado à manutenção da hegemonia neoliberal, é construído como uma rede transnacional e conta com uma coordenação central. Fabricam-se mentiras e manipulam-se informações, muitas vezes baseadas em interpretações equivocadas, mas que recebem tratamento para que pareçam dados da realidade objetiva. Ao lado de pessoas responsáveis por produzir conteúdo, outros grupos ficam encarregados de promover essas ideias favoráveis ao poder econômico (e aos seus aliados) e os influenciadores (os *spin doctors*) capazes de "legitimar" aos olhos do público-alvo o conteúdo idiossubjetivante, não só controlando a apresentação dos fatos, mas também distorcendo-os e adaptando-os aos interesses dos detentores

---

7   Ver VATTIMO, Gianni. *Della realtà: fini della filosofia*. Milão: Garzanti, 2022, p. 137.

do poder econômico com o objetivo de favorecer determinada interpretação ou opinião.

Um dos elementos centrais da mentira como método de idiossubjetivação é o reforço do mecanismo psíquico da projeção: as pessoas são levadas a não perceber o que são e a atribuir suas próprias características, suas falhas e suas responsabilidades ao "outro", identificado como concorrente (ou inimigo). A violação dos direitos do outro é, então, justificada pela crença de que, na mesma situação, o outro também violaria os direitos de seu adversário.

Há uma questão ética que envolve a mentira, mas nem todo descompasso com a verdade é voluntário. Nem sempre a natureza mentirosa de uma mensagem, que acaba divulgada acriticamente, é desconhecida pelo indivíduo que a reproduz, porque um dos objetivos do processo de idiossubjetivação é gerar a certeza de que a informação que deve ser espalhada é comprometida com a verdade mesmo que seja objetivamente falsa, pois está a serviço de uma causa maior, ou, mais precisamente, de uma verdade fundamental e incontrastável. Também não se trata de um fenômeno novo: o mesmo acontecia com as mentiras fascistas na Itália de Benito Mussolini.[8]

Busca-se, com as técnicas de idiossubjetivação, substituir a reflexão, que reafirma a importância do valor "verdade", por frases feitas, lugares comuns, mitos e mentiras apresentadas como verdades. O objetivo é produzir ações que se baseiem em crenças que não exijam confirmação. As pessoas idiossubjetivadas devem agir a partir de certezas absolutas e de evidências que não precisem de prova, nem admitam

---

8   FINCHELSTEIN, Federico. *Uma breve história das mentiras fascistas*. São Paulo: Vestígio, 2020, p. 17.

contestação. A mentira impede o debate racional e permite substituí-lo por ações irrefletidas baseadas em ressentimentos ou em certezas delirantes próprias de funcionamentos mentais paranoicos.

Na "realidade" construída a partir das técnicas de idiossubjetivação, a mensagem apresentada como verdadeira independe de demonstração empírica. O conhecimento torna-se uma questão de fé, enquanto a fé torna-se um fundamentalismo, pois passa a não admitir a presença de qualquer dúvida ou questionamento. O regime da "verdade" torna-se, então, autoritário, pois a verdade, como adequação ou como correspondência, sempre foi um obstáculo ao exercício do poder, de qualquer poder, como o oposto da mentira, das manipulações, das crenças equivocadas e das informações erradas que levam a decisões que não deveriam ser tomadas no "mundo-da-vida".

Outro objetivo das técnicas de idiossubjetivação é reforçar a ideia de que tudo e todos são negociáveis (e, portanto, potencialmente descartáveis). Nada pode servir de obstáculo à busca por lucro ou por vantagens pessoais. Não se decide por princípios, mas por interesses materiais. Para tanto, as ideias de bem público, de diretos humanos, de procedimentos democráticos, de devido processo legal e, sobretudo, de comum precisam ser demonizadas. Ademais, a divulgação de mensagens que reforçam a ideia de autodeterminação individual (uma das promessas do liberalismo) acaba por entrar em conflito e tentar superar a autodeterminação coletiva. Pode-se, pois, afirmar que um dos objetivos das técnicas de idiossubjetivação é o de reforçar o sentimento de antipolítica pelo reforço do narcisismo, dos medos e dos ressentimentos que levam ao isolamento e à incapacidade de diálogo com o outro.

Também são descartáveis ou demonizadas as pessoas que ocupam o lugar de concorrentes e/ou inimigos. Se as relações sociais, inclusive as mais íntimas, passam a ser reguladas pela lógica da concorrência, a escolha de algumas pessoas para a posição de "inimigo" mostra-se funcional para dar coesão e para reforçar a percepção de pertencimento ao grupo que serve de apoio ao projeto neoliberal, tanto em sua versão progressista como em sua versão ultra-autoritária. Com a naturalização do sistema de opressão, muitas das vítimas são incentivadas — também em razão de técnicas de idiossubjetivação — a aderir às posturas e a defender as posições dos opressores, como uma tentativa de adquirir imunidade ou de reduzir os efeitos concretos dos sistemas de opressão. Tem-se, neste caso, uma espécie de mimetismo, com os oprimidos tentando assemelhar-se aos opressores para obter alguma vantagem ou não serem percebidos por eles.

Se na hegemonia do pensamento iluminista exigia-se, como condição indispensável para uma ética, "estar disposto a submeter à crítica não apenas todas as crenças, mas até mesmo as que a ciência nos entrega como verdades absolutas",[9] com o andar para trás anti-iluminista, tem-se a demonização da crítica e o retorno dos fundamentalismos. Busca-se desconstruir uma das principais heranças do Iluminismo (não em um sentido descolonizador, com a ampliação da "razão" para além de uma visão eurocêntrica), no caso, a consciência de que há um modo razoável de raciocinar a partir do reconhecimento da existência de limites instransponíveis ao exercício do poder; a crença de que as coisas "vão de certa maneira", o que não se confunde

---

9   ECO, 2022, op. cit., p. 85.

com "certezas" sobre o funcionamento da realidade ou com a afirmação de que "podemos conhecê-la ou que um dia a conheceremos".[10]

Pode-se, ainda, identificar como um dos resultados dos processos de idiossubjetivação o reforço, funcional ao neoliberalismo, daquilo que Adorno chamou de "semiformação" (*Halbbildung*). Volta-se para um processo de deformação individual, por meio de uma espécie de "educação para o neoliberalismo", no qual o egoísmo torna-se uma virtude (enquanto a solidariedade passa a ser tratada como um vício que fragiliza a posição do sujeito-empresa em meio à luta concorrencial) e um saber acrítico permite a convivência com preconceitos, misoginia, racismo, negacionismos da ciência e da história, homofobia, dissonâncias cognitivas e agressões à diferença. A semiformação faz com que o conhecimento científico possa ser substituído — sempre que interessar aos detentores do poder econômico — por preconceitos, superstições, cinismos, estereótipos, fantasias e projeções do medo.

Para Adorno, a semiformação deve-se ao fato de o espírito ter sido conquistado pela lógica do fetiche das mercadorias. Na versão neoliberal, a semiformação está ligada ao fato de tudo e todos terem se tornado negociáveis e/ou descartáveis na busca por lucros ou por vantagens. A semiformação, portanto, liga-se a uma determinada forma da subjetividade imposta por um determinado modo de produção e que gera efeitos em todos os planos da vida. Para o sujeito idiossubjetivado (semiformado em atenção à racionalidade neoliberal), resta a semicultura:

---

10   Ibid., p. 86.

Todas as palavras convertem-se num sistema alucinatório, na tentativa de tomar posse pelo espírito de tudo aquilo que sua experiência não alcança [...]. Uma semicultura que, por oposição à simples incultura, hipostasia o saber limitado como verdade não pode mais suportar a ruptura entre o interior e o exterior, o destino individual e a lei social, a manifestação e a essência. [...] a semicultura, em seu modo, recorre estereotipadamente à fórmula que lhe convém melhor em cada caso, ora para justificar a desgraça acontecida, ora para profetizar a catástrofe disfarçada, às vezes, de regeneração.[11]

Paradoxalmente, as técnicas de idiossubjetivação também levam à negação da hipótese da "igualdade das inteligências"[12] (de que todos os produtos de todas as inteligências se equivalem); isso porque reforçam a visão dominante que identifica uma hierarquia social em que haveria uma posição de destaque aos "mais capazes" (no neoliberalismo, aqueles que se identificam e, ao mesmo tempo, são admirados pela massa dos indivíduos idiossubjetivados). Instaura-se um ódio à igualdade das inteligências, porque vai de encontro com a tese neoliberal da meritocracia: trata-se de uma espécie do gênero "ódio à igualdade" (que é a base tanto do ódio à democracia quanto da demonização do comum).

Feitas estas considerações gerais sobre as características e efeitos das técnicas de idiossubjetivação, torna-se mais fácil entender que os seus principais objetivos são impedir a reflexão e naturalizar o que interessa, em cada quadra histórica, aos detentores do poder econômico. Assim, investe-se no

---

11   ADORNO; HORKHEIMER, 1985, op. cit., p. 161.
12   RANCIÈRE, 2022, op. cit., p. 71.

chamado "pensamento rápido", baseado em intuições, em preconceitos e em heurísticas, em detrimento do pensamento reflexivo, mais demorado. Em linhas gerais, parte-se da diferença entre os (impropriamente) chamados *Sistema 1* (que "opera automaticamente e rapidamente, com pouco ou nenhum esforço e nenhuma percepção de controle voluntário") e *Sistema 2* (que "aloca atenção às atividades mentais laboriosas que o requisitam, incluindo cálculos complexos. As operações do Sistema 2 são muitas vezes associadas com a experiência subjetiva de atividade, escolha e concentração") para dificultar o emprego do segundo.[13]

Hoje, parece não haver muita dúvida acerca da existência dessas duas formas de pensar. A forma que aposta na simplicidade é a que interessa ao neoliberalismo. O mecanismo e os objetivos acima mencionados deixam claro que as técnicas de idiossubjetivação devem levar os indivíduos a relaxar o controle do chamado "Sistema 2" sobre os comportamentos. Em outras palavras, devem produzir ainda mais decisões e ações a partir do pensamento rápido e intuitivo — em certo sentido preconceituoso e baseado em fórmulas prontas que são adequadas à racionalidade neoliberal. Para tanto, basta o reforço das heurísticas (aproximações parciais dos problemas), das impressões parciais, dos preconceitos e das intuições que interessam ao poder econômico, bem como dos vieses (erros sistemáticos, não aleatórios) e ruídos (distorções na compreensão que dificultam os julgamentos) que levam a determinados julgamentos desejados pelos super-ricos.

---

13   KAHNEMAN, Daniel. *Rápido e devagar: duas formas de pensar*. Rio de Janeiro: Objetiva, 2012, p. 29.

Incentiva-se, por exemplo, o recurso à semelhança como critério de julgamento, uma heurística simplificadora que leva a erros sistemáticos de julgamento. Reforça-se a crença na facilidade em "puxar da memória" dados ou eventos semelhantes (heurística da disponibilidade), muitas vezes divulgados pelos meios de comunicação, para o julgamento de questões diversas. Da mesma forma, técnicas de idiossubjetivação apostam no viés de confirmação, com medidas que reforçam a tendência a confirmar aquilo que é apresentado como verdade ou no qual já se acredita, e nas heurísticas afetivas (decisões orientadas diretamente por sentimentos e emoções, como gostar ou não gostar de alguém).[14] Isso explica, em parte, por que publicações em redes sociais que confirmam ideias prévias e preconceitos sedimentados tendem a ser compartilhadas, divulgadas e defendidas por pessoas que já partilham o mesmo ponto de vista. Em adesão à lógica da concorrência, o recurso às heurísticas da confirmação e afetiva levam à polarização, na medida em que o outro, que não partilha do mesmo ponto de vista e, por isso, é "indesejável", passa a ser tratado como um concorrente a ser vencido no mercado das ideias ou um inimigo a ser neutralizado.

As técnicas de idiossubjetivação também apostam na existência de uma espécie de polarização neural que faria com que pessoas mantivessem as suas crenças, mesmo diante de informações que, para outras pessoas, seriam a confirmação do equívoco da hipótese.[15] Segundo alguns estudos, haveria no córtex pré-frontal dorsomedial a demonstração da polarização neural, bem na região do

---

14   Ibid.
15   DOI: 10.1073/PNAS.2008530117

cérebro que seria responsável pela interpretação do conteúdo narrativo. Indivíduos apresentam uma maior ativação dessa área em resposta à linguagem que associam ao risco, à emoção ou à moralidade. Todavia, como grupos sociais associam risco, emoções e moralidade a coisas diferentes, haveria uma tendência a interpretações distintas sobre os mesmos eventos. Assim, o mesmo fato que, para alguns, seria uma prova de ignorância, para outros, soaria como um sinal de sabedoria.

Insistir na polarização ajuda na coesão dos grupos que figuram como público-alvo das técnicas de idiossubjetivação, na divisão do grupo de oprimidos e no engajamento digital. Para reforçar a polarização e, ao mesmo tempo, alcançar os objetivos de naturalização do neoliberalismo, é importante ocultar alguns dados e exacerbar — ou distorcer — a divulgação de outros, sempre no interesse dos detentores do poder econômico. Recorre-se também aos chamados "multidiscursos", muitos dos quais contraditórios entre si, em uma rede capilarizada, de maneira que a mesma pessoa, o mesmo líder ou influenciador possa fazer uma fala racista para um grupo de racistas e apresentar-se como um amigo dos negros para um grupo de pessoas negras. Faz-se um discurso "personalizado" para cada grupo; assim, cada indivíduo pode sentir-se o destinatário direto da mensagem. Não há um discurso para todos, mas apenas para o respectivo grupo do destinatário da mensagem. E não há dúvida possível: a mensagem será simples e positiva para ele, e negativa para os seus "concorrentes" ou "inimigos". Cria-se uma base de apoio que, não raro, tende ao fanatismo. Para essa base, o líder ou influenciador é, ao mesmo tempo, um ser igual aos destinatários das mensagens (um homem simples que não possui qualquer conhecimento diferenciado) e um ser diferenciado, superior, corajoso, que ousa falar aquilo que a maioria não tem coragem, tal como Adorno já havia identificado em relação aos líderes da extrema-direita do passado.

Discursos contraditórios e uma percepção paradoxal dos líderes e influenciadores também levam à coesão desse grupo de apoio, que, na defesa do líder ou do ídolo, torna-se capaz de apoiar os interesses dos super-ricos sem refletir que as medidas defendidas por ele são concretamente contrárias aos seus próprios interesses. Não raro, o pânico gerado com pautas morais serve para indivíduos apoiarem políticos que se dedicam, no plano econômico, à adoção de medidas que prejudicariam a vida material de seus próprios apoiadores.

As técnicas de idiossubjetivação também criam a imagem de uma batalha entre o "nós" e o "eles" (os concorrentes ou inimigos). Atuam e fortalecem, portanto, as lógicas das "bolhas" (grupos que se unem por determinados interesses) e, como já se viu, da polarização (disputas entre grupos incapazes de dialogar entre si). Isso porque recorrem à mesma dinâmica dos algoritmos que regulam o funcionamento da rede de computadores e apostam em discursos extremados, emocionais e violentos que se mostram capazes de gerar mais engajamento. A dualidade do discurso é uma marca fundamental dos processos de idiossubjetivação: assim, por exemplo, em meio à crença de que todos estão lançados em uma batalha fundamental, a pessoa pode se sentir autorizada à agressão e, ao mesmo tempo, se afirmar como uma vítima de seus concorrentes ou inimigos. O importante, nesse caso, é o indivíduo se sentir parte de um movimento.

Dentro dessa dinâmica de polarização e de concorrência, com frequência, a opinião útil aos interesses dos detentores do poder econômico é apresentada como científica, enquanto pesquisas científicas que atendem às condições de produção e de identificação do conhecimento válido são desqualificadas ou colocadas em dúvida sempre que interessar aos gestores do sistema neoliberal. O caso mais conhecido diz respeito aos efeitos do consumo de cigarros: por muito tempo, os efeitos nocivos foram negados pela indústria do tabaco com a ajuda de formadores de opinião, de propagandistas e de "cientistas" bem pagos. Em programas de televisão ou em debates públicos, estudiosos de um tema eram colocados para debater com influenciadores ou com interlocutores que não detinham conhecimento sobre o assunto, mas que defendiam interesses econômicos facilmente identificáveis ou preconceitos sedimentados na sociedade, como uma estratégia que visa construir uma falsa equivalência entre as posições antagônicas ou, ao menos, naturalizar teses que deveriam ser tidas como absurdas.

Os principais métodos de idiossubjetivação consistem na negação, na mentira e na manipulação, sempre sistemáticos e voltados à satisfação dos interesses dos detentores do poder econômico. Esses métodos, do ponto de vista da linguagem, dependem de todos os atores e do contexto do ato de fala. São ações intersubjetivas, porque supõem a existência de duas enunciações diferentes. A negação é ainda interativa, uma vez que exige, por parte de outro sujeito, um discurso concorrente. A negação da tortura no Brasil, por exemplo, só existe porque alguém, em algum momento, enunciou que ela existia.

A negação se expressa de diferentes maneiras (como na recusa, no segredo, no insulto, na desculpa etc.) e age também sobre o raciocínio, inserindo-se tanto no princípio da não contradição como no método dialético. Negar, portanto, é um ato de linguagem que pode ter um efeito positivo ou negativo, ampliando ou reduzindo a possibilidade de reflexão. A negação tem um alcance triplo: em relação ao mundo, nega a verdade dos fatos; voltada para o outro, esconde o próprio saber; e, voltada para o próprio sujeito que nega, produz o velamento do que ele acredita saber. Nega-se um fato, uma crença ou um saber. Busca-se, com a negação, que uma ou mais pessoas não vejam, não compreendam, não acreditem, não façam alguma coisa (ou façam outras). A negação sistemática busca criar uma sensação de credibilidade em relação a uma ou mais teses (ou fatos). A negação discursiva volta-se também à desqualificação ou à neutralização do outro. Nega-se o saber do outro, em meio a uma situação de rivalidade ou a um confronto argumentativo, como forma de desqualificar o oponente ou alguém visto como uma ameaça.

A mentira, para além das questões morais ou legais, ao ser empregada sistematicamente, torna-se um dos principais métodos de idiossubjetivação. Trata-se, sempre, de uma enunciação voluntária na qual o sujeito que mente (i) julga que os receptores da mensagem não devem conhecer a verdade, ou mesmo o seu pensamento; (ii) diz algo diferente do que ele acredita ser a verdade; (iii) sabe que o que ele diz difere do que ele pensa ou acredita ser a verdade; (iv) procura dar aos receptores sinais que permitam a crença de que o que ele diz corresponde ao que ele pensa; e, por fim, (v) acredita que conhece a "verdade", ou seja, de que o que pensa e omite é verdadeiro. Só há mentira se o sujeito sabe o que está dizendo — já que, voluntariamente, busca faltar com a verdade.

A manipulação, por sua vez, consiste na incitação de pessoas a fazer, a dizer ou a pensar algo que o incitador deseje. Isso se dá por uma maquiagem intencional e um efeito de impostura. Assim, o manipulador não revela a sua intenção, disfarçando-a entre um discurso que difere daquilo que acredita, ao mesmo tempo em que fornece indícios, por vezes promessas explícitas, de sinceridade. É um discurso que força e leva a um jogo de aparências, mas que se apresenta apto a fazer uma pessoa (ou um grupo de pessoas) comportar-se no sentido desejado pelo manipulador. Percebe-se, pois, que há um efeito de impostura, uma vez que o receptor do ato discursivo manipulatório ignora a intenção (e a má-fé) do manipulador e deixa-se enganar pelo simulacro. Muitas vezes, o manipulador recorre à negação ou à distorção de fatos para convencer o manipulado. Em outras oportunidades, o manipulador adota o papel de *conselheiro*, sugerindo o que conviria fazer, mas sem parecer impor qualquer coisa. De igual sorte, o manipulador pode adotar o papel de *guia*, o que exige carisma, capacidade de ser aceito e admirado como um farol ou como um condutor de posturas. Por fim, o manipulador também recorre ao papel de *animador*, no qual disfarça a manipulação como se fosse uma ajuda, um estímulo, um esclarecimento, mas que esconde os seus reais objetivos.

Entre os procedimentos de manipulação mais utilizados, pode-se indicar o exagero e a generalização. Sempre que o enunciado é fornecido de maneira exagerada, o público tende a aderir com mais facilidade. Da mesma forma, a generalização permite que as pessoas acreditem naquilo que "todo mundo sabe". Pela generalização, as pessoas tendem a aderir a uma *vox populi* suscetível de dar-lhes segurança. Por fim, o humor também é utilizado como recurso manipulatório, ou seja, uma forma de estabelecer simpatia e conivência entre o interlocutor e o público. Pelo humor, o sujeito manipulado acaba, em regra, por ocupar, ainda que involuntariamente, o lugar de cúmplice da manipulação.

A manipulação verbal tem por base estratégias de incitação positiva ou de provocação negativa. No primeiro caso, cria-se uma confiança, uma afeição ou uma estima como maneira de atrair a adesão de pessoas ou de grupos. No segundo, pratica-se a denúncia, a acusação ou qualquer imputação apta a gerar desconfiança, estigmatização ou ódio contra o concorrente, o inimigo ou uma causa, com o objetivo de provocar movimentos de protesto ou de revolta.

Existem diversas estratégias discursivas para "fazer crer" o que interessa ao poder econômico (estimular o ódio contra pessoas ou grupos, esconder, mascarar, trapacear, enganar etc.). Para isso, os espaços privilegiados são os meios de comunicação de massa e as redes sociais. As técnicas de idiossubjetivação, hoje, dependem das telas (televisão, computador, *tablets*, *smartphones* e outras). Recorre-se a esse ambiente, tendencialmente prejudicial às relações humanas, para alcançar os objetivos dos detentores do poder econômico (naturalização do absurdo, inércia política, consumo acrítico etc.). A escolha pelo meio não é ingênua ou aleatória. Ao contrário do novo mundo prometido (de pessoas mais inteligentes, com raciocínio rápido, criativas, com mais aptidão à multiplicidade simultânea de tarefas), esse ambiente das telas leva à redução das interações sociais, ao empobrecimento da linguagem e à dificuldade de concentração.

Desde o nascimento, o indivíduo depende do ambiente em que está inserido tanto para a sua estruturação cerebral como para a quantidade e a qualidade de suas interações. Então, se o meio se mostra inadequado ao desenvolvimento e, portanto, deficiente, a pessoa só se torna capaz de realizar uma fração reduzida de suas possibilidades — ou seja, deixa de fazer muitas coisas que poderia. Não se dá, portanto, a realização da plenitude do ser humano.

Os seres humanos são direcionados às interações sociais. O recém-nascido e as crianças pequenas aprendem ao responder às solicitações do ambiente em que estão inseridos, com destaque para o ambiente intrafamiliar. Como ensina Miguel Desmurget, "as interações promovidas (ou obstruídas) irão então moldar, de maneira decisiva, o conjunto do desenvolvimento, desde o cognitivo até o emocional, passando pelo social".[16] É importante deixar registrado que, na sociedade atual, os filhos deixam de interagir com os pais, mas também estes, distraídos pelas telas, deixam de dar atenção aos filhos. A equação é simples, como demonstram diversos estudos: quanto mais telas, menos trocas e compartilhamento de experiências reais.[17]

Também a apreensão da linguagem e a capacidade de compreensão e de interpretação de textos acabam comprometidas pela predominância do ambiente das telas e das imagens virtuais na vida das pessoas. Pesquisas demonstram que

> o consumo de telas recreativas perturba significativamente o desenvolvimento da linguagem. Uma conclusão de validação recente de uma meta-análise diz: 'uma maior utilização de telas (ou seja, a duração do uso de televisão em segundo plano) está associada a uma queda das capacidades de linguagem.[18]

Isso para não mencionar a facilidade de acesso a conteúdo inadequado para crianças e para adolescentes em meio à rede de computadores. Percebe-se, pois, que o uso contínuo

---

16   DESMURGET, Michel. *A fábrica de cretinos digitais: os perigos das telas para nossas crianças*. São Paulo: Vestígio, 2022, p. 138.

17   Muitas dessas pesquisas encontram-se elencadas na obra já mencionada de Michel Desmurget.

18   DESMURGET, 2022, op. cit., p. 146.

de telas, que pode levar a uma espécie de vício e de dependência, é, por si só, um elemento decisivo nos processos de mutação do simbólico e de empobrecimento subjetivo adequados ao neoliberalismo.

Atualmente, também não há muita dúvida da relação entre o consumo de telas recreativas e os distúrbios de atenção. A "quase totalidade dos trabalhos disponíveis mostra de maneira convergente que as telas recreativas têm, globalmente, um impacto danoso profundo sobre as capacidades de concentração".[19] Na realidade, tanto a televisão como os jogos de videogame ensinam a dispersar a atenção, bem como dificultam o sono. Ademais, criam a ilusão condicionante de esperar sempre um ambiente mais recreativo em comparação com o mundo real. O uso das redes também ajuda à criação do mito da felicidade permanente ("filosofia do contente") que reduz a capacidade de adequação à realidade, porque, como falava Contardo Calligaris, a existência tem amplitude, que inclui medos, perdas, dores.[20] Enfim, sem concentração, não há como mobilizar pensamentos e ações para um objetivo definido, e isso interessa ao projeto de manutenção da hegemonia neoliberal.

Não há dúvida de que o poder numérico, já analisado neste livro, é fundamental aos objetivos do projeto de idiossubjetivação. O ambiente e as leis econômicas da internet ("um clique é um clique", "quantos mais cliques, mais lucro" etc.) são explorados para mudar a percepção do público e lucrar. Falsas percepções são criadas em todas as formas de publicação *online*. Perfis falsos, por exemplo, são criados para corroborar estas falsas percepções e manipular a criação

---

19 Ibid., p. 179.
20 Cf. CALLIGARIS, 2022, op. cit.

de consensos, uma vez que a aprovação social é um bem influente, o que faz com que seres humanos tendam a concordar com aquilo que a maioria de um grupo já concorda.

As chamadas "novas mídias", que surgem com a internet, reproduzem os vícios dos meios de comunicação de massa que mudaram a dinâmica do século XX. Na internet, os mais significativos traços da indústria de "fabricação da audiência" (que substituiu o negócio de "distribuir conteúdo", típico da imprensa burguesa, escrita, do século XIX) estão presentes, e ampliados.[21] Não há mais espaço para a esfera pública cidadã nas redes conectadas em que impera a lógica das massas acríticas. Como explica Eugênio Bucci, "os meios digitais da internet, sob o pretexto de permitirem, na sua superfície, que cada indivíduo se manifeste, reincidem no veto àquele valor tão precioso ao ideário que o iluminismo legou aos séculos XIX e XX: a autonomia crítica". Ainda segundo esse autor, os "bilhões de usuários das redes sociais, com seus surtos de individualismo eufórico, ainda se deixam controlar por estratégias sortidas do jugo do capital e de autocracias retrógadas".[22] Com a gestão capitalista da internet, a partir do poder numérico/digital, nasce "uma sociabilidade nova, radicalmente desterritorializada e desdemocratizada".[23] E, de fato, as massas que utilizam as redes sociais (por vezes, de forma fanatizada) continuam sujeitas à manipulação, o que é facilitado pelos algoritmos que permitem o monitoramento das condutas, gostos e preferências de cada usuário. As redes

---

21 Sobre o tema: BUCCI, Eugênio. *A superindústria do imaginário: como o capital transformou o olhar em trabalho e se apropriou de tudo que é visível*. Belo Horizonte: Autêntica, 2021, pp. 60-54.
22 Ibid., p. 62.
23 BROWN, Wendy. *Nas ruínas do neoliberalismo: a ascensão da política antidemocrática no Ocidente*. São Paulo: Politeia, 2019, p. 224.

são programadas para despolitizar e produzir mistificações, isso porque funcionam a partir da combinação dessa manipulação, sempre no interesse do capital e dos detentores do poder econômico (titulares dos meios de produção das subjetividades), com a acriticidade das massas.

Notícias são fabricadas por marqueteiros, protestos são incitados, reputações são destruídas, invertem-se valores tradicionais, muda-se o significado de eventos, tudo é pensado e posto em prática para ganhar cliques e lucrar. Até dramas familiares são transformados em mercadoria e entretenimento na busca por capital (inclusive, simbólico). Assim, por exemplo, os produtores de um filme podem criar falsas críticas e falsas polêmicas para gerar interesse pela obra e, depois, responder às críticas que eles mesmos criaram, renovando o interesse pelo filme. Histórias são plantadas, comunicados à imprensa cuidadosamente elaborados para gerar polêmicas são divulgados, documentos são deliberadamente vazados, tudo com o objetivo de fazer com quem a rede de computadores potencialize o lucro, a adesão a uma ideia ou a fabricação de uma nova realidade. Cria-se uma marca, um sucesso, uma visão de mundo, ou destrói-se uma vida, usando os outros.

A percepção da realidade, bem como a visão de mundo, é influenciada pela forma como notícias e como informação (mesmo que falsas) são fabricadas, veiculadas e consumidas. Mesmo a mídia corporativa, por preguiça ou por negligência, acaba influenciada pelas "notícias" que geram engajamento na internet e nas redes sociais. Não raro, mensagens postadas em redes sociais acabam lidas ou servem de base para matérias veiculadas em redes de TV ou em jornais de abrangência nacional. As pessoas ou grupos de interesses capazes de dominar as regras que governam as formas de publicação *online* podem dominar tudo que influenciam.[24] Em países nos quais o governo é amplamente influenciado pela opinião pública, manipulá-la e controlar os meios de comunicação tradicionais ou *online* torna-se valioso, tanto para gerar lucro quanto para implantar projetos políticos.

Blogs, redes sociais e canais de notícias 24 horas por dia precisam de muitas informações para divulgar e de eventos para cobrir. Nem sempre, entretanto, a realidade combina com isso; nem sempre há notícias interessantes a serem descobertas. Esse estado de coisas leva à produção de conteúdo e à fabricação massiva de notícias, por um lado, e à diminuição dos critérios de verificação do conteúdo daquilo que acaba divulgado, de outro; e a criação artificial de conteúdo produz impactos nos eventos do mundo real. Por vezes, o nada, o que seria insignificante (por exemplo, as cores da roupa da primeira-dama de um país), torna-se artificialmente relevante. Criam-se escândalos que só são relevantes ou recebem atenção pela manipulação do poder digital. É possível aproveitar-se de um sistema de informação interligado para, a partir da criação de uma notícia em um *blog* ou em uma rede social com padrões de qualidade e de checagem baixos, chegar aos maiores veículos da mídia tradicional e "viralizar" na internet. Isso se deve ao "dever" de publicar várias vezes ao dia, o que faz com que inúmeras pessoas vasculhem o X (ex-Twitter), o Facebook, o Instagram, o TikTok, *blogs* rivais, seção de cartas, comentários de notícias, entre outras fontes pouco confiáveis, na busca por notícias ou por fatos capazes de gerar engajamento. A economia da internet

---

24 Cf. HOLIDAY, Ryan. *Acredite, estou mentindo: confissões de um manipulador de mídias*. São Paulo: Companhia Editora Nacional, 2012, p. 19.

criou um conjunto distorcido de incentivos que tornam o tráfego mais importante — e mais rentável — do que a verdade. Com a mídia de massa — e hoje, a cultura de massa — dependendo da internet para os próximos grandes acontecimentos, esses incentivos têm implicações maciças.[25]

Para lucrar, os meios de informação *online* necessitam de engajamento e de tráfego. Então, histórias e notícias são fabricadas ou distorcidas para esse fim. O funcionamento dessa rede de informações é previsível e, por isso, ações podem ser tomadas, aceleradas, redirecionadas ou controladas. Histórias, verdadeiras ou não, são contadas para se tornarem "virais".

Várias formas de comunicação *online* funcionam segundo o esquema das pirâmides, ou seja, o crescimento de tráfego é mais importante do que a solidez financeira, e o reconhecimento mais relevante do que a confiabilidade. O importante é mostrar-se atraente para adquirir relevância política ou cultural, produzir manipulações e mudanças na percepção da realidade e, no futuro, lucrar com uma venda ou angariar bons contratos de publicidade.

O que importa para gerar lucro nos meios de comunicação *online* é, principalmente, o compartilhamento nas mídias sociais. Compartilhamento gera tráfego, e tráfego gera dinheiro. Para tanto, mais importante do que divulgar a verdade, ou o que pode ser bom nas vidas das pessoas, é buscar lucro pela divulgação de conteúdos, verdadeiros ou não, com potencial de se espalhar. Histórias que levam à polarização, adequadas à lógica da concorrência, por exemplo, têm mais possibilidades de "viralizar" entre os grupos

---

25   Ibid., p. 22.

antagônicos. Para espalhar um conteúdo, o ideal parece ser que a mensagem consiga afetar três coisas: o comportamento, a crença e o pertencimento das pessoas. Assim, por exemplo, uma mensagem que indique algum risco à classe dos proprietários tende a ser mais compartilhada do que uma em que se apontam as consequências sociais do neoliberalismo.

De acordo com pesquisadores da Wharton School, o preditivo que se espalha com mais força nas redes sociais é a raiva. A "raiva gera um efeito tão profundo que o aumento no nível de raiva que um artigo provoca tem o mesmo efeito que uma matéria qualquer ficar três horas a mais como a história principal na homepage do NYTimes.com".[26] Por isso, o recurso ao exagero na divulgação de uma notícia ou de um fato é uma das principais técnicas de idiossubjetivação, porque aumenta o poder de divulgação (a "viralização") de uma mensagem ou de uma propaganda. Descobriu-se também que a manipulação concomitante de algumas emoções (como o ódio, o medo e o ressentimento) funciona melhor do que a de outras. Em suma, quanto mais irritado o receptor da mensagem ficar, maior a possibilidade de que ele compartilhe a mensagem e a irritação com outra pessoa. A irritação, a raiva e o ódio disparam, portanto, o desejo de agir, de fazer algo, mesmo que isso se resuma a compartilhar a notícia. Por outro lado, emoções, como a tristeza são consideradas antivirais.

Mesmo postagens aparentemente inocentes nas redes sociais, como fotos e vídeos de animais e de crianças "fofas", exercem um papel importante no processo de idiossubjetivação: gastar tempo e levar à inércia. Vídeos e fotos são produzidos para soar atraentes, com o uso de técnica e de

---

26 Ibid., p. 69.

mensagens subliminares, para captar a atenção, fazer com que sejam assistidos várias vezes e divulgados. A função desses elementos visuais e, por vezes, também textuais é desencorajar que se afastem das imagens, impedindo que o receptor da mensagem faça ou preocupe-se com outra coisa. Há um efeito narcótico que leva à apatia, à inércia e à subordinação.

O sarcasmo também é utilizado com frequência como uma técnica de idiossubjetivação. Faz-se rir tanto para gerar subordinação como para ridicularizar os inimigos do poder econômico. Nestes casos, o riso deixa de ser subversivo (como, frequentemente, foi ao longo da história, ao ser utilizado contra tiranos e déspotas) e se transforma em um instrumento de manutenção da hegemonia da racionalidade neoliberal. Reduzir o absurdo a piadas ajuda a naturalizá-lo. Busca-se, pela piada e pelo sarcasmo, ridicularizar e festejar os defeitos (reais ou imaginários) daqueles que são percebidos como diferentes ou como inimigos do projeto neoliberal. Insultos disfarçados de piadas ou comentários provocadores buscam causar desequilíbrio ou aniquilar o alvo, frequentemente, recorrendo a preconceitos sedimentados na sociedade e capazes de gerar engajamento. Há um maior potencial de disseminação de histórias e de "viralização" de conteúdo a partir da utilização do humor: fala-se, nestes casos, de humor virulento. Não há, porém, como responder eficazmente a um comentário sarcástico: o conteúdo dessas mensagens é vazio, apesar de intrinsecamente destrutivo, e o emissor pouco se importa com ele ou com eventuais reações.

Redes sociais, *blogs* e jornais *online* também costumam ser transformados em máquinas de ódio ou em instrumentos de punição que dizem respeito tanto a acontecimentos reais como a fatos que só existem nos imaginários. Atribui-se a Oscar Wilde (1854-1900) o aforismo de que "antigamente os homens tinham a tortura, hoje eles têm a imprensa". Vale atualizar: além da imprensa, há a internet. Linchamentos *online* (por vezes, relativos a fatos inventados), *bullying* cibernético, cerimônias de degradação, campanhas de difamação e de destruição de imagens são efeitos (por vezes involuntários) de processos de idiossubjetivação e, por vezes, têm origem nas técnicas empregadas à normalização da racionalidade neoliberal e da lógica da concorrência. A lógica da concorrência, aliás, faz com que as pessoas passem a querer apresentar-se como "melhores" do que as demais, inclusive no mesmo campo. Assim, nas redes sociais, uma pessoa se esforça para parecer "mais pura", "mais à esquerda", "mais inteligente", "mais limpinha" do que as outras, por mais próximas que estejam, além de fazer questão de expor os erros (desde erros de digitação até erros de conteúdo) que atribui a concorrentes naquele espaço. Para tanto, as técnicas de idiossubjetivação reforçam a lógica do narcisismo das pequenas diferenças, ou seja, a ideia, ligada tanto ao narcisismo quanto à pulsão de morte, de que as pequenas divergências entre pessoas que, no mais, aproximam-se em vários aspectos formam a base do sentimento de hostilidade e de estranheza. Nesse particular, esquerda e direita do espectro político se aproximam no afã de rotular, odiar e demonizar o concorrente (ainda que imaginário).

Ao lado das telas, outro ambiente propício aos processos de idiossubjetivação é o espaço religioso. Em certo sentido, o fenômeno identificado como "retorno às religiões" liga-se à crise humanitária e de valores gerada pela hegemonia da racionalidade neoliberal. Trata-se, portanto, de um efetivo retorno à religião, mas de um novo tipo: o neoliberal. Não por acaso, ao declínio de teologias e de crenças comprometidas com o "comum" (em especial, a Teologia da Libertação e as religiões de matriz africana) corresponde o crescimento de igrejas que aderem às teologias adequadas à racionalidade neoliberal, com destaque para a Teologia da Prosperidade e a Teologia do Domínio. Em uma, o *re-ligare* entre o divino e o profano assume, resumidamente, a forma de um contrato com Deus no qual se buscam vantagens materiais. Em outra, a complexidade da vida humana e do fenômeno da fé é reduzida a uma luta maniqueísta entre o "bem" e o "mal", em adesão à lógica da concorrência. O papel de defensor do "bem" é atribuído, pelo padre ou pelo pastor (que se apresenta como intérprete autorizado de Deus), a uma pessoa que, por "pior" que seja (corrupto, adúltero, miliciano etc.), passa a exercer funções políticas importantes e gozar de simpatia na comunidade de fiéis. Por outro lado, o papel de "soldado do demônio" é reservado aos "inimigos" do projeto de poder da Igreja. Gera-se, então, a divisão irreconciliável, pois "estabelecida" por Deus, entre o "nós" ("cristãos", "defensores da família" etc.) e o "eles" ("comunistas", "satanistas", "pervertidos sexuais" etc.).

Em síntese, pode-se afirmar que as técnicas de idiossubjetivação priorizam dois instrumentos: a propaganda (em sentido lato) e a contrapropaganda (com a demonização de ideias, de grupos ou de pessoas). A propaganda corresponde à difusão de informações, de ideias, de teorias, de visões de mundo ou de hipóteses que visam gerar e manipular emoções, condicionar comportamentos, produzir e influenciar opiniões, ou conduzir a ação de indivíduos ou grupos, a fim de reforçar o projeto neoliberal e beneficiar, direta ou indiretamente, quem o promove. A contrapropaganda, por sua vez, é a ação comunicacional que tem por finalidade rebater e neutralizar a propaganda contrária ao neoliberalismo (podendo a essa antecipar-se), bem como demonizar ideias, grupos e pessoas que sejam adversários políticos do projeto neoliberal.

Não por acaso, no Brasil, intelectuais, políticos e influenciadores que contavam com visibilidade e com apoio popular foram catalogados como "inimigos" em potencial do projeto neoliberal e passaram a ser alvos de contrapropaganda promovida por *haters* (em sentido estrito, indivíduo que se dedica a destilar ódio, pelos mais variados motivos, em ambiente virtual ou analógico) e por *trolls* (indivíduo que se dedica, mediante paga ou não, a produzir agressões *online*, objetivando, em regra, a criação de confrontos em redes sociais ou em fóruns de discussão). Pessoas — algumas conscientes do seu papel, outras não — passaram a servir de correia de transmissão da raiva e do ódio contra as outras (selecionadas por aqueles que Giuliano da Empoli identificou como "engenheiros do caos")[27] e seus admiradores com o objetivo de gerar desconfiança e romper os vínculos de admiração e de respeito.

Se a vítima escolhida for uma mulher, os ataques se aproveitam da misoginia no próprio campo de atuação do alvo, reforçada para alcançar o objetivo de destruir a imagem da opositora; se a vítima for *gay*, a homofobia é utilizada também para amplificar os ataques em meio aos homofóbicos; por fim, se a vítima for negra, conta-se também com os grupos racistas para aderir e potencializar os ataques.

Existem casos emblemáticos. Intelectuais públicos, com trajetórias acadêmicas irrepreensíveis, passaram a sofrer diversos ataques e tentativas de desqualificação com o objetivo de produzir uma espécie de ressignificação da imagem

---

27   DA EMPOLI, Giuliano. *Engenheiros do caos*. São Paulo: Vestígio, 2019.

para que sejam percebidos como "doidos", "burros", "desequilibrados", "depravados", "despreparados" etc. Isso ficou claro nas campanhas de desqualificação e de assassinato de reputação de vários intelectuais identificados com a esquerda brasileira, organizados e coordenados por grupos de extrema-direita, como o MBL (Movimento Brasil Livre).

Na antipropaganda, prioriza-se a criação do ódio e da raiva contra os adversários. Emoções e preconceitos, como já se viu, ajudam a ampliar os efeitos dos ataques. Uma das técnicas de idiossubjetivação é gerar um quadro de *odio erga sum*. As pessoas ganham relevância e engajamento quando produzem ou exteriorizam o ódio nas redes sociais, fato que é aproveitado pelos detentores do poder econômico. Há uma correlação entre as pessoas que divulgam o ódio e os fenômenos do narcisismo, da paranoia e do maquiavelismo, que são incentivados e explorados por quem busca defender determinados interesses, os quais, em princípio, seriam difíceis de serem acolhidos na sociedade (a defesa dos super-ricos, por exemplo). Tudo isso se dá em meio a um contexto de busca por sucesso pessoal e por autoexaltação, correlato à consideração do outro como um objeto ou uma empresa concorrente. Importante ter em mente que tal ode ao ódio é um sintoma de problemas mais profundos, com destaque para a misoginia e o racismo: os *haters* e os *trolls* são um dos produtos da sociedade neoliberal (vale-tudo, concorrência, o outro como objeto etc.) e reflexos da nova realidade construída a partir do empobrecimento do imaginário e da mutação do simbólico.

Com frequência, criavam-se histórias escandalosas (e falsas ou distorcidas) envolvendo esses opositores que são selecionados para serem odiados. Pedaços de falas são recortados e descontextualizados com o objetivo de criar versões

AS TÉCNICAS DE IDIOSSUBJETIVAÇÃO

"ridículas" de intelectuais ou de jornalistas e/ou de desqualificar importantes trabalhos e biografias. Em meio à produção de pânicos morais, procurou-se associar os opositores a etiquetas, como "abortistas", "pervertidos", "pedófilos", "corruptos", "corruptores", "burros" etc. Levar à confusão entre arte e pornografia ou entre pensamento e crime, aliás, também são objetivos das técnicas de idiossubjetivação.

Na contrapropaganda, imputam-se erros, blasfêmias, contrassensos, contradições, desatinos e crimes, mesmo que não sejam verdadeiros, ao adversário. Produz-se também a inflação hiperbólica dos riscos causados pelas posturas e pelas pautas dos adversários dos detentores do poder econômico (as ações "terroristas" do mercado, não raro, evocam esses riscos imaginários). Para tanto, as ações de idiossubjetivação são voltadas a fazer um determinado grupo crer que os seus valores e tudo aquilo que lhes é caro estão em jogo, e que o risco, além de iminente, é grave.

Também são técnicas de contrapropaganda a criação de polarizações, de divisões na sociedade, e a afirmação da inevitável sanção divina aos adversários e a seus apoiadores. No primeiro caso, busca-se criar coesão, adesão e, ao mesmo tempo, manipular a opinião pública e de aliados para trazê-los à causa defendida contra o concorrente ou o inimigo. No segundo, os esforços são para invocar o apoio de Deus e atribuir um caráter divino à causa que interesse aos detentores do poder econômico, mesmo que isso vá contra a doutrina e os textos sagrados da religião que é instrumentalizada. Com isso, apoiados em discursos políticos de padres e de pastores, cristãos passam a apoiar defensores da tortura e mercadores da fé. Os líderes adversários são apontados como "materialistas", "pervertidos" ou "ateus". Assim, em atenção à lógica da Teologia do Domínio, todas as ações desencadeadas com o intuito de enfrentar o perigo gerado por quem se afasta de Deus estarão legitimadas e contarão com o apoio divino.

Como já se viu, para fomentar a raiva e gerar ódio aos concorrentes/inimigos, recorre-se com frequência a ataques pessoais dentro da lógica da contrapropaganda. Em concreto, ocorre a atribuição de aspectos negativos, pejorativos, difamatórios ou sarcásticos a pessoas, ideias ou instituições, com o fito de criar ou de estimular raiva, ódios, desconfiança, crenças e preconceitos. A ridicularização, o sarcasmo, a piada, a caricaturização e a sexualização são normalmente utilizados na aplicação dessa técnica de desqualificação dos adversários.

Ainda sobre o objetivo de demonizar pessoas, teses e posições dos adversários, assumem importância as ações que antecipam, de maneira distorcida, a exposição de suas posições e de seus argumentos. Utilizar essa técnica exige um trabalho de informações e de análise da propaganda adversa capaz de fornecer, a quem se dedica à contrapropaganda, os dados de que necessita para desconstruir as teses dos adversários/inimigos. Trata-se de uma técnica preventiva que apresenta a vantagem de surpreender o adversário e conquistar o público, antes que o outro possa fazê-lo.

Um dos objetivos das técnicas voltadas à contrapropaganda é a minimização dos méritos dos inimigos do projeto neoliberal. Nesse particular, a pessoa que exerce a função de contrapropagandista mira na desvalorização das pautas e dos temas defendidos e explorados pelo adversário. Isso pode ser alcançado pela ênfase conferida aos aspectos favoráveis à versão dos detentores do poder econômico, ou ainda ao se colocar em dúvida a história ou os argumentos dos adversários. Também se busca desqualificar a propaganda dos adversários, apontando-as como tendenciosas ou afirmando que o emissor da mensagem não tem os atributos necessários para compreender ou para abordar o tema. Em suma, busca-se reduzir os danos de mensagens contrárias aos interesses dos detentores do poder econômico com a desqualificação dos adversários, criando dúvidas em relação ao conteúdo da mensagem indesejada e à competência ou à credibilidade do concorrente responsável pela propaganda adversa.

Outra técnica consiste em, sem negar ou comentar um argumento embaraçoso apresentado pelo concorrente, atacá-lo com um argumento de natureza semelhante. Além disso, busca-se desmontar a propaganda adversa e despojá-la de todos os seus efeitos mais persuasivos e significativos, reduzindo-a ao seu conteúdo lógico. Ao isolar e classificar os temas, estudar a linha argumentativa dos adversários ou as bases do raciocínio que leva à propaganda adversa torna possível atacá-las uma por uma e, se viável, opô-las umas às outras, explorando as dúvidas e as contradições fabricadas.

É importante lembrar que toda propaganda é revestida de apelos simbólicos verbais e visuais que a tornam atrativa. Esses aspectos, somados ao conteúdo de uma mensagem, ou mesmo isoladamente, atuam tanto na emoção como na razão do destinatário da mensagem. Muitas vezes, a argumentação apresentada é pobre e se sustenta em aspectos estéticos ou emocionais da peça de propaganda. Mais do que disseminar uma ideologia ou convencer sobre uma tese, muitas das propagandas idiossubjetivadoras buscam engajar as massas em uma causa e, para tanto, contam com os preconceitos e a personalidade (autoritária, conservadora, empreendedora etc.) daqueles a quem é dirigido o discurso. Na contrapropaganda, atacar o aspecto emocional, sempre que for impossível contestar os argumentos racionais expostos na propaganda do adversário, também costuma funcionar.

As técnicas de idiossubjetivação, como se percebe, trabalham com a ideia de propaganda, metapropaganda e demonização, o que envolve apresentar de forma sedutora posições, desacreditar a propaganda do adversário e assassinar reputações. São técnicas potentes, porque não só convencem sobre algumas teses e contestam a veracidade de outras, como também põem em dúvida tudo que vem do concorrente/inimigo/adversário. Como já se disse, a tentativas de manipular as pessoas não é um fenômeno das últimas décadas. Adorno, por exemplo, chamava a atenção para algumas técnicas como a ostentação de dados ou conhecimentos que dificilmente podem ser verificados, a focalização de um elemento de um fenômeno que é bem mais complexo, o "argumento da autoridade" (como se a propaganda tivesse a cobertura e o apoio de alguma posição oficial ou de alguém que detivesse o saber total sobre a coisa), a monopolização de palavras ou símbolos (na Alemanha dos anos 1930-1940, a palavra "alemão", monopolizada pela extrema-direita; no Brasil atual, a palavra "patriota" ou a bandeira do país) etc.[28] Porém, a partir da hegemonia da racionalidade neoliberal, e dos instrumentos com que contam os detentores do poder econômico (com destaque para a internet), nunca foi tão fácil produzir pessoas dóceis ou raivosas, sempre manipuláveis, a depender da necessidade daqueles que exercem as técnicas de subjetivação mencionadas neste capítulo.

---

28   ADORNO, Theodor W. *Aspectos do novo radicalismo de direita*. São Paulo: Editora Unesp, 2020, pp. 69-72.

17

PENSAR E AMAR SÃO ATOS REVOLUCIONÁRIOS

Já dizia Paracelso que "quem não conhece nada, não ama nada. Quem nada pode fazer, não compreende nada. Quem nada compreende, nada vale. Mas, quem compreende também ama, observa, vê... Quanto maior é o conhecimento inerente a uma coisa, maior é o amor". Percebe-se, pois, que a relação entre amor e conhecimento não é nova. Não por acaso, o amor é uma arte (teoria e prática que se fundem) e um dos procedimentos da verdade.

Por sua vez, a ignorância e o ódio, que servem ao neoliberalismo e explicam fenômenos como o bolsonarismo, não são fenômenos passageiros, como demonstra tanto a facilidade com que o neoliberalismo se adapta às mais variadas circunstâncias e ideologias como o desembaraço com que as condutas e as crenças autoritárias de Jair Bolsonaro acabaram naturalizadas na sociedade brasileira. As mesmas máquinas de produção de subjetividades que desacreditaram o projeto de emancipação, incentivaram o ódio e demonizaram o pensamento crítico, criaram as condições objetivas e subjetivas para o surgimento de líderes políticos como Jair Bolsonaro, Rodrigo Duterte, Viktor Orbán e Donald Trump.

Toda vez que é anunciado o fim do neoliberalismo, ele retorna repaginado e mais forte. Como se viu, este fenômeno é correlato ao empobrecimento subjetivo: pessoas são formatadas para aceitarem ser enganadas sobre os fins e o fim do neoliberalismo. Mais do que uma ideologia efêmera, esse modo de ver e de atuar no mundo transformou o Estado, a sociedade e o indivíduo de uma maneira profunda em atenção aos interesses do mercado e dos detentores do poder econômico. As regras do mercado e a lógica da concorrência passaram a condicionar todas as esferas da vida, enquanto a economia psíquica sofreu uma modificação substancial, permitindo o surgimento, cada vez em maior número, de quadros mentais paranoicos ou perversos. Criou-se, assim, um "novo sistema de normas que se apropria das atividades de trabalho, dos comportamentos e das próprias mentes. Esse novo sistema estabelece uma concorrência generalizada, regula a relação do indivíduo consigo mesmo e com os outros segundo a lógica da superação e do desempenho infinito", como perceberam Christian Laval e Pierre Dardot.

Deu-se, com este capitalismo desinibido, mais pornográfico do que nunca, uma profunda mutação antropológica que levou seres humanos a se perceberem como empresas, a tratarem e serem tratados como objetos negociáveis e/ou descartáveis. A acumulação tendencialmente ilimitada do capital é a meta a condicionar a transformação do Estado, das relações sociais e da subjetividade. A lógica é a do "vale-tudo", em que tudo acaba colonizado e instrumentalizado à obtenção de lucros e/ou de vantagens pessoais: as pessoas, a política, o Direito, o amor (reduzido à ideia de satisfação pessoal) etc.

Tudo isso só foi possível em razão da manipulação da ignorância e do ódio, bem como do apagamento da coragem e da imaginação necessárias à transformação da sociedade. A coragem, mais do que uma virtude do guerreiro presente na narrativa dos grandes feitos, consiste, em princípio, na defesa de uma ideia ou de valores considerados inegociáveis em um contexto em que seria mais fácil, mais cômodo e mais vantajoso omitir-se. Se a construção de outro mundo, como Mariátegui já havia percebido, exige seres imaginativos, o projeto capitalista de exploração tendencialmente ilimitada supõe a formação de sujeitos carentes de imaginação e, por isso, conservadores. A tradição a que se apegam os conservadores bloqueia a liberdade porque parte de crenças e fornece fórmulas prontas e sedimentadas de comportamentos que dificultam ações criativas e o engajamento em projetos transformadores; mas isso não significa que as pessoas deixam de ser livres para praticar ações, escolher entre opções e se engajar. Como percebeu Sartre, ao contrário do que prevalece no senso comum, a coragem não é uma qualidade inata, ou seja, as pessoas não nascem covardes ou heróis: elas são o que fazem em uma determinada situação; são capazes de coragem e de covardia.

A coragem (inclusive de pensar e de amar) é, assim, um ato de liberdade do qual cada indivíduo é capaz e, ao mesmo tempo, uma aprendizagem em razão de uma situação concreta que exige uma ação. A coragem democrática, por exemplo, está ligada a tomar a palavra e a assumir ideias contra-hegemônicas em defesa dos princípios e das regras democráticos — inclusive contra o silêncio e em oposição aos comandos da normatividade neoliberal que levam à ausência de reflexão. Pensar é resistir. Pensar é o ato de coragem que leva a dizer "não", sempre que o "sim" for baseado na ausência de reflexão.

O "sim não", diz Derrida, é apresentado como "a questão fundamental, a origem do ato de pensar".[1] Dizer "não" quando o mais fácil seria concordar é um ato de coragem. Pensar liga-se ao valor "verdade", que não se confunde com o consenso ou a comodidade da opinião (ou da crença): é um caminho em direção à verdade e, portanto, exige a possibilidade do recurso ao "não" mesmo em contrariedade à opinião de maiorias de ocasião. Se a verdade perde importância, como indica a racionalidade neoliberal, o pensamento, que é um movimento de quem não se conforma com o dado, também perde importância. Percebe-se, pois, que o ato de pensar revela que a dúvida tem um valor em si. Só há pensamento se existir a dúvida, a possibilidade de uma negação ou do constrangimento daquilo que se apresenta como evidência.

A dimensão ideológica do neoliberalismo, somada ao empobrecimento subjetivo, dificulta a percepção da relação de causa e efeito entre as políticas neoliberais e o sofrimento suportado pela população (desemprego, violência, exploração, solidão etc.). O desemprego, por exemplo, não é percebido como uma violência estrutural, inerente ao funcionamento normal do modelo neoliberal, mas como a consequência da falta de mérito do empregado ou da presença de estrangeiros ou de mulheres no mercado de trabalho, que "roubariam" as vagas de emprego. Poucos

---

1 DERRIDA, Jacques. *Penser, c'est dire nom*. Paris: Seuil, 2022, p. 11.

prestam atenção nos efeitos desagregadores e destrutivos, tanto para a sociedade como para o indivíduo, da incorporação dos valores neoliberais e do modelo do mercado para todas as relações (inclusive as mais íntimas). De um modo geral, as pessoas não percebem o que está acontecendo, não sabem quem lucra, quem perde, o que se perde e o que, verdadeiramente, está em jogo no modo de ver e de atuar neoliberal.

Com a tendência à ilimitação na busca por lucros, potencializada em razão das técnicas de idiossubjetivação, aproxima-se uma catástrofe que ameaça um planeta que possui recursos finitos. Da mesma maneira, a crença no uso da violência para resolver os mais variados problemas, um dos efeitos do "ignoródio", é um sinal da aproximação da barbárie apocalíptica que ameaça a humanidade. Mas não basta identificar a barbárie, o egoísmo, a ignorância e o ódio. É preciso também construir alternativas a este imaginário que permite a naturalização do absurdo, a guerra econômica generalizada, a construção de inimigos, a destruição da natureza, o fim das solidariedades, o poder das finanças, o empobrecimento da população e o aumento crescente das desigualdades.

A grande dificuldade para apresentar respostas a esse modelo tendencialmente destrutivo do planeta e da humanidade reside no fato de o neoliberalismo ter múltiplas dimensões e utilizá-las para proteger-se das ameaças e para adaptar-se às mudanças na sociedade. Não só a ideologia neoliberal aparece para nublar a percepção dos potenciais adversários do neoliberalismo como também, diante de cada ameaça, dá-se a produção de novas imagens e de alterações da normatividade neoliberal, com o objetivo de mantê-lo hegemônico. O neoliberalismo, não raro, coloniza imagens, ideias, práticas e movimentos que poderiam ser usados contra ele. Superar o neoliberalismo, então, exige uma alternativa capaz de produzir novas imagens, novas ideias, novas normas e novas práticas direcionadas à emancipação e ao esclarecimento, bem como alterar radicalmente o modo de os indivíduos compreenderem e atuarem no mundo, sem se deixarem seduzir ou cooptar.

Cada dimensão do neoliberalismo e dos sistemas de opressão precisa ser desvelada e compreendida para que eles possam ser colocados em questão e substituídos. Uma racionalidade só perde a hegemonia se novos pensamentos, novas normas e novas imagens forem produzidos e passem a condicionar a relação das pessoas com o "mundo-da-vida". Precisa-se de uma nova racionalidade, capaz de unir um desejo de mudança e um movimento concreto da sociedade a uma nova visão de mundo: algo que, ainda provisoriamente, poderíamos resumir na fórmula "pensamento reflexivo + amor + ação".

Por pensamento reflexivo, entende-se a capacidade humana de traçar diagnósticos suficientemente precisos da realidade, desta trama que une simbólico (linguagem, limites) e imaginário (a imagem que os indivíduos fazem de si e dos outros). O amor, por sua vez, é o procedimento e a arte capazes de gerar uma verdade que deve ser respeitada e que atua concretamente no "mundo-da-vida": o um se torna dois, ou mais, e faz desaparecer o desejo de satisfazer apenas ao próprio interesse, com a abertura ao outro (inclusive, ao outro do conhecimento, naquilo que se convencionou chamar de "amor ao saber"). Como as demais artes, o amor também é algo que se deve aprender.[2] Há uma teoria, mas

---

2   Cf. FROMM, Erich. *El arte de amar*. Cidade do México: Paidós, 2021, p. 16. [Ed. bras.: *A arte de amar*. São Paulo: Martins Fontes

o domínio da arte de amar exige também muita prática. Além disso, exige-se que o amor seja percebido como um valor ou uma verdade fundamental (quiçá nada possa ser mais importante do que essa arte).

Se as técnicas de idiossubjetivação fazem com que só sejam dignas de cuidado as coisas que podem trazer dinheiro ou prestígio, é preciso resgatar a importância das coisas fora do mercado, como o amor em suas múltiplas manifestações (o amor erótico, o amor fraternal, o amor materno, o amor a si mesmo, o amor à humanidade, o amor ao saber etc.). De fato, o amor precisa ser resgatado como a resposta ao problema da existência humana. Sozinho, o um é impotente. A solidão e o estado de impotência diante da natureza e da sociedade só cedem (ou, pelo menos, diminuem) quando o "um" se torna dois ou mais. Estar separado significa encontrar-se desvalido, incapaz de atuar ativamente no mundo.[3]

No entanto, para o amor tornar-se revolucionário, é necessário encontrar-se, novamente, com o pensamento reflexivo (que traça um diagnóstico do tempo presente e aponta para uma direção emancipatória). A pessoa capaz de transformação é a encarnação da vida, aberta ao outro e consciente de si, dos seus semelhantes, da tradição em que se está inserido e das possibilidades de futuro, o exato oposto do indivíduo idiossubjetivado.

Em um planeta finito e limitado, é preciso partir da ideia de que outro mundo é possível, a partir da percepção de um destino comum da humanidade e, com isso, abandonar as ilusões neoliberais de "infinitude" e de "ilimitação". Não haverá mundo se o caminho indicado pela racionalidade neoliberal

---

— Martins, 2019.]
3   Ibid., p. 19.

for seguido. Também não se deve insistir em cálculos de interesse que levam à inércia diante da crença de que ainda "há o que se perder". Não há mais tempo a perder, como demonstram a crise climática e as seguidas crises sanitárias.

Vive-se uma era da autodestruição. A exploração tendencialmente ilimitada de recursos naturais limitados e a transformação das guerras e de outras catástrofes humanitárias em oportunidades de negócios levarão ao fim da humanidade e do próprio planeta. Não há muito mais o que se perder quando homens, mulheres e crianças estão sendo mortos em várias partes do mundo, diante do silêncio cúmplice da maioria da população, reduzidos a números e a objetos de cálculos semelhantes aos que permitiram, durante o regime nazista, o extermínio em massa de milhões de pessoas na Alemanha, país que era, então, considerado um bastião da civilização ocidental. Em outras palavras: a barbárie retornou e já se faz presente e, diante dela, não há neutralidade ou inércia possível.

Superar o neoliberalismo exige *radicalidade*, uma palavra que a racionalidade neoliberal buscou demonizar. Radicalidade, por definição, implica a ação de ir à raiz, à origem dos problemas. Uma resposta radical ao neoliberalismo e à idiotização passa, portanto, por abandonar a racionalidade, a normatividade e o imaginário neoliberais que festejam a ignorância, naturalizam o inaceitável e justificam que tudo, todos e todas sejam tratados como objetos negociáveis e/ou descartáveis na busca por cada vez mais lucro (mais-valia). Superar o neoliberalismo e os diversos sistemas de opressão, portanto, significa apostar no pensamento reflexivo e no amor, em normas refletidas e amorosas, em imagens e em novos modos de atuar no mundo que afastem o modelo das empresas e a lógica da concorrência das relações sociais (que reforça o machismo, o racismo, o etarismo, o sectarismo etc.) e impeçam que as pessoas continuem a ser tratadas como objetos.

Ao se insistir no amor como afeto e prática revolucionária, não se está enfatizando o "amor romântico", uma afeição terna por outra pessoa ou a atração sexual, ou outras concepções que reduzem o significado e a compreensão do amor. O amor, como já se viu, é, ao mesmo tempo, um afeto forjado no conhecimento e uma ação transformadora não só do indivíduo, como também da sociedade. Impõe-se, com bell hooks, reconhecer o amor como uma ação pautada em uma ética: a ética amorosa.[4] Toda ação amorosa é, por definição, desapegada da obsessão pelo poder e pela dominação. É, portanto, anticapitalista e contrária a qualquer hierarquização construída com o objetivo de favorecer os vários sistemas de opressão (de classe, de raça, de gênero, por idade etc.).

Uma forma de amor que merece ser destacada é a amizade. É preciso resgatá-la das correntes impostas pelo modelo de acumulação que naturaliza a exploração de uma pessoa por outra. Como percebeu Geoffroy de Lagasnerie, a amizade foi transformada em uma "relação sacrificial". Deu-se uma precarização do laço que constitui a amizade. A hegemonia da racionalidade neoliberal transforma a sociedade em uma espécie de mecanismo de dispersão dos amigos: as pessoas percebem e rotulam os outros, os amigos e os companheiros em potencial, como adversários ou inimigos. A verdadeira amizade produz uma ruptura na existência tipicamente neoliberal pois "permite criar, refletir e intervir conjuntamente no espaço público".[5] Com a ami-

---

[4] Nesse sentido, cf. hooks, bell. *Tudo sobre o amor: novas perspectivas*. São Paulo: Elefante, 2021.
[5] LAGASNERIE, Geoffroy de. *3: une aspiration au dehors*. Paris: Flammarion, 2023.

zade, abre-se a possibilidade de partilhar a vida, momentos bons e ruins, e pensar junto. Altera-se o modo de existência, uma vez que, forçosamente, reduz o agir egoísta na exata medida em que leva a um quadro de emoções e experiências partilhadas, com temporalidades e ritos próprios, em razão da conexão instaurada.

Não se trata, porém, de buscar um retorno aos valores, às solidariedades, às amizades e às legitimidades perdidas com o processo de idiossubjetivação e a hegemonia do neoliberalismo. De nada serve, por exemplo, uma concepção liberal do amor, percebido como um risco inútil e, portanto, reduzido a mero objeto de cálculos de interesse que levam ao planejamento da vida de duas pessoas em um mesmo ambiente artificial de segurança e de conforto. O amor, ao contrário, por ser inerente à transformação social e necessário à instauração da racionalidade do comum, o amor revolucionário que não exclui o risco e mesmo a violência, parte do compromisso, para além de qualquer cálculo, com a vida que vale a pena ser vivida, instaurando-se, portanto, em um quadro necessariamente de risco e de aventura.

É preciso, portanto, reduzir a distância entre os valores democráticos e a "disposição de fazer o trabalho necessário para conectar pensamento e ação, teoria e prática, para concretizar esses valores e assim criar uma sociedade mais justa".[6] Para tanto, a ética e a linguagem amorosa, adequadas à racionalidade do comum, devem aparecer em substituição à ética da dominação e à linguagem da violência. Se o imaginário idiossubjetivado é marcado por imagens violentas e simplistas que captam a atenção das pessoas com mais facilidade e reforçam a ideia de dominação, romper

---

6 hooks, 2021, op. cit., p. 126.

com o neoliberalismo — e com a sua lógica de apropriação — passa por privilegiar imagens de amor capazes de gerar um novo imaginário e, portanto, uma nova realidade.

Apresentar uma alternativa radical ao neoliberalismo não pode significar retomar elementos, pressupostos e condições que já existiram e levaram (ou permitiram) tanto à barbárie como à hegemonia do neoliberalismo. No lugar de "retomar" ou de "reaproveitar", os verbos a serem utilizados devem ser "inventar", "reinventar", "criar", "recriar" e, sempre, "imaginar". O amor, já dizia Alain Badiou, precisa ser reinventado. Fazer do amor a resposta às políticas do ódio, mesmo que, para tanto, seja necessário recorrer eventualmente à violência. Amar deve ser compreendido como o afeto de "estar às voltas com tudo o que no mundo é capaz de animar a existência".[7] Assim, amar tem uma dimensão tanto política como individual. Substituir o ódio pelo amor passa, portanto, por recriar laços sociais e criar um ambiente em que duas pessoas sejam capazes de assumir a diferença e torná-la criativa, e não opressora.

Por evidente, não se trata de desconsiderar as experiências, os institutos, as categorias, as hipóteses, as intuições e as teorias que, em um determinado ponto, fracassaram. Há lições que só são aprendidas ao serem estudadas as razões do fracasso. Então, o desafio é criar algo de novo a partir do que foi possível aprender com os erros e o fracasso. Não é necessário desistir de sonhar só porque, em um determinando ponto, acordamos. É preciso imaginar que outro mundo é possível a partir do desejo de mudar em razão da constatação da finitude dos recursos naturais

---

[7] BADIOU, Alain; TRUONG, Nicolas. *Elogio ao amor*. São Paulo: Martins Fontes - Martins, 2019.

e da insustentabilidade do consumo para, então, relacionar-se com eles de uma nova maneira, modificando o comportamento e privilegiando outras formas de satisfação dos desejos e outras fontes de prazer adequadas a essa nova racionalidade.

Também é importante resgatar os saberes dos povos originários, as palavras, as teses, os movimentos e os pensadores esquecidos ou demonizados a partir da racionalidade neoliberal para, com eles, inventar novos usos, novas teses, novos movimentos e tirar novas lições. Em síntese, deve-se abandonar os processos de idiossubjetivação para desvelar o que o neoliberalismo ocultou. Superar o neoliberalismo significa, portanto, libertar as ações individuais e coletivas da necessidade de atender aos interesses dos "grupos econômicos, classes sociais e castas políticas que, sem abrir mão de nenhum de seus poderes e privilégios, querem prolongar o exercício da dominação por meio da manutenção da guerra econômica, da chantagem do desemprego e do medo dos estrangeiros", como apontaram Dardot e Laval.[8]

A alternativa aos processos de subjetivação neoliberal deve ser percebida, antes de tudo, como uma atividade criativa, a partir de uma nova base e de outro princípio organizador capaz de gerar algo radicalmente contrário ao neoliberalismo. Ora, o contrário do neoliberalismo é o "comum". As ideias relacionadas ao comum, que sempre se abrem ao conhecimento e ao amor, fazem-se presentes nas lutas sociais, em movimentos populares e nas manifestações culturais contra o neoliberalismo. Pode-se, então, apontar que esse princípio capaz de fundar as novas relações sociais,

---

8   DARDOT; LAVAL, 2017, op. cit., p. 23.

condicionar o funcionamento do Estado e produzir uma nova economia psíquica é o comum.

O comum representa a unificação, sem a tentativa de totalização, de várias lutas (sociais, econômicas, culturais, ecológicas, socioeconômicas etc.). Não por acaso, comum é uma palavra demonizada pelo neoliberalismo, mas o que é o "comum"? O comum é, por definição, aquilo que não pode ser apropriado ou negociado. É o resultado do esforço, da reflexão e da luta coletiva; porém, não se trata de algo que, uma vez conquistado, torna-se estático e definitivo. Cada pessoa é responsável não só pela constituição, como também pela manutenção do comum, pela instauração e pela redefinição da esfera do inegociável.

Contudo, ainda há muita controvérsia sobre o uso possível da palavra "comum" na atualidade, com confusões envolvendo desde os significados do termo até o conteúdo do conceito. Alguns significados da palavra "comum" podem, inclusive, ser tidos como contraditórios e propícios à colonização neoliberal, como ocorre, por exemplo, com as ideias de "economia colaborativa hipercapitalista" e "economia compartilhada", que nasceram como atividades coletivas pautadas a partir da racionalidade neoliberal e que geraram o fenômeno da "uberização", em tudo diferentes das experiências das cooperativas integrais, fundadas no uso comum e na impossibilidade de apropriação. Tal como acontece com o conceito de amor, existem apropriações do significante "comum" que não interessam à luta pela superação do neoliberalismo. Um quadro depressivo e reacionário, por exemplo, ligado às ideias de "retorno aos nossos valores", "tradição, família e propriedade", "Deus acima de todos", podem levar à questão da "identidade", mas nunca ao "comum", entendido como ação e como responsabilização de todos pela criação e pela manutenção da esfera do inegociável. O fato de as pessoas serem isso ou aquilo, nascerem em outros países ou no mesmo, serem moldadas por uma determinada cultura ou outra, acreditarem em deus(es) ou não, serem marcadas como homens, mulheres ou não binárias não impede (ou inviabiliza) a participação ativa no processo político fundado no princípio do comum.

Como princípio capaz de criar e recriar o novo, o "comum" deve ser entendido como o oposto do neoliberalismo: o contrário da concorrência, da ilimitação capitalista e da propriedade privada. O "comum" não é uma coisa ou a qualidade de uma coisa, também não é um fim, nem um modo de produção ou mesmo um terceiro interposto entre o Estado e o mercado. O "comum" deve ser tido mais como um substantivo do que como um adjetivo: trata-se de um princípio político e estratégico que só é possível ser compreendido a partir do investimento no pensamento reflexivo, na aposta na emancipação das pessoas e na diretriz do amor à diferença. O "princípio do comum" enuncia que existe o inapropriável e o inegociável; as pessoas e suas respectivas dignidades, por exemplo, não podem ser "objeto de negociação" ou de "descarte". A partir da instituição do comum, novas imagens, novas normas, novos comuns e uma nova realidade podem surgir.

Hoje, com Christian Laval e Pierre Sauvêtre,[9] pode-se dizer que o "comum" tornou-se a referência central na resistência ao neoliberalismo, o "nome genérico dado às lutas atuais contra o capitalismo neoliberal bem como das experiências práticas que procuram demonstrar que é

---

9   LAVAL, Christian; SAUVÊTRE, Pierre; TAYLAN, Ferhat. "Introduction". In: _____. *L'Alternative du commun*. Paris: Hermann, 2019.

possível fazer e viver de outro modo, sem se subordinar ao capital e à burocracia do Estado",[10] mas pode ser mais do que isso. Não basta ser uma ideia que mobilize a resistência ao neoliberalismo; o "comum" deve ser capaz de criar um mundo não neoliberal, anticapitalista e atento às demandas antirracistas, ecológicas e feministas, apto a melhorar concretamente a vida das pessoas, libertando-as das cadeias do determinismo econômico e reduzindo os espaços de opressão, restituindo-lhes a sua inteireza humana e permitindo a cada uma delas a possibilidade de uma relação harmônica com os seus semelhantes e a natureza.

O "comum", como um princípio (arché), deve fundar um novo começo e, ao mesmo tempo, passar a servir de vetor interpretativo e de mandamento nuclear do novo modo de ver e de atuar na sociedade. O "comum", portanto, tem potencial de servir como limite ao mercado, à ação do Estado e aos quadros paranoicos e perversos. Somente assim é possível pensar na relativização do direito de propriedade, na preservação da natureza, na construção de uma cultura democrática marcada pelo respeito aos direitos fundamentais etc.

A alternativa ao neoliberalismo passa por instaurar uma esfera do inegociável, regida pela norma da inapropriabilidade: determinadas coisas não devem ser apropriadas, porque devem ser reservadas ao uso comum; nenhuma pessoa pode ser instrumentalizada ou tratada como um "objeto" (aliás, como já defendia Kant). Em outras palavras, o princípio do comum, como norma que é, impõe limites ao exercício do poder — de *qualquer* poder — e à busca de lucros. Esses limites são instituídos a partir de práticas

---

10   Ibid.

coletivas criadoras do "comum" e baseadas no conhecimento produzido e acumulado. Os direitos fundamentais são, por exemplo, a dimensão normativa do "comum" e, por isso, servem de obstáculos inegociáveis ao arbítrio e à opressão. O rol dos direitos fundamentais, pela ação instituinte dos comuns, pode ser alargado, mas nunca restrito.

É importante lembrar que estamos falando de uma atividade que se caracteriza por comunizar a coisas, inserindo-as em uma normatividade própria. Os diversos "comuns" são, então, construídos a partir de atividades coletivas regidas pelo princípio do comum e que sempre atendem a uma pergunta: o que não pode ser negociável?

No campo político, o "comum" leva à efetiva atividade de deliberar sobre o que é bom ou justo, bem como sobre as ações e as opções que devem ser tomadas a partir da atividade coletiva. Abandonam-se, por princípio, os cálculos matemáticos e as técnicas de gestão adotadas *a priori*, substituindo-os por deliberação e por julgamentos coletivos diante das particularidades e da sensibilidade inerentes a cada caso concreto. Reconhece-se, então, que governar não é gerir, que o autogoverno não se confunde com "técnicas de gestão eficiente". Rejeita-se, assim, qualquer autoridade exterior à atividade comum ou fonte transcendente. Toda obrigação, à luz do princípio do comum, tem como origem uma ação coletiva (o agir comum) que acaba por gerar um forte compromisso que vincula todos aqueles que atuaram na construção do fenômeno e elaboraram as regras relativas a ele.

Em suma, para superar o neoliberalismo é preciso construir uma racionalidade, uma normatividade e um imaginário do "comum", daquilo que vale ser construído "por" e "para" todos, mas não só. É preciso ainda investir em uma educação direcionada à emancipação e com fortes doses de amor.

Diante do neoliberalismo, pensar e amar tornam-se atos revolucionários. Como sustentava Adorno, é preciso elaborar o passado e criticar o presente, reforçando o conteúdo ético (e amoroso) do processo formativo, uma formação para o comum em substituição a uma formação para atender aos interesses dos detentores do poder econômico. Um processo que invista em educação e em cultura, mas que identifique e leve em conta a forma social em que a educação se concretiza. Um processo de formação educacional e cultural que não se converta, portanto, em uma armadilha que favoreça a reprodução da situação social. Um modelo que dificulte a alienação que cega e, assim, impede a percepção dos determinismos econômicos e sociais. Em outras palavras, uma educação que autorize o pensamento crítico capaz de reconduzir o mundo em direção às pessoas concretas, a uma emancipação, portanto, universalmente humana, na medida em que permita a cada pessoa reconhecer e organizar suas próprias forças como forças sociais.

Uma educação para a emancipação é aquela direcionada a permitir o pensamento reflexivo e a conduzir o objeto à revelação da causalidade que se costuma esconder nos discursos oficiais ou permanecer velada no que parecia ser natural. Se o idiota age sem reflexão, a educação para a emancipação é o modelo que busca opor-se à ação idiotizada e idiotizante.

Busca-se, na fórmula de Paulo Freire, fazer com que cada um dialogue com a própria história e aprenda a partir de seu contexto, de seus interesses e necessidades. Isso significa, como diria Adorno, uma "elaboração do passado como esclarecimento" — ou seja, um movimento substancial de inflexão em direção ao sujeito, reforçando o seu autoconhecimento e a abertura ao amor, o que implica uma educação capaz de criar as condições para que cada pessoa identifique e rejeite os truques da propaganda e os meios de produção de subjetividades empobrecidas.

Enfim, a partir do pensamento crítico e do amor, é preciso preparar-se para a luta. É o que há, é o que sobra: a luta!

REFERÊNCIAS BIBLIOGRÁFICAS

ADORNO, Theodor W. *Aspectos do novo radicalismo de direita*. São Paulo: Editora Unesp, 2020.

_____. *Educação e emancipação*. São Paulo: Paz e Terra, 2020.

_____. *Études sur la personnalité autoritaire*. Paris: Allia, 2007. [Ed. bras.: *Estudos sobre a personalidade autoritária*. São Paulo: Editora Unesp, 2019.]

_____. *Jargon de l'authenticité*. Paris: Payot, 2006.

ADORNO, Theodor W.; HORKHEIMER, Max. *Dialética do esclarecimento*. Rio de Janeiro: Zahar, 1985.

AGACINSKI, Sylviane. *L'Homme désincarné: du corps charnel au corps fabriqué*. Paris: Gallimard, 2019.

ALEXANDER, Michelle. *A nova segregação: racismo e encarceramento em massa*. São Paulo: Boitempo, 2018.

ALMEIDA, Silvio. *Racismo estrutural*. São Paulo: Polén, 2019.

ALTHUSSER, Louis. *Aparelhos ideológicos de Estado*. Rio de Janeiro: Graal, 1985.

ANDREOLI, Vittorino. *Homo stupidus stupidus: l'agonia di una civiltà*. Roma: Rizzoli, 2018.

ANI, Marimba. *Yurugu: an African-centered Critique of European Cultural Thought and Behavior.* Trenton: África World Press, 1994.

ASTROLÁBIO, Laura. *Vencer na vida como ideologia.* São Paulo: Tirant Lo Blanch, 2022.

BADIOU, Alain. *Alain Badiou par Alain Badiou.* Paris: PUF, 2021.

_____. *Elogio ao amor.* São Paulo: Martins Fontes, 2013.

_____. *Ética: um ensaio sobre a consciência do mal.* Rio de Janeiro: Relume-Dumará, 1995.

_____. *L'Hypothese communiste.* Paris: Lignes, 2009. [Ed. bras.: *A hipótese comunista.* São Paulo: Boitempo, 2012.]

_____. *Logiques des mondes: l'être et lévénement*, 2. Paris: Seuil, 2006.

_____. *Remarques sur la désorientation du monde.* Paris: Gallimard, 2022.

_____. *Trump.* Paris: PUF, 2020.

BALDWIN, James. *The Fire Next Time.* Nova York: Penguin, 1990.

BALIBAR, Étienne; WALLERSTEIN, Immanuel. *Raça, nação, classe: as identidades ambíguas.* São Paulo: Boitempo, 2021.

BATISTA, Vera Malaguti. *Ensaios brasileiros de criminologia.* Rio de Janeiro: Revan, 2023.

BAUMAN, Zygmunt. *Retrotopia.* Rio de Janeiro: Zahar, 2017.

BEAUVOIR, Simone de. *O segundo sexo.* Rio de Janeiro: Nova Fronteira, 2019.

BENJAMIN, Walter. *Expérience et pauvreté.* Paris: Payot, 2011.

_____. *Angelus novus: saggi e frammenti.* Turim: Einaudi, 1981.

BERGOUNIOUX, Pierre. *La Fin du monde em avançant.* Paris: Fata Morgana, 2006.

BERNAYS, Edward. *Crystallizing Public Opinion.* Montana: Kessinger Publishing, 2004.

BERNAYS, Edward. *The engineering of consent,* 1947. Disponível em: <http://classes.design.ucla.edu/Fall07/28/Engineering_of_consent.pdf>. Acesso em: 15 jun. 2019.

REFERÊNCIAS BIBLIOGRÁFICAS

BEVINS, Vincent. *O Método Jacarta: a cruzada anticomunista e o programa de assassinatos em massa que moldou o nosso mundo.* São Paulo: Autonomia Literária, 2022.

BIRMAN, Joel. *O sujeito na contemporaneidade.* Rio de Janeiro: Civilização Brasileira, 2012.

BOIA, Lucian. *Pour une histoire de l'imaginaire.* Paris: Les Belles Lettres, 1988.

BROWN, Wendy. *Défaire le Dèmos. Le néolibéralisme, une révolution furtive.* Paris: Éditions Amsterdam, 2018.

_____. *Nas ruínas do neoliberalismo: a ascensão da política antidemocrática no Ocidente.* São Paulo: Politeia, 2019.

BUCCI, Eugênio. *A superindústria do imaginário: como o capital transformou o olhar em trabalho e se apropriou de tudo que é visível.* Belo Horizonte: Autêntica, 2021.

CALLIGARIS, Contardo. *O grupo e o mal: estudo sobre a perversão social.* São Paulo: Fósforo, 2022.

CARRILLO, Natalia; LUQUE, Pau. *Hipocondria moral.* Barcelona: Anagrama, 2022.

CASARA, Rubens. *Bolsonaro: o mito e o sintoma.* São Paulo: Contracorrente, 2020.

_____. *Contra a miséria neoliberal.* São Paulo: Autonomia Literária, 2021.

_____. *Estado pós-democrático.* Rio de Janeiro: Civilização Brasileira, 2017.

_____. *Processo penal do espetáculo.* Rio de Janeiro: Tirant Lo Blanch, 2017.

_____. *Sociedade sem lei.* Rio de Janeiro: Civilização Brasileira, 2018.

CASTORIADIS, Cornelius; LASCH, Christopher. *La Culture de l'égoïsme.* Paris: Climats, 2012.

_____. *L'Institution imaginaire de la société.* Paris: Seuil, 1975.

CHAPOUTOT, Johann. *Livres para obedecer: a gestão, do nazismo aos nossos dias*. Rio de Janeiro: Da Vinci Livros, 2023.

_____. *A revolução cultural nazista*. Rio de Janeiro: Da Vinci Livros, 2022.

CIPOLLA, Carlo M. *As leis fundamentais da estupidez humana*. São Paulo: Planeta, 2020.

COLLINS, Patricia Hill; BILGE, Sirma. *Interseccionalidade*. São Paulo: Boitempo, 2021.

COURMONT, Antoine; LE GALÈS, Patrick. *Gouverner la ville numérique*. Paris: PUF, 2019.

COURTOIS, Stéphane et al. *O livro negro do comunismo: crimes, terror e repressão*. Rio de Janeiro: Bertrand Brasil, 1999.

CRARY, Jonathan. *Terra arrasada: além da era digital, rumo a um mundo pós-capitalista*. São Paulo: Ubu, 2023.

CUSSET, François; LABICA, Thierry; RAULINE, Véronique (Orgs.). *Imaginaires du néolibéralisme*. Paris: La Dispute, 2016.

DA EMPOLI, Giuliano. *Engenheiros do caos*. São Paulo: Vestígio, 2019.

DARDOT, Pierre; LAVAL, Christian. *Ce cauchemer qui n'en finit pas*. Paris: La Découverte, 2016.

_____. *Comum: ensaio sobre a revolução no século XXI*. São Paulo: Boitempo, 2017.

_____. *Marx, prénom: Karl*. Paris: Gallimard, 2012.

_____. *A "nova" fase do neoliberalismo*. Disponível em: <www.outraspalavras.net>. Acesso em: 30 jul. 2019.

_____. *A nova razão do mundo: ensaio sobre a sociedade neoliberal*. São Paulo: Boitempo, 2016.

_____. *A sombra de outubro: a Revolução Russa e o espectro dos sovietes*. São Paulo: Perspectiva, 2018.

DEBORD, Guy. *A sociedade do espetáculo*. Rio de Janeiro: Contraponto, 2007.

DELEUZE, Gilles. *Foucault*. Paris: Les Éditions de Minuit, 2004.

DERRIDA, Jacques. *Penser, c'est dire nom*. Paris: Seuil, 2022.

DESMURGET, Michel. *A fábrica de cretinos digitais: os perigos das telas para nossas crianças*. São Paulo: Vestígio, 2022.

DUFOUR, Dany-Robert. *A arte de reduzir cabeças: sobre a nova servidão na sociedade ultraliberal*. Rio de Janeiro: Companhia de Freud, 2005.

_____. *O divino mercado: a revolução cultural liberal*. Rio de Janeiro: Companhia de Freud, 2009.

_____. *L'Individu qui vient... après le libéralisme*. Paris: Denöel, 2011.

DUGAIN, Marc; LABBÉ, Christophe. *L'Homme nu: la dictature invisible du numérique*. Paris: Plon/Robert Laffont, 2016.

DUMÉNIL, Gérard; LÉVY, Dominique. *A crise do neoliberalismo*. São Paulo: Boitempo, 2014.

ECO, Umberto. *A passo de caranguejo: guerras quentes e o populismo da mídia*. Rio de Janeiro: Record, 2022.

ELIAS, Norbert. *La Dynamique de l'Occident*. Paris: Pocket, 2003.

_____. *A sociedade de corte*. Rio de Janeiro: Zahar, 2001.

ELLIOT, Jonathan. *The Debates in the Several State Conventions on the Adoption of the Federal Constitution, 1787*. Filadélfia: Lippincott, 1836.

FASSIN, Didier. *Punir: une passion contemporaine*. Paris: Seuil, 2017. [Ed. bras.: *Punir: uma paixão contemporânea*. Belo Horizonte: Âyiné, 2022.]

FEDERICI, Silvia. *Reencantando o mundo: feminismo e a política dos comuns*. São Paulo: Elefante, 2022.

FERNANDES, Fernando Augusto. *Geopolítica da intervenção: a verdadeira história da Lava Jato*. São Paulo: Geração Editorial, 2020.

FINCHELSTEIN, Federico. *Mitologie fasciste*. Roma: Donzelli, 2022.

_____. *Uma breve história das mentiras fascistas*. São Paulo: Vestígio, 2020.

FLUSSER, Vilém. *O universo das imagens técnicas*: elogio da superficialidade. São Paulo: Annablume, 2008.

FOUCAULT, Michel. *As palavras e as coisas*. São Paulo: Martins Fontes — Martins, 2019.

FOUREST, Caroline. *Génération offensée: de la police de la culture à la police de la pensée*. Paris: Grasset, 2020.

FREUD, Sigmund. *O futuro de uma ilusão, O mal-estar na civilização e outros trabalhos (1927-1931)*. Rio de Janeiro: Imago, 2006.

_____. *Pour introduire le narcissisme*. Paris: In Press, 2013.

_____. *Psychologie de masse et analyse du moi*. Paris: Points, 2014. [Ed. bras.: *Psicologia de massas e análise do eu*. Porto Alegre: L&PM, 2013.]

FROMM, Erich. *El arte de amar*. Cidade do México: Paidós, 2021. [Ed. bras.: *A arte de amar*. São Paulo: Martins Fontes — Martins, 2019.]

_____. *El miedo a la libertad*. Barcelona: Paidós, 2000.

_____. *Marx y su concepto del hombre*. México: Fondo de Cultura Económica, 1998.

_____. *Psicanálise da sociedade contemporânea*. Rio de Janeiro: Zahar, 1970.

GARCÉS, Marina. *Novo esclarecimento radical*. Belo Horizonte: Âyiné, 2019.

GAUCHET, Marcel. *La Démocratie contre elle-même*. Paris: Gallimard, 2002.

GEISELBERGER, Heinrich (Org.). *L'Age de la régression*. Paris: Gallimard, 2017. [Ed. bras.: *A grande regressão: um debate internacional sobre os novos populismos — e como enfrentá-los*. São Paulo: Estação Liberdade, 2020.]

GINZBURG, Carlo. *Olhos de madeira: nove reflexões sobre a distância*. São Paulo: Companhia das Letras, 2001.

GRAMSCI, Antonio. *Cahiers de prison (Cahier IX, Juillet-août 1932). Anthologie*. Paris: Gallimard, 2021.

HABERMAS, JÜRGEN. *Uma nova mudança estrutural da esfera pública e a política deliberativa*. São Paulo: Editora Unesp, 2023.

HAIDER, Asad. *Armadilha da identidade*. São Paulo: Veneta, 2019.

HAN, Byung-Chul. *Capitalismo e impulso de morte*. Rio de Janeiro: Vozes, 2021.

_____. *Dans la nuée: reflexions sur le numérique*. Paris: Acts Sud, 2015.

_____. *A sociedade da transparência*. Lisboa: Relógio D'Água, 2014.

HEIDEGGER, Martin. *Lettre sur l'humanisme*. Paris: Aubier, 1992.

HOBBES, THOMAS. *Leviatã*. São Paulo: Martins Fontes, 2003.

HOLIDAY, Ryan. *Acredite, estou mentindo: confissões de um manipulador de mídias*. São Paulo: Companhia Editora Nacional, 2012.

hooks, bell. *Ensinando a transgredir. A educação como prática da liberdade*. São Paulo: WMF Martins Fontes, 2017.

HORKHEIMER, Max. *Eclipse da razão*. São Paulo: Editora Unesp, 2015.

_____. *Théorie traditionnelle et théorie critique*. Paris: Gallimard, 1996.

KAHNEMAN, Daniel. *Rápido e devagar: duas formas de pensar*. Rio de Janeiro: Objetiva, 2012.

KLEIN, Naomi. *A doutrina do choque: a ascensão do capitalismo de desastre*. Rio de Janeiro: Nova Fronteira, 2008.

KLEMPERER, Victor. *LTI: a linguagem do Terceiro Reich*. Rio de Janeiro: Contraponto, 2009.

KORYBKO, Andrew. *Guerras híbridas: das revoluções coloridas aos golpes*. São Paulo: Expressão Popular, 2018.

LACAN, Jacques. *O saber do psicanalista*. 1971-72. Inédito.

_____. *O Seminário. Livro 6. O desejo e sua interpretação*. Rio de Janeiro: Zahar, 2016.

_____. *O Seminário. Livro 7. A ética da psicanálise*. Rio de Janeiro: Zahar, 1988.

_____. *O Seminário. Livro 10. A angústia*. Rio de Janeiro: Zahar, 2005.

_____. *O Seminário. Livro 20. Mais ainda*. Rio de Janeiro: Zahar, 1985.

LAGASNERIE, Geoffroy de. *3: une aspiration au dehors*. Paris: Flammarion, 2023.

LASCH, Christopher. *A cultura do narcisismo: a vida americana em uma era de expectativas decrescentes*. São Paulo: Fósforo, 2023.

LAVAL, Christian. *Foucault, Bourdieu e a questão neoliberal*. São Paulo: Elefante, 2020.

_____. *L'Homme économique*. Paris: Gallimard, 2007.

LAVAL, Christian; VERGNE, Francis. *Educação democrática: a revolução escolar iminente*. Petrópolis: Vozes, 2021.

LAVAL, Christian; SAUVÊTRE, Pierre; TAYLAN, Ferhat. *L'Alternative du commun*. Paris: Hermann, 2019.

LAZZARATO, Maurizio. *O governo do homem endividado*. São Paulo: n-1 Edições, 2017.

LE BON, Gustave. *Psicologia das multidões*. São Paulo: WMF Martins Fontes, 2019.

LEFORT, Claude. *Écrire à l'épreuve du politique*. Paris: Calmann-Lévy, 1994.

LILLA, Mark. *O progressista de ontem e o do amanhã: desafios da democracia liberal no mundo pós-políticas identitárias*. São Paulo: Companhia das Letras, 2018.

LORDE, Audre. *Sou sua irmã: escritos reunidos e inéditos*. São Paulo: Ubu, 2020.

LORDON, Frédéric. *La Société des affects: pour un structuralisme des passions*. Paris: Seuil, 2013. [Ed. bras.: *A sociedade dos afetos: por um estruturalismo das paixões*. Campinas: Papirus, 2015.]

LÖWENTHAL, Leo; GUTERMAN, Norbert. *Les Prophètes du mensonge: étude sur l'agitation fasciste aux États-Unis*. Paris: La Découverte, 2019.

MARIANO, Patrick. *O capitalismo em números*. São Paulo, 2018. Não publicado.

MARX, Karl. *Lettres à Kugelmann*. Paris: Éditions Sociales, 1971.

_____. *Œuvres, Tome III*. Paris: Gallimard, 1982.

MASSING, Paul. *Rehearsal for Destruction*. Nova York: Harper & Brothers, 1949.

MBEMBE, Achille. *Crítica da razão negra*. Lisboa: Antígona, 2014.

MICHÉA, Jean-Claude. *Notre ennemi, le capital*. Paris: Flammarion, 2018.

MILNER, Jean-Claude. *La Destitution du people*. Paris: Verdier, 2022.

MORIN, Edgar. *Conhecimento, ignorância, mistério*. Rio de Janeiro: Bertrand Brasil, 2020.

_____. *La Fraternité. Pourquoi?* Paris: Actes Sud, 2019.

MOTTA, Rodrigo Patto Sá. *Em guarda contra o perigo vermelho: o anticomunismo no Brasil (1917-1964)*. Niterói: Eduff, 2020.

MUSIL, Robert. *Sobre a estupidez*. Belo Horizonte: Âyiné, 2020.

NEGRI, Antonio; HARDT, Michael. *Multidão: guerra e democracia na era do império*. Rio de Janeiro: Record, 2005.

NEUMANN, Franz. *Behemoth: the structure and practice of national socialism*. Chicago: Ivan R. Dee, 2009.

NUNES, António José Avelãs. *Neoliberalismo e direitos humanos*. Rio de Janeiro: Renovar, 2003.

ONFRAY, Michel. *Théorie de la dictature*. Paris: Robert Laffont, 2019.

ORSINA, Giovanni. *La democrazia del narcisismo: breve storia dell'antipolitica*. Veneza: Marsilio, 2018.

PASQUALE, Frank. *Black Box Society: les algorithmes secrets qui contrôlent l'économie et l'information*. Paris: Fyp, 2015.

PERRAULT, Gilles. *O livro negro do capitalismo*. Rio de Janeiro: Record, 1999.

PIKETTY, Thomas. *Capital et idéologie*. Paris: Seuil, 2019. [Ed. bras.: *Capital e ideologia*. Rio de Janeiro: Intrínseca, 2020.]

PRASHAD, Vijay. *Balas de Washington: uma história da CIA, golpes e assassinatos*. São Paulo: Expressão Popular, 2020.

QUINET, Antonio. *A política do psicanalista: do divã para a pólis*. Rio de Janeiro: Atos e Divãs, 2021.

_____. *Psicose e laço social: esquizofrenia e paranoia na cidade dos discursos*. Rio de Janeiro: Zahar, 2009.

RANCIÈRE, Jacques. *Les Trente inglorieuses: scènes politiques*. Paris: La Fabrique, 2022.

ROTHBARD, Murray N. *A ética da liberdade*. São Paulo: LVM, 2010.

ROUDINESCO, Elisabeth; PLON, Michel. *Dictionnaire de la psychanalyse*. Paris: Fayard, 2017. [Ed. bras.: *Dicionário de psicanálise*. Rio de Janeiro: Zahar, 1998.]

SAFATLE, Vladimir. *O circuito dos afetos: corpos políticos, desamparo e o fim do indivíduo*. Belo Horizonte: Autêntica, 2021.

SALAS, Denis. *La Volonté de punir: essai sur le populisme pénal*. Paris: Fayard/Pluriel, 2010.

SANTOS, Boaventura de Sousa. *O fim de um império cognitivo: a afirmação das epistemologias do Sul*. Belo Horizonte: Autêntica, 2022.

SARAMAGO, José. *Cadernos de Lanzarote*. São Paulo: Companhia das Letras, 2023.

SARTRE, Jean-Paul. *L'Imaginaire*. Paris: Gallimard, 2015. [Ed. bras.: *O imaginário: psicologia fenomenológica da imaginação*. Petrópolis: Vozes, 2019.]

SAUVÊTRE, Pierre. *Brutalisme*. Paris, 2019. Não publicado.

SCHMITT, Carl. *O conceito do politico. Teoria do Partisan*. Belo Horizonte: Del Rey, 2009.

SHARP, Gene. *198 Methods of non-violence action*. The Albert Einstein Institution. Disponível em: <http://www.aeistein.org/nva/198-methods-of-nonviolent-action/>. Acesso em: 11 de jun. 2019.

SHIVA, Vandana. *1%: reprendre le pouvoir face à la toute-puissance des riches*. Paris: Editions Rue de l'échiquier, 2019.

SOUZA, Jessé. *A classe média no espelho: sua história, seus sonhos e ilusões, sua realidade*. Rio de Janeiro: Estação Brasil, 2018.

SOUZA, Ricardo Timm de. *Crítica da razão idolátrica: tentação de Thanatos, necroética e sobrevivência*. Porto Alegre: Zouk, 2020.

STANLEY, Jason. *Como funciona o fascismo: a política do "nós" e "eles"*. Porto Alegre: L&PM, 2018.

STERNHELL, Zeev. *Contro l'illuminismo: dal XVIII secolo alla guerra fredda*. Milão: Baldino Castoldi Dalai, 2007.

STIEGLER, Bernard. *Aimer, s'aimer, nous aimer: du 11 septembre au 21 avril*. Paris: Galilée, 2003.

STREECK, Wolfgang. *Tempo comprado: a crise adiada do capitalismo democrático*. São Paulo: Boitempo, 2018.

SUPIOT, Alain. *La Gouvernance par les nombres*. Paris: Fayard, 2015.

TIBURI, Marcia. *Filosofia prática: ética, vida cotidiana, vida virtual*. Rio de Janeiro: Record, 2014.

_____. *Olho de vidro: a televisão e o estado de exceção da imagem*. Rio de Janeiro: Record, 2011.

TONUS, Leonardo. *Diários em mar aberto*. São Paulo: Folhas de Relva, 2021.

TOSI, Justin; WARMKE, Brandon. *Virtuosismo moral*. Barueri: Faro, 2021.

VALIM, Rafael. *Estado de exceção: a forma jurídica do neoliberalismo*. São Paulo: Contracorrente, 2017.

VATTIMO, Gianni. *Da realidade: finalidades da filosofia*. Petrópolis: Vozes, 2019.

WALL, Frans de. *Eu, primata: por que somos como somos*. São Paulo: Companhia das Letras, 2007.

WEST, Cornel. *Questão de raça*. São Paulo: Companhia de Bolso, 2021.

ZACARIAS, Gabriel Ferreira. *No espelho do terror: Jihad e espetáculo*. São Paulo: Elefante, 2018.

ZAFFARONI, Eugenio Raúl. *O inimigo no direito penal*. Rio de Janeiro: Revan, 2007.

Este livro foi composto com as fontes Baskerville e
Minion Pro. O papel do miolo é o Pólen Natural 80g/m².

A Gráfica Viena concluiu a primeira impressão
deste livro para a Da Vinci Livros em abril de 2024.

Em 1º de abril de 1964, concretizou-se o golpe de Estado que
depôs o presidente eleito João Goulart, dando início à ditadura
civil-militar que se estenderia por 21 anos. O legado de atraso,
concentração de renda e crimes contra os direitos humanos que
caracteriza o período ainda hoje é apoiado por muitos brasileiros.